光明社科文库
GUANGMING DAILY PRESS:
A SOCIAL SCIENCE SERIES

·法律与社会书系·

新时代南粤流动人口安全管理探索研究

杨俊峰 | 著

光明日报出版社

图书在版编目（CIP）数据

新时代南粤流动人口安全管理探索研究 ／ 杨俊峰著．－－北京：光明日报出版社，2021.4
ISBN 978－7－5194－5899－7

Ⅰ.①新… Ⅱ.①杨… Ⅲ.①流动人口—管理—研究—广东 Ⅳ.①D631.42

中国版本图书馆 CIP 数据核字（2021）第 057912 号

新时代南粤流动人口安全管理探索研究
XINSHIDAI NANYUE LIUDONG RENKOU ANQUAN GUANLI TANSUO YANJIU

著　　者：杨俊峰	
责任编辑：史　宁	责任校对：袁家乐
封面设计：中联华文	责任印制：曹　净

出版发行：光明日报出版社
地　　址：北京市西城区永安路 106 号，100050
电　　话：010－63169890（咨询），63131930（邮购）
传　　真：010－63131930
网　　址：http：//book.gmw.cn
E－mail：shining@gmw.cn
法律顾问：北京德恒律师事务所龚柳方律师
印　　刷：三河市华东印刷有限公司
装　　订：三河市华东印刷有限公司
本书如有破损、缺页、装订错误，请与本社联系调换，电话：010－63131930

开　　本：170mm×240mm
字　　数：176 千字　　　　　　　　　印　张：16.5
版　　次：2021 年 4 月第 1 版　　　　印　次：2021 年 4 月第 1 次印刷
书　　号：ISBN 978－7－5194－5899－7
定　　价：95.00 元

版权所有　　翻印必究

序

　　人口流动是人类社会的常态现象，与政治、经济、社会、环境等因素密切相关。公民享有居住与迁徙的权利，是国际人权公约的重要内容。然而，在特定国家或地区的城镇化快速发展时期，流动人口会因其对经济社会的重大影响而成为一种社会现象。学界研究表明，非常态的流动人口问题会对生育、就业、收入、迁入地和迁出地、家庭、城镇化、经济增长、区域经济发展、社会稳定、自然生态等多方面产生较大影响，需要予以认真审视。

　　我国改革开放的历程也是一部人口流动史。改革开放至今，我国人口流动规模从起步到加速上升，持续多年扩大，直至最近几年随着经济进入新常态，人口流动规模也进入平稳发展期。全国流动人口规模从1982年的657万人（占全国人口比重0.66%）提高到2015年的2.47亿人（占比18%），之后略有下降。

　　人口流动是改革开放以来中国经济奇迹的重要动因。众多实证研究表明，在我国改革开放进程中，不论是在全国还是三大经济增长极区域，人口流动程度与经济社会发展水平存在显著正相关性，流动人口红利作用尽显。

　　然而，从长期来看，过去40年流动人口资源过剩的发展优势总归会面临终结。当前的流动人口急剧上升期行将结束，中国正在迈入平稳发展期的新时代，粗放型流动人口治理模式的红利效应日益递减，流动人口红利特征正从长期、全域、粗放、富余、派生迈向中短期、局部、集约、稀缺、内生。而政府又不可能完全放弃引导管控，放任人口无序流动。因为，人口流动的影响是多向度的，为刺激经济而放任流动人口大规模无序流动，会对社会秩序造成巨大冲击，甚至会对国家安全造成威胁。以史为鉴，中国古代多数王朝的覆灭，与朝代末期出现的大规模失控流民存在直接关联。流动人口在政府管控下实现有序流动，方能利大于弊。

因此，对于政府而言，如何利用有限的流动人口红利，从比拼数量过渡到竞争质量，从外生性发展过渡到内生性发展，关键在于人口管理制度的创新。通过内生性治理制度创新，对外持续吸引人口红利数量，对内提升人口红利利用质量，延迟降低人口负债影响，统筹经济效率与秩序稳定目标，是当前各地政府流动人口治理创新的重要议题，也是新时代流动人口治理能力现代化面临的长期挑战。

2012年十八大提出新型城镇化发展战略以来党和国家在多个重大决策中明确提出创新人口管理的要求。流动人口服务管理改革，是适应国家城镇化建设、推进户籍制度改革、创新人口管理、推进国家治理体系和治理能力现代化的重要保障。近年来，习近平总体国家安全观、新时代共建共治共享社会治理理论、国务院《居住证暂行条例》、粤港澳大湾区发展规划纲要、广东公安智慧新警务战略等政策法规的不断出台，对新时代流动人口安全管理提出了更高要求。

广东是多年来的全国流动人口第一大省，改革开放至今，以珠三角地区为代表的南粤大地，在流动人口安全管理领域不断探索，硕果累累也历经波折。如何在流动人口安全管理方面，落实习近平总书记对广东提出的"四个走在全国前列"中"在营造共建共治共享社会治理格局上走在全国前列"的要求,既是党委政府治理能力现代化的重要命题,也是本书关注的主要焦点。

　　本书是笔者近10年来相关研究成果的总结。笔者从事流动人口安全管理的教学研究工作有10多年,并有实务部门户籍与人口管理工作经历,对户籍、人口、证件、出租屋等流动人口服务管理相关领域均有涉猎。近10年来,笔者先后主持参与了流动人口安全管理方面的国家社科规划项目、广东省社科规划项目、广州市社科规划项目、广东省公安厅警务探索丛书重大项目、广州市市长招标课题项目、广州亚运安保重点研究课题项目、广州南沙国家新区特殊居住证立法起草项目等,调研撰写了大量研究报告及论文,获得了多项政府奖励及领导批示。本书围绕新时代南粤流动人口安全管理,对前期相关研究成果进行系统总结提炼,重新修订,最终形成书稿。在此,笔者谨向相关项目研究中提供帮助的有关部门、领导、同事等表示诚挚的谢意。

　　由于笔者水平能力有限,本书尚存在不少不足之处,一些数据的更新还有待提升,一些理论认识还有待深入,一些问题的探讨尚需深化,一些设想还有待检验,希望读者不吝批评指教。

目 录
CONTENTS

第一章 绪 论······1
 第一节 研究背景 1
 第二节 研究对象 4
  一、时空范围 4
  二、具体对象 5
  三、内容焦点 6
 第三节 研究意义 7
 第四节 研究思路与方法 10
 第五节 结构安排 11

第二章 南粤流动人口安全管理的背景与现实······13
 第一节 南粤流动人口安全管理的背景特征 13
 第二节 "六普"调查中的广东流动人口现实状况 17
 第三节 广东省流动人口现状变化的原因 19
 第四节 广东新生代农民工的群体特征 21
 第五节 流动人口对广东省的影响效应 27

第三章 流动人口安全管理的理论基础与政策模式······30
 第一节 流动人口安全管理的理论基础 30
  一、管理主体 30

二、管理客体　31

三、主客体互动　32

四、外部环境　33

第二节　基于城市活动轨迹的流动人口安全管理政策框架　34

一、当前流动人口管理政策体系的问题　35

二、基于城市活动轨迹的流动人口安全管理政策框架　38

第三节　完善流动人口安全管理政策体系的举措　39

一、细分与优化居留管理政策　39

二、落实并提升服务、权益保障与融入政策　43

三、合理探索流动人口进入城市政策　46

四、弥补流动人口退出城市政策空白　49

第四节　流动人口安全管理的理念误区与革新　52

一、流动人口安全管理的理念误区　52

二、流动人口安全管理的理念革新　54

第五节　流动人口安全管理模式的前瞻设想　58

一、治理方式　58

二、治理基础　59

三、管理抓手　60

四、管理手段　62

第四章　流动人口安全管理的国外经验启示 …………… 64

第一节　国外流动人口安全管理经验　65

一、美国——社会保障号　65

二、日本——住民票与个人番号　66

三、法国——流动证　70

四、德国——"XMeld"项目　71

五、瑞典——个人编码　72

六、英国——保护性租赁制度　72

七、欧盟——移民社会保障制度　73

第二节　国外经验对流动人口安全管理的启示　74

一、理念——服务引导、刚柔并济　75

二、载体——捆绑福利、一号贯通　76

三、方法——动态分类、精准落地　77

四、技术——数字管理、虚实结合　77

第五章　新时代南粤流动人口安全管理探索——调控管理 …………79

第一节　广州市流动人口调控的背景　81

第二节　广州市流动人口调控的文献研究述评　84

一、国内特大城市流动人口调控研究综述　84

二、广州市人口调控研究综述　86

三、研究文献评价　90

第三节　广州市流动人口调控面临的挑战　91

一、数量膨胀　91

二、分布不均　92

三、结构失衡　93

四、素质不高　94

第四节　广州市流动人口调控的依据与目标　95

第五节　广州市流动人口调控的主要内容　98

第六节　广州市流动人口调控措施模式　99

一、"以证管人"的户籍制度管理　100

二、"以屋管人"的出租屋制度管理　101

三、"以业控人"的产业升级与转移　103

第七节　广州市流动人口调控措施效果分析　103

第八节　广州市流动人口调控的对策建议　106

一、规模调控　106
　　二、分布调控　107
　　三、结构调控　108

第六章　新时代南粤流动人口安全管理探索——人口管理 ………… 110
　第一节　广东省流动人口管理断代分期分析　110
　　一、流动人口管理断代分析法研究述评　110
　　二、广东流动人口管理的断代方法及标志　114
　第二节　广东省流动人口管理体制分析　115
　　一、我国流动人口管理体制模式　115
　　二、广东省流动人口管理体制特征　120
　第三节　广东省流动人口管理机制分析　128
　　一、侧重依托基础的工作机制　129
　　二、侧重内外合作的工作机制　130
　　三、侧重勤务手段的工作机制　132
　第四节　当前流动人口管理体制机制的适应性分析　133
　　一、当前流动人口管理体制机制的适应性标准　133
　　二、当前流动人口管理体制的适应性评价　134
　　三、当前流动人口管理机制的适应性评价　135
　第五节　创新流动人口管理体制机制的对策建议　137
　　一、创新流动人口管理体制的对策建议　137
　　二、创新流动人口服务管理的对策建议　143

第七章　新时代南粤流动人口安全管理探索——户籍迁移管理 …… 148
　第一节　广东省人口迁移状况的历史与现实　149
　　一、1990—2012年广东省总体人口迁移情况分析　149
　　二、1990—2012年广东省各地市人口迁移情况分析　151

三、广东省人口迁移状况存在的问题　153
第二节　当前广东省人口迁移的规划与要点　155
　一、当前广东省人口迁移的规划　155
　二、当前广东省人口迁移规划的要点　158
　三、十八届三中全会关于人口迁移的文件精神　159
第三节　广东省人口迁移的目标与实现方式　160
　一、广东省人口迁移的原则与目标　160
　二、广东省人口迁移目标的实现方式　161
第四节　广东省人口迁移改革的路径与政策　162
　一、2020年之前广东省人口迁移改革具体目标的实现路径　162
　二、2020年之前广东省人口迁移改革具体目标的实现政策　164

第八章　新时代南粤流动人口安全管理探索——居住证管理……… 171
第一节　国内居住证政策的历史发展　171
　一、人才居住证　172
　二、普通居住证　173
　三、特殊居住证　174
第二节　国内居住证政策的地方比较　175
　一、普遍做法　175
　二、特殊做法　176
第三节　居住证制度改革的思路定位　178
　一、未来居住证的改革思路　178
　二、未来居住证的定位构想　179
第四节　居住证制度改革的制度设计　193
　一、特殊居住证的结构框架　193
　二、特殊居住证的类别层次　195
　三、特殊居住证的申领规则　195

四、特殊居住证持证人的待遇 196

五、特殊居住证持证人具体权益种类 197

第九章 新时代南粤流动人口安全管理探索——出租屋管理……… 201

第一节 流动人口在粤居住的基本情况 201

第二节 出租屋安全管理的目标与评价指标体系 203

一、出租屋安全管理的目标 203

二、出租屋安全管理的评价指标体系 204

第三节 出租屋安全管理的问题分析 207

一、出租屋安全管理的常态问题 208

二、出租屋安全管理的非常态问题 211

三、出租屋安全管理的深层次问题 212

第四节 出租屋安全管理的工作重点 218

一、出租屋安全管理的重点时段 218

二、出租屋安全管理的重点区域 219

三、出租屋安全管理的重点领域 221

四、出租屋安全管理的重点指标 222

五、出租屋安全管理的重点人口 222

第五节 出租屋安全管理的思路对策 223

一、对外管理 224

二、对外服务 228

三、对外协作 231

四、内部管理 233

参考文献……………………………………………… 237

后　记……………………………………………… 249

第一章

绪　论

流动人口，尤其是农村流动人口大量流向城市，是改革开放以来我国经济社会发展的典型现象之一。与流动人口经济红利相伴而生的问题是诸种社会管理问题，尤其是流动人口违法犯罪等安全管理问题较为突出。作为改革开放的先行先试地区，又是全国流动人口数量第一大省，广东南粤大地首当其冲，如何在新时代背景下创新流动人口安全管理，走出具有探索性、前瞻性、示范性的创新之路，是考验党委政府治理能力现代化水平的重要标志。

第一节　研究背景

流动人口问题是与我国城镇化进程相伴而生的全国性问题。改革开放之后，我国进入城镇化加速发展的时期，自20世纪80年代末以来，流动人口逐步从局部地区的小众问题演变为全国范围内的大众问题，从单纯的管理问题发展为覆盖管理、服务、权益保障、体制改革、机制创新等众多领域的社会问题。

尤其是2000年之后，我国流动人口形势进入了转型探索期，流动人口服务管理面临的背景发生了许多变化。表现在：出生于20世纪80年代之后的新生代农民工逐步成为流动人口的主体；流动人口不再是少数、他者、支流、异类、底层，而逐步成为城市的重要主体，甚至在数量上占据半边江山或呈压倒性优势；流动人口问题不再是他者的问题、非常态现象，而是潜在的自我的问题、关乎每个社会个体的常态现象；本地人与外地人的身份意识差别淡化，对流动人口称谓的贬低、歧视甚至排斥意味逐步消除，然而制度性的身份差别、心理性的认同差异却依然存在，甚至会强化；流动人口诉求依然以经济诉求为主，但不再单一，逐步多元化、本地化和融入需求凸显增强；传统治安防范导向的治理模式跟不上形势变化，被广为诟病，流动人口问题的重点逐步从管理过渡到服务，权益保护和服务供给问题逐步成为流动人口领域内的主导性问题；长久无法解决的身份融入和待遇差异问题，让流动人口群体逐步形成身份抗争意识，特殊情况下会演化为针对户籍人口群体或居住地政府的暴力对抗，引发新的"土客纷争"群体性事件，危及居住地社会稳定。

前述种种变化中，最核心变化主要表现为两点：一是流动成为中国公民的一种常态，全国1/6、广东1/3的实有人口处于经常性的流动状态，流动不再是一种与多数人无关的"他者"行为，而成为每个人都无法规避的"潜在自我"现实；二是20世纪80年代之后出生的新生代农民工逐步成为流动人口的主体，流动人口代际转型趋势无法阻挡，流动人口服务管理的对象发生了巨大变化。新时期流动人口在规模、分布、流动等特征方面出现巨大变化，导致政府原有治理模式面临"物是人非"的失灵风险。目标对象已发生根本改变，治理模式若未能与时俱进，管理效果和适用性就会大打折扣。因此，创新治理模式就成为新形势下流动人口服务管理改革的必然要求。

2012年十八大提出新型城镇化发展战略以来，党和国家在多个重大决策中明确提出创新人口管理的要求，流动人口管理问题愈来愈受到各级党委政府的高度重视。创新人口管理，满足国家治理体系和治理能力现代化的现实需要，成为当前及今后一段时间地方政府新型城镇化建设工作的重要内容。流动人口管理改革，是适应国家城镇化建设、推进户籍制度改革、创新人口管理、推进国家治理体系和治理能力现代化的重要保障。

2014年4月，习近平在主持召开中央国家安全委员会第一次会议时提出，坚持总体国家安全观，走出一条中国特色国家安全道路。这是习总书记首次提出总体国家安全观，并首次系统提出11种安全，即构建集政治安全、国土安全、军事安全、经济安全、文化安全、社会安全、科技安全、信息安全、生态安全、资源安全、核安全于一体的国家安全体系。按照总体国家安全观思路，流动人口安全管理，作为社会安全的一个部分，应该被纳入国家安全的范畴，上升到重要地位。

2017年10月，党的十九大报告提出，打造共建共治共享的社会治理格局。加强社会治理制度建设，完善党委领导、政府负责、社会协同、公众参与、法治保障的社会治理体制，提高社会治理社会化、法治化、智能化、专业化水平。加强预防和化解社会矛盾机制建设，正确处理人民内部矛盾。树立安全发展理念，弘扬生命至上、安全第一的思想，健全公共安全体系，完善安全生产责任制，坚决遏制重特大安全事故，提升防灾减灾救灾能力。加快社会治安防控体系建设，依法打击和惩治黄赌毒黑拐骗等违法犯罪活动，保护人民人身权、财产权、人格权。加强社会心理服务体系建设，培育自尊自信、理性平和、积极向上的社会心态。加强社区治理体系建设，推动社会治理重心向基层下移，发挥社会组织作用，实现政府治理和社会调节、居民自治良性互动。

2019年2月，国务院颁布的《粤港澳大湾区发展规划纲要》，也对粤港澳地区的人员流动及其管理提出了探索方向。支持珠三角九市借鉴港澳吸引国际高端人才的经验和做法，创造更具吸引力的人才环境，实行更积极、更开放、更有效的人才引进政策，加快建设粤港澳人才合作示范区。在技术移民等方面先行先试，开展外籍创新人才创办科技型企业享受国民待遇试点。支持大湾区建立国家级人力资源服务产业园。建立紧缺人才清单制度，定期发布紧缺人才需求，拓宽国际人才招揽渠道。完善外籍高层次人才认定标准，畅通人才申请永久居留的市场化渠道，为外籍高层次人才在华工作、生活提供更多便利。完善国际化人才培养模式，加强人才国际交流合作，推进职业资格国际互认。完善人才激励机制，健全人才双向流动机制，为人才跨地区、跨行业、跨体制流动提供便利条件，充分激发人才活力。支持澳门加大创新型人才和专业服务人才引进力度，进一步优化提升人才结构。探索法定机构或聘任制等形式，大力引进高层次、国际化人才参与大湾区的建设和管理。

第二节 研究对象

本书的关键词主要包括：新时代、南粤、流动人口、安全管理。其中，前两个为时空背景描述，后两个为研究对象和内容焦点描述。

一、时空范围

十八大以来，我国进入了中国特色社会主义建设的新时代。十九大报告中，习近平用五句话深刻揭示了新时代的内涵，指出这个新时代，是承前启后、继往开来、在新的历史条件下继续夺取中国特色社会主义伟大胜利的时代，是决胜全面建成小康社会、进而全面建设社会主义现代化强国的时代，是全国各族人民团结奋斗、不断创造美好生活、逐步实现全体人民共同富裕的时代，是全体中华儿女勠力同心、奋力实现中华民族伟大复兴中国梦的时代，是我国日益走近世界舞台中央、不断为人类做出更大贡献的时代。

南粤，是广东省的别称。"南粤"一词，始于《汉书》。秦汉文献对广东的称谓有几种，如《史记》称"南越"，而《汉书》中又把南越称为"南粤"。如今广东的简称"粤"就是来源于此。广东的先民很早就在南粤大地上生息、劳动、繁衍。在历史长河中，广州、广东等地名次第出现，逐渐演化成广东省及其辖境。本书所涉及的空间范围，主要是广东省，尤其是珠三角地区等流动人口净流入区，其中又以广州、深圳等大城市为主要实证研究对象。

二、具体对象

本书的具体研究对象为流动人口。流动人口为近年来法律政策常用的规范用语。实际上，与之类似或意思相近的词语还有很多。改革开放至今，官方及民间对流动人口的称谓发生了很大变化，体现了社会对流动人口群体的意识转变。近年来分别出现了体现内外差别的称呼，如外地人、外来人口、外来流动人口、外来民工、外出务工人员、外来务工经商人员等；体现身份指代的称呼，如民工、农民工、新生代农民工、第二代农民工等；体现职业性质的称呼，如打工仔、打工妹、新型合同工、外来援建者等；体现流动迁移特征的称呼，如流入人口、流动人口、盲流、新移民等；体现居住状态的正式称呼，如暂住人口、流动人口、人户分离人口、非户籍人口等；体现社会接纳融合的称呼，如新居民、新市民、新莞人等。

就概念而言，不同时期、不同区域、不同法规对流动人口的界定又略有差异。一般而言，流动人口，是指离开常住户口所在地，跨区域到其他地区滞留活动的人口。但不同法规对跨区域的界定不同，跨乡镇、跨区县、跨地市、跨市县、跨城市的界定都有。如在人口普查中，跨乡镇即可界定为流动人口。2016年开始实施的国务院《居住证暂行条例》将流动人口界定为"跨城市"流动的人口。《居住证暂行条例》第二条规定，公民离开常住户口所在地，到其他城市居住半年以上，符合有合法稳定就业、合法稳定住所、连续就读条件之一的，可以依照本条例的规定申领居住证。

在地方，不同省市对流动人口的界定，又会有细微差异。如广西等部分地区，将流动人口界定为"跨市县"流动的人口。2016年修订实施的《广西壮族自治区流动人口服务管理办法》第二条规定，本办法所称流动人口是指离开常住户口所在地进入本自治区行政区域和在本自治区行政区域内跨市县居住的人员。从2010年以来，广东就将流动人口界定为"跨地市"流动的人口，至今未变。2017年修订实施的《广东省流动人口服务管理条例》第二条规定，本条例所称流动人口，是指离开常住户口所在地进入本省和在本省行政区域内跨地级以上市居住的人员。

本书流动人口的界定，主要以广东省"跨地市"流动的人口为准。

三、内容焦点

本书的内容焦点是流动人口的"安全管理"问题。

安全管理，是指国家或企事业单位安全部门等主体，综合运用行政、法律、经济、教育和科学技术手段等，协调社会经济发展与安全生产的关系，处理国民经济各部门、各社会集团和个人有关安全问题的相互关系，使社会经济发展在满足人们的物质和文化生活需要的同时，满足社会和个人的安全方面的要求，保证社会经济活动顺利进行、有效发展。

流动人口问题涉及面非常宽泛。就内容而言，包含调控、管理、服务、融入等多个方面；就管理要素而言，涉及人、户、证、屋等；就流动人口城市活动轨迹而言，可分为进入、居留、融入、退出等不同环节；就时空逻辑层次而言，又可分为传统与现代、国内与国外、理论和实践等不同层面。其内容体系非常庞大，难以面面俱到。

本书立足安全管理主题，重点围绕下述问题进行研究：一是内容方面，以管理和调控为主要研究对象；二是管理抓手方面，对人（人口管理）、户（户籍迁移管理）、证（居住证管理）、屋（出租屋管理）四个核心抓手进行专门论述；三是在城市活动轨迹方面，重点论述流动人口居留管理环节的管理，对进入、融入、退出等其他环节均有涉及；

四是在时空逻辑层次方面，重点论述十八大以来新时代南粤地区流动人口安全管理的实践探索。

第三节 研究意义

加强流动人口安全管理，创新流动人口服务管理模式，对广东及全国经济发展和社会稳定，具有重要的理论、实践、前瞻和示范意义。

第一，从理论层面上讲，是解决我国人口与经济循环体系上的"缪尔达尔过程断裂"问题的基本途径。

诺贝尔经济学家得主贡纳尔·缪尔达尔（Gunnar Myrdal）的"循环积累因果关系理论"认为，一个国家人口与经济的良性循环一旦建立，则经济社会发展将会加速。反之，若一个国家人口与经济的循环体系出现了断裂，则经济社会发展也会受到影响。与国外区域经济聚集和人口聚集的良性循环形成过程相比，我国目前采取的是绕开人口系统福利的"抄近路"的发展方式，在人口与经济循环体系上存在着鼓励就业环节、地方税收环节、举家迁移环节三种过程断裂，从而造成流动人口的社会融合严重受阻，抑制了经济社会发展的长远动力。要解决这一问题，及时弥补缪尔达尔循环体系"过程断裂"造成的不良影响，根本途径在于创新流动人口服务管理模式，加强流动人口安全管理，改革社会福利分配体系，强化地方政府吸纳人口的动力，调整地方政府绩效考核体系[①]。

第二，从实践层面上讲，是流动人口代际转型背景下广东乃至全国面临的重大现实考验。

---

① 苏扬，等.中国流动人口管理报告［M］.北京：企业管理出版社，2010：148－150.

在流动人口代际转型已初步完成的背景下，基于老一代农民工群体对象建构的流动人口服务管理体系已经不适应新生代农民工占主导地位的流动人口社会现实，我们迫切需要探索更具指导性的全新治理模式。此外，从社会转型的历史经验来看，代际转型阶段往往也是各类社会矛盾纠纷激化爆发的突出时期，政府与社会面临着较大的社会稳定风险，如何防范"土客纷争"群体性事件等流动人口问题引发的社会稳定风险，已经成为流入地政府的重要维稳议题。

广东作为全国流动人口现象最为突出的地区，在代际转型过程中首当其冲。近年来，广东省流动人口服务管理部门提出了以科技手段引领为核心的精细化管理思路，期望通过前瞻性的政策引导和方式创新，推动流动人口代际转型的平稳顺利完成，为国家层次的流动人口服务管理深化改革创出新路。广东实践探索的经验，将会对国内其他地区应对流动人口代际转型形成积极示范影响，具有重要的"试验田"和"引领者"价值。

第三，从前瞻角度来看，是广东乃至全国长期保持经济快速发展的重要前提。

改革开放获得重大成就的核心原因之一，在于实现了对我国城乡二元结构格局下由国内流动人口产生的人口红利的有效利用。广东作为改革开放以来全国最成功的省份之一，其成功秘诀之一就在于汇聚吸收了来自全国的人口资源红利。"东南西北中，发财到广东"，巨大的流动人口红利推动广东经济社会不断发展。反观近年来中国东北三省，由于失去了人口红利，经济不断下滑，按照第六次全国人口普查数据（以下简称"六普"），东北三省每年人口净流出约 200 万人，出现了严重的人口危机，经济振兴根基无力。面对城乡二元差距逐步消弭、人口红利优势不断缩小的压力，如何通过创新服务管理保持流动人口红利，成为近年来广东乃至全国考虑的重要议题。

历史唯物主义认为，人既是发展的目的，也是发展的动力，离开人的因素单纯去谈发展，就会丧失意义，以人为本是促进经济长期可持续发展的基本原则。在很长一段时期，流入地政府享受着流动人口提供的人口红利，却甚少承担相应的福利义务，造成我国流动人口群体贡献与权益的明显失衡，加大了不同地区、不同群体之间的发展差距。在新的历史背景下，这种发展方式越来越呈现出不可持续性。全国人大常委会委员蔡昉认为，将流动人口市民化视为流入地负担的认识是片面的，新型城镇化带来的农业人口市民化将有效缓解人口红利的消失，并推动经济增长。学者胡鞍钢等在分析"六普"数据基础上提出，中国最有效的公共投资是人力资本投资，这包括对教育、公共卫生及健康、就业及培训等的投资，这些投资将会给中国带来长期的多重的红利。当前学界普遍认为，唯有人力资本增长才能弥补人口红利下降，当前国家经济发展的重要目标在于，实现从人口红利到人力资本、人力资源红利的转化。

第四，从示范角度来看，是广东营造共建共治共享社会治理格局、打造全国"三最"地区、发挥引领示范作用的重要体现。

从广东现实情况来看，作为全国流动人口最多的省份，流动人口因素是广东社会治安复杂的重要成因。长期以来，由于流动人口居住、就业变动频繁，流动人口登记信息难以做到完整、准确、鲜活，致使对其管理和服务措施无法落实到位，引发了许多社会治安问题。一些业内人士甚至认为，"广东治安，流动人口系于一半"。流动人口问题能否解决好、治理好，是广东社会治理能力现代化水平的重要体现。

在习近平新时代中国特色社会主义思想背景下，作为全国流动人口第一大省的广东省，要落实习近平"四个走在全国前列"指示中关于营造共建共治共享社会治理格局，走在全国前列的新要求，深入推进平安广东、法治广东建设，提升立体化社会治安防控体系建设水平，加强和创新社会治理目标中创新流动人口安全管理的对策建议，将广东省打造成全国最安全稳定、最公平公正、法治环境最好的地区之一，为全国其他地区流动人口安全管理提供示范引领作用。

第四节 研究思路与方法

本书以广东省特别是珠三角地区流动人口管理的理论与实践探索为基础,以习近平总体国家安全观、新时代共建共治共享社会治理理论、国家最新流动人口管理规定、粤港澳大湾区发展规划纲要、广东公安智慧新警务战略等法规政策为指引,围绕流动人口调控、管理、服务、融入等主要内容,以人、户、证、屋等流动人口管理要素为抓手,以进入、居留、融入、退出等流动人口城市活动轨迹为逻辑序列,从传统与现代、国内与国外、理论和实践等不同层面探索广东如何在习近平新时代中国特色社会主义思想背景下,落实习近平"四个走在全国前列"指示中关于营造共建共治共享社会治理格局,走在全国前列的新要求,深入推进平安广东、法治广东建设,加强和创新社会治理目标中创新流动人口安全管理的对策建议,将广东省打造成全国最安全稳定、最公平公正、法治环境最好的地区之一,为全国其他地区流动人口安全管理提供示范引领作用。

在研究方法上,本书依据不同时段、不同研究内容,综合运用文献和资料分析、问卷调查、社会分析、实证分析、比较借鉴及综合分析等方法,依托法学、社会学、政治学、治安学、管理学等学科理论研究流动人口安全管理问题。本书注重研究成果的实用性,强调实践指引和理论分析相结合,试图通过多种方法的综合运用,从多角度、多层面展开研究,加强研究成果在理论上的说服力和创新力,力求对现实问题探寻出合理的解释和可行的解决方案,为政府决策提供厚实的理论指引与实务参考。

第五节　结构安排

全书主体分为九个部分，章节结构示意图见图1-1。

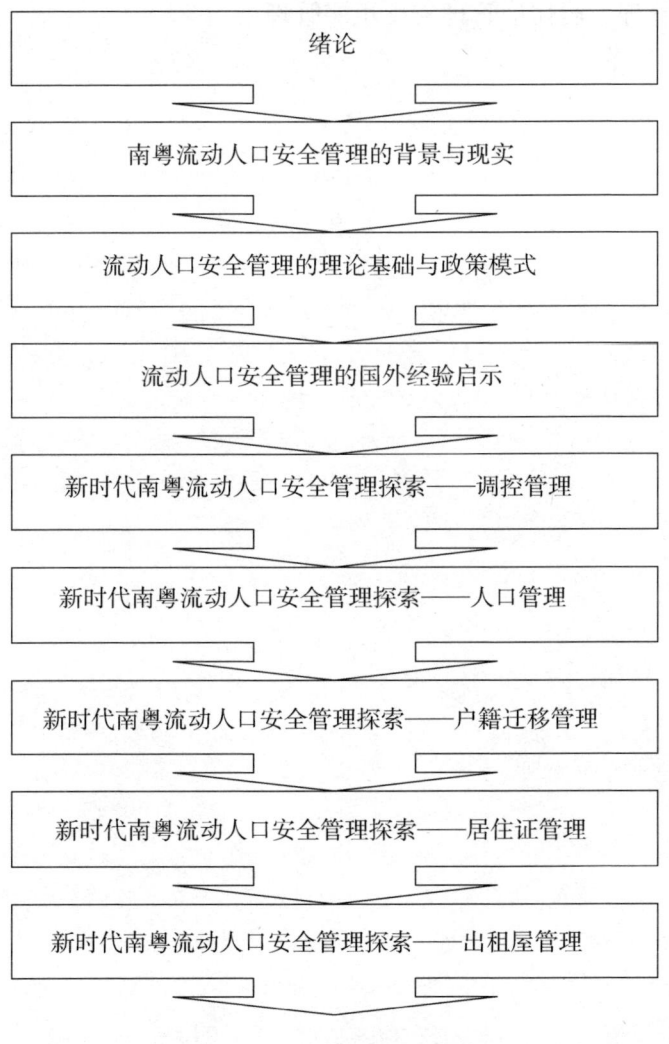

图1-1　全书章节结构示意图

第一部分为绪论，介绍本书的研究背景、研究对象、研究意义、研究思路与方法、结构安排。第二部分介绍南粤流动人口安全管理的背景与现实。第三部分介绍流动人口安全管理的理论基础与政策模式。第四部分介绍流动人口安全管理的国外经验启示。第五至第九部分，分要素具体介绍流动人口安全管理的不同内容，分别是调控管理、人口管理、户籍迁移管理、居住证管理与出租屋管理。

第二章

南粤流动人口安全管理的背景与现实

作为全国流动人口最多的省份，流动人口因素是广东社会治安复杂的重要成因。长期以来，由于流动人口居住、就业变动频繁，流动人口登记信息难以做到完整、准确、鲜活，致使对其的管理和服务措施无法落实到位，引发了许多社会治安问题。因此，对广东这个全国流动人口第一大省而言，流动人口安全管理具有十分突出、特别重要的意义，甚至一些业内人士认为，"广东治安，流动人口系于一半"。在广东开展立体化社会治安防控体系建设，离不开流动人口安全管理这一重要基础。

第一节 南粤流动人口安全管理的背景特征

改革开放以来，伴随着城镇化的发展，流动人口逐步成为我国的一种普遍社会现象。其间，不同时期的流动人口，面临的社会背景也存在差别。近年来，与改革开放之初相比，全国尤其是广东流动人口的背景发生了巨大变化，主要但不限于如下几个变化。

第一，规模比例变化。流动人口的数量持续增长，流动人口占流入地实有人口的比例不断提升。2010年全国"六普"结果显示，全国约1/6、广东省约1/3的人口是流动人口。更有甚者，广东形成流动人口与本地人口数量对比的三种不同情况：以广州、中山等地为代表的对等现状，户籍人口与非户籍人口数量比例约为 1∶1；以东莞、深圳等地为代表的倒挂现状，户籍人口与非户籍人口数量比例约为 1∶4；以及其他多数由户籍人口占主导的地市。

第二，主体构成变化。出生于 20 世纪 50—70 年代的老一代农民工群体数量逐步减少，新生代农民工逐步占据流动人口的主体。国家统计局 2009 年调查数据显示，我国现阶段新生代农民工总数约 1 亿人，占全国农民工总量（2.3 亿）将近一半[1]。广东省人力资源和社会保障厅于 2010 年所做的全省新生代农民工特别调查结果显示，广东省 20 世纪八九十年代后出生的新生代农民工为 1978 万人，占全省农民工总量的 75%，大多来自湖南、四川、广西、湖北、河南和江西六个省区。在广东，新生代农民工分布极为集中，92% 分布在珠三角地区，其中深圳、东莞、广州、佛山四市最多；以从事二、三产业为主，分别占 55% 和 42%[2]。

第三，群体分化加剧。当前流动人口群体内部分化加剧，呈现出明显的复杂性、多样性。主要表现在：老一代农民工与新生代农民工相互混杂；新生代农民工内部出现多元分化，学历、收入、来源差距加大，来源于其他地区城镇的流动人口比例提升，"城二代"与"农二代"混杂；新生代农民工诉求水平整体提升，诉求目标多元化；流动人口与流出地的紧密联系逐步消失，返乡难度大，"北漂""蚁族"等在城镇地区长期居留但难以融入的人群数量越来越多；等等。因此，传统的"一刀切"的治理模式已无法适应复杂、多样的治理对象现实，流动人口现实状况对政府治理能力提出了更高的要求。

---

[1] 中国工运研究所. 新生代农民工：问题·研判·对策建议 [M]. 北京：中国工人出版社，2011：2.

[2] 广州日报. 广东发布新生代农民工调查报告 [EB/OL]. 凤凰网，2010-02-26.

第四,行为特征变化。当前,流动人口群体出现了许多新的行为特征,如流动人口的"不流动性""举家迁移"等特征明显。2008年10月,国家人口计生委政策法规司于学军司长表示,全国流动人口开始呈现出"不流动"现象,跨省流出的时间逐渐加长,多数跨省流动人口在流入地居住的时间在一年以上,成为流入地的常住人口,仅有三分之一在流入地居住不满一年。许多流动人口已经不再频繁流动,而是逐步融入居住地,成为现居住地常住人口,特别是流动人口的第二代。① 随着流动人口的融入意愿和融入能力的增强,人口迁移已经出现迁移论中"链式迁移"的核心特征,从以往"个体流动"迈向如今"家庭式迁移""反哺式迁移"和"接棒式迁移"的轨迹形式特征逐渐突出。这些流动人口群体的行为特征变化,均要求政府做出相应的政策调整。

第五,称谓意识变化。改革开放至今,官方及民间对流动人口的称谓发生了很大变化,体现了社会对流动人口群体的意识转变。分别出现了体现内外差别的称呼(如外地人、外来人口、外来流动人口、外来民工、外出务工人员、外来务工经商人员等),体现身份指代的称呼(民工、农民工、新生代农民工、第二代农民工等),体现职业性质的称呼(打工仔、打工妹、新型合同工、外来援建者等),体现流动迁移特征的称呼(流入人口、流动人口、盲流、新移民等),体现居住状态的正式称呼(暂住人口、流动人口、人户分离人口、非户籍人口等),以及体现社会接纳融合的称呼(如新居民、新市民、新莞人等)。

第六,稳定影响变化。流动人口对政府服务管理水平提出了更高要求,局部地区流动人口与本地居民、本地政府之间的矛盾冲突加剧。近年来广东连续发生三起影响重大的"土客纷争"群体性事件(潮州古巷事件、增城大敦村事件、中山沙溪事件),这些事件是流动人口服务

---

① 国家计生委:流动人口开始呈现出"不流动"现象[EB/OL].中国网,2008 - 10 - 23.

管理水平不适应现实情况的极端反映，不相适应的根源矛盾不解决，以后类似问题还会出现，危及社会稳定。

在前述背景变化趋势中，新生代农民工逐步占据农民工群体主体，成为当前流动人口服务管理改革时需要重点考量的问题。新生代农民工，是与出生在20世纪50—70年代的老一代农民工相对应的群体，又称"第二代农民工"，一般指出生在20世纪80年代以后，年龄在16岁以上，在异地以非农就业为主的农业户籍人口①。2010年，"新生代农民工"这一提法首次在中央文件中正式出现，中央一号文件《关于加大统筹城乡发展力度进一步夯实农业农村发展基础的若干意见》提出要采取有针对性的措施，着力解决新生代农民工问题。

新生代农民工具有不少与老一代农民工类似的群体特征，然而也具有独特的截然不同的群体特质。我国当前流动人口服务管理体系基本上是以老一代农民工为目标对象而建立的，在新生代农民工逐步占据流动人口的主体的当前背景中，体现出多方面的不适应性，制约了流动人口服务管理水平的提升。未来流动人口服务管理改革，必须逐步以新生代农民工为目标对象，建立针对这一群体的流动人口服务管理体制、机制、政策、方法。这对政府服务管理水平提出了更高要求，主要表现在：

第一，当前广东省流动人口不再是少数、他者、支流、异类、底层，而逐步成为城市的重要主体，甚至在数量上占据半边河山或呈压倒性优势。流动人口问题不再是他者的问题、非常态现象，而是潜在的自我的问题，是关乎每个社会个体的常态现象。

第二，基于老一代农民工群体的流动人口服务管理体系，已经不适应新生代农民工占全省农民工总量75%的社会现实，经济社会基础的

---

① 中国工运研究所. 新生代农民工：问题·研判·对策建议 [M]. 北京：中国工人出版社，2011：1.

深刻改变,要求上层建筑也随之与时俱进。

第三,传统治安防范主导型的流动人口服务管理体系,难以适应已经变化的社会趋势。流动人口服务管理体系的主导思想,必将从之前的注重治安防范、社会管理,逐步过渡到更加关注公共服务及权益保障。

第四,无乡可归的"无根意识"与不愿返乡的"城市情结",让以新生代农民工为主的流动人口处于城市"边缘人"的尴尬位置,解决融入需求成为未来无法回避的现实问题。"土客纷争"群体性事件的高发,让流动人口的城市融入问题成为事关社会稳定的大事。

第二节 "六普"调查中的广东流动人口现实状况

广东省流动人口数量从1953年第一次人口普查的29多万人增加到2010年第六次人口普查的1亿多人,目前是全国流动人口数量最多的省份。在全国范围内,广东省不仅人口总量居全国第一,流动人口数量也居第一。北京、天津、上海、江苏、浙江、广东、山东这几个流动人口较为集中的流入地,第六次全国人口普查流动人口数分别为10498288、4952225、12685316、18226819、19900863、36806649、13698321人,对比情况如图2-1所示。

由图2-1可见,广东省流动人口数量不仅是北京、上海等直辖市所无法比拟的,即便人口流入重地山东、江苏、浙江诸省也无法与之相比,全国排名第二的浙江省的流动人口比广东少了将近一半。

根据2010年第六次全国人口普查的结果,按全国统一的流动人口计算口径,广东省跨乡镇流动半年以上的常住人口共有3667万人,占全省常住人口的35.16%,占全国流动人口的14.13%。同2000年第五次全国人口普查相比,10年间广东跨乡镇流动的人口增长了1137万人,增长幅度高达44.94%。在广东跨乡镇流动半年以上的人口中,跨

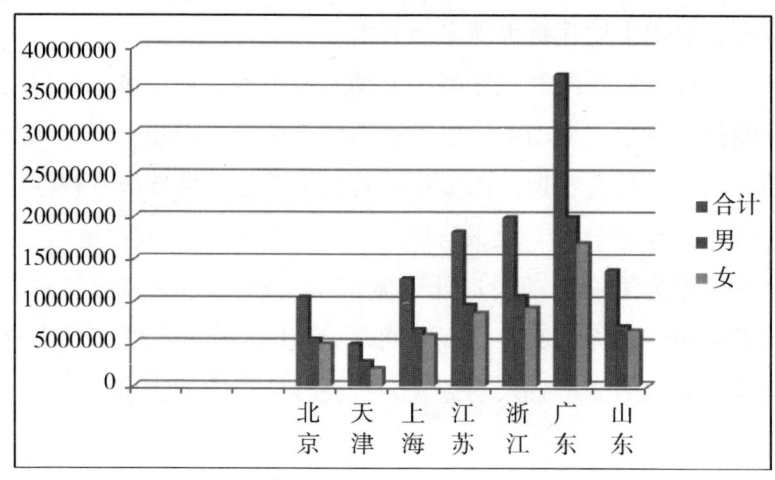

图2-1 "六普"调查中全国流动人口主要省份数量对比（单位：人）

县（市、区）流动的人口有3128万人，其中属于省外的2150万人，省内978万人。同2000年第五次全国人口普查相比，户口登记地在其他县（市、区）且离开户口登记地半年以上的人口增加1023万人，其中省外人口增加644万人，增长了42.76%，全省流动人口增幅远远快于常住人口（20.69%）的增长幅度①。

不仅数量和比例发生重大变化，流动人口结构也较以前发生重大变化，出生于20世纪50—70年代的老一代农民工群体数量逐步减少，新生代农民工逐步占据流动人口的主体。国家统计局2009年调查数据显示，我国现阶段新生代农民工总数约1亿人，占全国农民工总量（2.3亿）将近一半②。广东省人力资源和社会保障厅于2010年所做的全省新生代农民工特别调查结果显示，广东省20世纪八九十年代后出生的新生代农民工为1978万人，占全省农民工总量的75%，大多来自湖南、

---

① 广东省统计局. 广东省第六次全国人口普查主要数据解读［EB/OL］. 个人图书馆，2013-12-19.
② 中国工运研究所. 新生代农民工：问题·研判·对策建议［M］. 北京：中国工人出版社，2011：2.

四川、广西、湖北、河南和江西六个省区。在广东,新生代农民工分布极为集中,92%分布在珠三角地区,其中深圳、东莞、广州、佛山四市最多;以从事二、三产业为主,分别占55%和42%①。

第三节 广东省流动人口现状变化的原因

由前述分析可见,近年来,广东省流动人口在数量特征、人口学特征、流动特征、管理特征等多方面,发生了较大甚至根本性的变化。导致这些变化的原因很多,其中,流动人口从1.0时代迈向2.0时代的代际转型,是导致广东省流动人口发生前述变化的根本原因。

笔者认为,从20世纪80年代末至2000年,我国流动人口问题处于形成与发展的初始阶段,可用"流动人口的1.0时代"这个表述概括这一时期。其主要特点有:流动人口主体以出生于20世纪50—70年代的老一代农民工为主;流动人口尚未成为流入地实有人口的重要组成部分;流动人口群体普遍处于城市的底层、边缘、弱势地位,社会对这一群体的称谓往往带有不同程度的贬低、歧视甚至排斥意味;流动人口的诉求以经济诉求为主,本地化和融入需求不太强烈;政府对流动人口的管理具有浓厚的治安管理防范倾向,对流动人口的权益保护和服务供给普遍不足;流动人口对流入地的负面影响主要体现在治安问题增多和管理难度加大等方面,尚未达到危及本地社会稳定的程度。

2000年之后,我国流动人口问题出现了明显的变化,进入了转型时期,其核心标志是20世纪80年代之后出生的新生代农民工逐步成为流动人口的主体。2010年之后,新生代农民工总数已经占据全国农民工总量的一半,标志着这一转型在全国范围内的基本完成,我国已经进

---

① 广州日报. 广东发布新生代农民工调查报告 [EB/OL]. 凤凰网, 2010 – 02 – 26.

入"流动人口的2.0时代"。为便于区分，可将2000—2010年这一阶段称为流动人口问题由1.0时代向2.0时代转换的"流动人口代际转型期"，2010年之后的阶段称为"流动人口的2.0时代"。

与"流动人口的1.0时代"相比，"流动人口的2.0时代"具有显著不同的特征，主要特点包括：出生于20世纪80年代之后的新生代农民工逐步成为流动人口的主体；流动人口不再是少数、他者、支流、异类、底层，而逐步成为城市的重要主体，甚至在数量上占据半边河山或呈压倒性优势；流动人口问题不再是他者的问题、非常态现象，而是潜在的自我的问题、关乎每个社会个体的常态现象；本地人与外地人的身份意识差别淡化，对流动人口称谓的贬低、歧视甚至排斥意味逐步消除，然而制度性的身份差别、心理性的认同差异却依然存在，甚至会强化；流动人口诉求依然以经济诉求为主，但不再单一，逐步多元化，本地化和融入需求凸显增强；传统治安防范导向的治理模式跟不上形势变化，被广为诟病，流动人口问题的重点逐步从管理过渡到服务，权益保护和服务供给问题逐步成为流动人口领域内的主导性问题；长久无法解决的身份融入和待遇差异问题，让流动人口逐步形成身份抗争群体意识，特殊情况下会演化为针对户籍人口群体或居住地政府的暴力对抗，形成"土客纷争"群体性事件，危及居住地社会稳定。

上述"流动人口的2.0时代"的种种特点中，新生代农民工逐步成为流动人口的主体是其中最重要的特点，也是其他特点的前提和基础。从20世纪80年代至今，流动人口的称谓未做大幅改变，然而流动人口的主体构成却发生了根本性的变化，新生代农民工取代老一代农民工成为流动人口的主体。这一特点在广东省更加突出，广东省人力资源和社会保障厅于2010年所做的全省新生代农民工特别调查结果显示，广东省20世纪八九十年代后出生的新生代农民工已占全省农民工总量的75%，远高于全国约50%的水平。

第四节 广东新生代农民工的群体特征

如前所述,新生代农民工逐步占据农民工群体主体,成为当前流动人口服务管理改革需要考虑的首要问题。

新生代农民工具有不少与老一代农民工类似的群体特征,然而也具有独特的截然不同的群体特质。我国当前流动人口服务管理体系基本上是以老一代农民工为目标对象而建立的,在新生代农民工逐步占据流动人口的主体的当前背景中,体现出多方面的不适应性,制约了流动人口服务管理水平的提升。未来流动人口服务管理改革,必须逐步以新生代农民工为目标对象,建立针对这一群体的流动人口服务管理体制、机制、政策、方法。为此,需对全国及广东新生代农民工的群体特征,尤其是与老一代农民工不同的特征进行认真分析。

2010年全国总工会新生代农民工问题课题组调查研究认为,从全国范围来看,新生代农民工问题是传统农民工问题的延续和发展,新生代农民工群体具有时代性、发展性、双重性和边缘性四大特征。其总体概况包括:新生代农民工占外出农民工的六成以上,在经济社会发展中日益发挥主力军的作用;平均年龄23岁左右,初次外出务工岁数基本上为初中刚毕业年龄;近80%的人未婚;受教育和职业技能培训水平相对传统农民工有所提高;在制造业、服务业中的就业比重有所上升,在建筑业中的就业比重有所下降;成长经历开始趋同于城市同龄人[1]。

上述研究表明,与老一代农民工相比,新生代农民工在思想观念上的差异主要体现在"六个转变":外出就业动机从"改善生活"向"体

---

[1] 中国工运研究所. 新生代农民工:问题·研判·对策建议[M]. 北京:中国工人出版社,2011:1-6.

验生活、追求梦想"转变;对劳动权益的诉求,从单纯要求实现基本劳动权益向追求体面劳动和发展机会转变;对职业角色的认同由农民向工人转变,对职业发展的定位由亦工亦农向非农就业转变;对务工城市的心态,从过客心理向期盼在务工地长期稳定生活转变;维权意识日益增强,维权方式由个体式维权向群体式维权转变;对外出生活的追求,从忽略向期盼精神、情感生活需求得到更好的满足转变[①]。

2010年,团中央权益部与中国青少年研究中心"新生代农民工权益保护与犯罪预防"联合课题组在广东、浙江、山东、河南、北京五个省市的调查结果表明,新生代农民工的群体特征和权益状况呈现如下特征:新生代农民工中33.6%没有务农经历,36.4%曾是留守或流动儿童,外出务工的主要原因是"外出长见识"和"挣钱",就业渠道主要是依靠亲朋好友介绍,70%是普通员工,更换工作频繁;新生代农民工受教育程度以高中为主,多数接受过法制教育;新生代农民工多数未婚,崇尚恋爱自由、婚姻自主,性观念开放、包容;新生代农民工超时劳动现象严重,休息时间不足;新生代农民工休闲娱乐活动多样,但闲暇生活质量不高;新生代农民工对教育和培训需求高,20%未参加过任何培训;新生代农民工对生活满意度较低,缺乏安全感,亚健康和心理问题突出;新生代农民工被排斥感强,社会融入程度不高,政治参与和社会参与程度较低[②]。

广东省人力资源和社会保障厅于2010年所做的全省新生代农民工特别调查结果显示,新生代农民工的突出特征表现在:第一,综合素质高,70%~80%的新生代农民工有初中到高中学历,大专以上学历有

---

① 中国工运研究所. 新生代农民工:问题·研判·对策建议[M]. 北京:中国工人出版社,2011:7-12.
② 郭开元,等. 新生代农民工权益保障研究报告[M]. 北京:中国人民公安大学出版社,2012:1-3.

20%以上；第二，就业期望较高，但是就业稳定性较差①。

深圳市总工会与深圳大学课题组 2010 年的调查结果显示，深圳新生代农民工的群体特征为：女性比例大于男性，年龄越小，女性比例越高；平均年龄 23.7 岁，未婚人员较多；来自全国各地，其中广东、湖南、湖北居多；受教育程度高于老一代农民工；8.7% 的人有过留守儿童的经历；大部分没有务农经历。深圳新生代农民工的就业特征为：从事制造业的多，从事建筑业的明显减少；在民营企业工作的居多；高中文化程度在单位上班的比例最高，文化程度越低的失业比例越高，初中文化程度从事个体户的最多，小学文化程度从事散工的最多；新生代从事普工岗位的比例高于老一代，男性从事管理岗位的比例和数量高于女性；超过两成的新生代农民工在深圳工作时间在一年以下。深圳新生代农民工的劳动关系特征为：劳动合同签订率和持有率高，短期劳动合同居多；加班现象比较普遍，半数超过法定加班限制；大部分工作场所存在职业危害因素；渴望获得职业技能等多方面的培训；渴望得到平等对待和尊重；参加医疗保险、工伤保险率高，参加其他社会保险险种比例低；比较认可工会的积极作用，但对于工会的认知程度比老一代低；理性通过法律途径解决争议；民主管理意愿强烈，但实际参与率低。深圳新生代农民工的生活特征为：实际收入约为当地最低工资的 1.67 倍，当地城镇职工平均工资的 43.7%，对工资的预期并不高；消费主要用于生活必要开支；近一半人有储蓄习惯，有强烈的家庭责任感；将近半数居住在公司集体宿舍；社会交往以工友或老乡为主，交际圈比较固定；婚恋观念传统，恋爱方式自由，长期外出打工严重影响了婚姻和家庭生活；排解压力方式比较理性化。深圳新生代农民工的感受特征为：对目前的工资、社会地位满意度低，对家庭和感情生活满意度高；对目前状态不满，但对未来充满乐观，99% 的新生代不愿意回到乡村；对政

---

① 广州日报. 广东发布新生代农民工调查报告 [EB/OL]. 凤凰网，2010 - 02 - 26.

府给予厚望,有明确的参政议政意识①。

在前述调查的基础上,深圳市总工会与深圳大学课题组将新生代农民工的基本特征概括为四点:本质特征是"市场人"(老一代倾向于"传统人"),社会特征是"业缘人"(老一代倾向于"亲缘人"),社会角色是"主动人"(老一代倾向于"被动人"),行动特征是"协商人"(老一代倾向于"抗争式暴民")②。

中山市有关部门 2011 年的调查结果显示,中山市新生代农民工的群体特征主要表现为以下几点。第一,总体特征。文化程度:小学以下文化程度明显减少,大中专以上增多。婚姻状况:年轻的新生代农民工大部分处于未婚单身状态。来源分布:一半以上来自两广地区的就近转移就业。务农经验:新生代农民工经历不够丰富,但大多有相关经历,经验方面低于第一代农民工。第二,生活情况。收入情况:新生代农民工收入整体低于第一代农民工。收入满意度:新生代农民工的收入评价位于最低可接受度之下。居住条件:自购房比例极低,以出租屋和单位宿舍为主,且居住满意度不高。第三,工作状况。工作评价:劳动强度评价中等偏上,劳动环境评价较好。环境友好评价:五成评价一般,总体状况有待改进。第四,生活方式。日常娱乐:新生代农民工比第一代农民工明显更丰富。网络接触频率:新生代农民工明显高于第一代农民工。第五,人际交往。交际圈:以业缘关系为主。活动区间:逐渐向城市拓展。第六,消费行为。消费支出:新生代农民工的消费支出高于第一代农民工。消费行为:新生代农民工总体上较为理性。第七,职业行为。职业动机:生存理性让位于发展理性。社会保障:各项社保并未全面落实。第八,处事方式。纠纷处理:新生代农民工总体比较理性,但

---

① 王同信,翟玉娟,等. 深圳新生代农民工调查报告[M]. 北京:中国法制出版社,2013:34-68.

② 王同信,翟玉娟,等. 深圳新生代农民工调查报告[M]. 北京:中国法制出版社,2013:9-33.

忍耐力明显低于第一代农民工。维权方式：政府、工会仍占主流，但新生代农民工的自我救济倾向更高。极端行为：极少数有自杀或自残的想法。第九，政策反应。政府信任度：新生代农民工可接受度尚可，但大幅度低于第一代农民工。政策关注度：新生代农民工明显低于第一代农民工。

刘传芳等学者在《中国第二代农民工研究》中，对两代农民工的特点及其主要差异做了简明扼要的列表对比，见表2-1①。

表2-1 第一代农民工与第二代农民工的主要差别

比较特征		第一代农民工	第二代农民工
成长的外部环境	社会环境	改革开放前	改革开放后
	家庭环境	多子女家庭	独生子女或两孩家庭
个人特征	年龄层次	出生于1980年之前	出生于1980年之后
	文化程度	小学和初中文化为主	初中及以上为主
	婚姻状况	大部分已婚	大部分未婚
	人格特征	吃苦耐劳特征较强	吃苦耐劳特征较弱
就业情况	打工的主要目的	为家庭，求生存为主	为自己，追求生活质量
	工作期望	能挣到比种田多的钱即可	向往体面或接近市民的工作
	劳动供给决策	绝对收入比较	相对被剥夺感较强

---

① 刘传江，程建林，董延芳. 中国第二代农民工研究 [M]. 山东：山东人民出版社，2009：67-68.

续表

比较特征		第一代农民工	第二代农民工
与家乡或农村的联系	务农的经验	有比较丰富的务农经验	没有或缺乏务农经验
	与家庭的经济联系	大部分的收入寄（带）回农村老家	收入汇寄回家比例较低，有时向家庭要钱
城市适应性	对城市的认同感	较弱，多以同乡为主要交往对象	较强，向往城市生活，渴望融入城市
	与外界的联系	以口信、书信为主，信息量少，频率低，速度慢	以电话、网络为主，信息量大，频率高，速度快
	生活方式	与传统农民接近	与现代市民接近
流动意愿	对未来的期望	年龄大后返乡劳动	不愿返乡务农，希望市民化

笔者认为，从全省范围来看，与老一代农民工相比，当代广东新生代农民工群体具有国内新生代农民工群体的普遍特征，主要表现在：第一，成长的外部环境相似，多为改革开放后出生的独生子女或两孩家庭子女；第二，个人文化素质有较大提升，70%~80%的新生代农民工有初中到高中学历，大专以上学历的有20%以上；第三，就业期望较高，但是就业稳定性较差；第四，城市适应性强，生活方式和认同感与城市市民接近，社会交往方式现代化；第五，与家乡或农村的联系较少，返乡意愿不强，融入城市的意愿较强。

相比之下，广东新生代农民工群体也具有自身特点。第一，所占比重较大。广东省人力资源和社会保障厅于2010年所做的全省新生代农民工特别调查结果显示，广东省20世纪八九十年代后出生的新生代农民工数量为1978万人，占全省农民工总量的75%，远高于全国约50%的水平。第二，来源和分布较为集中。广东省新生代农民工大多来自湖南、四川、广西、湖北、河南和江西六个省区，92%分布在珠三角地区，其中深圳、东莞、广州、佛山四市最多；以从事第二、三产业为主，分别占55%和42%①。第三，社会稳定风险增大。新生代农民工对政府信任度和政策关注度大幅度低于第一代农民工，面对纠纷时的忍耐力明显低于第一代农民工，自我救济倾向更高，极少数有自杀或自残的极端想法。近年来广东省内接连发生数起影响较大的"土客纷争"群体性事件，新生代农民工是其中的重要主体。有关部门在总结潮安古巷事件、增城新塘镇大敦村事件教训时认为，新生代外来工已经成为广东省的用工主体，这个群体就业稳定性差、自我意识强、诉求多样化，在社会建设某些领域不到位的情况下，容易放大对社会不满的情绪②。

第五节 流动人口对广东省的影响效应

流动人口对流入、流出地均会产生多方面的影响，既有正面的，也有负面的。但流动人口的负面效应是局部、次要和短期的，而正面效应则是主要和长期的，是推进广东社会高效快速创新变迁的重要发展变量。流动人口带来的复杂社会经济效果表现在：流入地的收入与消费状况、行为方式的变化，社会冲突与整合等社会经济动态的变化，劳动力外流对流出地的资金、信息、技术回馈或流失，以及对流出地的社会经济正反面的影响。

第一，为经济发展注入无穷活力。

城市流动人口的正面效应表现在为城市发展提供了大量劳动力，为

---

① 广州日报. 广东发布新生代农民工调查报告［EB/OL］. 凤凰网，2010-02-26.
② 广东抗议事件频发 流动人口管理三大疑问待解［EB/OL］. 大洋网，2011-08-02.

城市经济发展做出贡献。人口向城市的流动充实了城镇化发展过程中所需要的劳动力资源，促进了劳动力资源的优化配置，提高了生产率，是我国经济持续增长的重要动力源泉。

具体表现在：（1）流动人口有利于产业结构的优化和调整；（2）提高了城市的竞争力；（3）促进人力资源优化配置；（4）对市场经济的运行和发展起到了独特的推进作用；（5）促进了我国社会主义新农村建设。

第二，给城市管理带来巨大挑战。

流动人口对迁入城市有着利弊并存的影响，实为一把双刃剑。城市流动人口为国家尤其是城市经济发展做出了巨大贡献，在弥补特大城市劳动力结构性短缺、缓解人口老龄化压力的同时，在就业、教育、社会保障等方面，也给城市公共管理和公共服务带来了挑战。

具体表现在：（1）加大了城市服务和管理的难度；（2）劳动力大量外流，使流出地经济受到一定的影响；（3）流动人口子女教育未得到有效保证；（4）计生与民政管理面临新课题。

第三，安全管理成为流动人口突出议题。

近 20 年来，我国城市流动人口中的违法犯罪比例不断增加，尤其是在一些大中城市和沿海发达地区，流动人口犯罪越来越突出，严重影响社会治安，成为不容忽视的问题。盲目无序的人口流动会产生影响城市社会稳定的不利因素，增大社会治安压力。

具体表现在以下几点。（1）容易引发社会矛盾。没有登记信息的流动人口，由于各项管理服务措施和权益保障措施得不到落实，其享受的社会公共服务与户籍人口有较大差距，容易造成外地人与本地人对立的情况，引发社会冲突。（2）输入式犯罪问题突出。多年来广东省刑事犯罪嫌疑人中流动人口占 65% 以上，珠三角地区达 80% 以上；流动人口最多的深圳、广州、佛山、东莞四市的刑事案件也占全省的大多数。（3）人口管理难以落实到位。有些提供时租、日租的旅业式出租屋和提供留宿的沐足桑拿场所未能及时纳入监管，成为逃犯等涉案人员、重点人员的落脚点。（4）容易滋生治安乱点。在一些城郊接合部或"城中村"等出租屋和流动人口密集区域，流动人口以地缘、亲缘、业缘为纽带，形成"同乡村""同业村"，引发了许多社会问题。

第三章

流动人口安全管理的理论基础与政策模式

流动人口安全管理是流动人口管理的重要内容，流动人口安全管理离不开一般性的流动人口管理理论的支撑指导。西方在城镇化进程中，衍生出不少关于流动人口的理论解释与模型范式，可以作为流动人口安全管理的理论基础。

第一节 流动人口安全管理的理论基础

流动人口是工业化、现代化、城镇化的伴生现象，互为因果。流动人口及其管理理论，主要发源于城镇化进程较早的西方国家。从主客体视角出发，可以从管理主体、管理客体、主客体互动、外部环境四个方面来概括现有流动人口管理的主要理论。

一、管理主体

"社会治理""自治管理""协同治理"是目前关于流动人口管理主体较为时兴的说法，这一部分的理论内容大多来源于公共管理领域。

社会治理理论主要包括如下四种。一是强调治理主体多元化，主张建立多中心治理模式。治理的主体既可以是政府、公共机构，也可以是私人机构。二是强调改进社会责任的承担方式，主张推行国家与社会合作的方式。治理应是一种合作，是政治国家与公民社会的合作、政府与非政府的合作、公共机构与私人机构的合作。三是强调管理对象的全面参与，主张实现管理过程的上下互动。四是强调多样化的管理方法和技术。

自治管理理论，主张以"流动人口协会"等自治组织为载体的自我管理，充分发挥自我管理、自我服务、自我约束的功能，以更好地保障自身合法权益，同时也可弥补政府行政管理体制的不足。

协同治理理论，指非政府组织、公共权力、政府间组织、利益集团、企业等治理的参与者，通过激励和说服发生作用的"温和的权力"，形成覆盖个人、公共和私人机构管理流动人口事务的全部行动。这是一个连续性的过程，在这个过程中，各种矛盾的利益和由此产生的冲突得到调和，并产生合作。这一过程既建立在现有机构和有法律约束力的体制之上，也离不开非正式的协商与和解。

二、管理客体

目前关于流动人口治理客体的理论研究主要包括三个方面：一是对流动人口迁移理论的研究，二是对流动人口调控政策及举措的研究，三是对流动人口中高危人群的管控的研究。

流动人口迁移理论，主要包括迁移法则理论（雷文斯坦）、推拉理论、刘易斯—拉尼斯—费景汉模型、托达罗人口迁移模型、新劳动力迁移经济学、舒尔茨"成本—效益"模型、地理经济学模型、模仿经济学、连锁因果说、移民网络说等，这些理论模型大多集中在解释人口迁移的成因、类型、动机、特征、模式、影响等方面[1]。

流动人口调控理论，主要强调综合运用行政（如户籍政策、直接

---

[1] 张瑞. 中国流动人口管理与服务问题研究综述［J］. 当代经济管理，2013（2）：32－38.

限制政策），经济（产业"双转移"、税收、价格成本、社会保障、发展"社会经济"、促进本地人口就业、控制就业岗位对流动人口需求等），法律，规划（如城市圈建设、交通建设、新城建设、加快城乡一体化、推进公共服务均等化等），宣传教育等手段，引进高素质流动人口，改变流动人口的结构、规模、分布，促进流动人口结构优化、素质提升，减少城市负担。

流动人口高危人群管控理论，指基于社会学、心理学、精神病学、生物学等相关学科与现实经验，将具有高危违法犯罪特征的流动人口，通过排查识别、强化管控、分类管理、行为限制，甚至排斥隔离等方式，加以强化控制，以减少其对社会治安等公私利益的侵害威胁。

三、主客体互动

流动人口主客体互动方面，主要包括社会融合与社会排斥理论。

社会融合理论，可分为"同化论"和"多元并存论"两大派别。同化论认为流动人口学习、适应、接受所在地的生活方式和文化价值观念，抛弃原有的社会文化传统和习惯，才能实现同化和融合。而多元文化论认为，移民将其不同的文化背景、社会经历和价值观念带到其生活的地点，有助于建构多元化的社会和经济秩序。

社会排斥理论，起源于20世纪60年代的法国，勒内·勒努瓦（Rene Lenoir）首次提出了"社会排斥"概念，强调个体与社会整体之间的断裂。西尔弗（Silver）和德汉（De haan）将社会排斥划分为三种不同范式："团结型"（Solidarity）、"特殊型"（Specialization）和"垄断型"（Monopoly）。"团结型"范式认为，社会排斥指个人与整个社会之间诸纽带的削弱与断裂过程。"特殊型"范式则认为排斥是一种歧视的表现，是群体性差异的体现。"垄断型"范式认为群体差异和不平等是重叠的，它将社会排斥定义为集团垄断所形成的后果之一，其表现则是权力集团通过社会关闭来限制外来者的进入。从社会排斥转向社会融合，是我国流动人口政策演变的重要特征。

四、外部环境

与外部环境有关的理论，主要包括结构紧张理论、文化冲突理论、社会地理网络理论、社会转型理论等。

结构紧张理论（Strain Theory），又称文化失范理论（Anomie Theory），由美国社会学家、犯罪学家罗伯特·默顿（Robert K. Merton）提出，是实用主义犯罪学三大理论之一。指如果用合法手段实现这些目的的努力受到阻碍，人们就可能会尝试用各种非法手段实现这些目标。下层社会阶级的成员，由于缺乏在广泛的社会中获得经济奖赏的能力，因而会把自己的努力方向转向犯罪活动，把犯罪活动作为获得这些回报的一种手段。结构紧张理论可以用来解释流动人口违法犯罪现象高发的原因。

文化冲突理论，由美国犯罪学家、社会学家塞林（Thorston Sellin）在其著作《文化冲突与犯罪》中提出，该理论认为文化环境生成了社会的行为规范和个人人格，行为规范中那些为统治集团所珍视的价值上升为刑法规范，刑法规范正是用来规定犯罪的行为规范，它来自主流文化；同质文化生成的刑法规范与个人人格相一致，异质文化生成的刑法规范和个人人格不一致，当异质文化相互冲突时，就会产生犯罪。塞林认为，当长期生活在某一文化区域中的成员移居到另一文化区域时，其原先具有的文化准则往往与移居地新的文化氛围发生冲突，其冲突的结果就是犯罪现象的出现。文化冲突理论被认为是一种可以广泛用于解释犯罪行为的理论，既适用于地理上分割的地区间的人口流动，也适用于城市周围毗邻地区间的人口流动。

社会地理网络理论认为，在迁移之前，流动人口获知原住地农村以外情况的方式，主要是通过较早离开同一农村地区的邻居和朋友所代表的非正式网络实现的。这种网络联系不仅决定了流动人口的空间分布模式和职业分流,还使多数移民与主流社会相隔离。一旦到达目的地,大多数流动人口就和同村伙伴居住在工作地,如建筑工地、餐厅、工厂宿舍。在工作地城市居民中,他们几乎都没有亲戚、朋友,他们在迁入地的社会交往一般超不出乡村同伴的范围。流动人口的这种特殊的社会地理网络是造成流动人口社会孤立的原因之一。同时,流动人口脱离了家庭和户籍地的社会控制,居住地的政府部门又对其缺乏管理的力度,使其从事高危行为的道德约束力、社会监督和制裁力减弱,增加了流动人口从事高危行为的概率。

社会转型理论认为,社会转型与社会常规时期相对应,是社会发展连续性的中断。社会转型是社会基本结构的根本变化,也是人们实践活动方式的根本改变,更是文化模式的变迁。这种转型会带来大量矛盾与混乱。引发流动人口社会问题的深层次原因是社会的基本结构的转型,即从自给半自给的产品经济社会向社会主义市场经济社会转变,从不完全的农业社会向现代工业社会转变,从封闭半封闭社会向开放社会转变,从同质的单一社会向异质的多样性社会转变,从伦理型社会向法理型社会转变。

第二节 基于城市活动轨迹的流动人口安全管理政策框架

改革开放以来,为治理流动人口,国家及地方颁布了不少法规,实施了不少政策措施,但始终未能实现根源治理。其原因之一在于法规政策体系存在结构性缺陷。要切实解决流动人口问题,必须对流动人口政策体系做出深入思考和重新构建。

一、当前流动人口管理政策体系的问题

苏扬等学者认为，中国的人口政策主要包括人口数量控制和分布控制两大类，流动人口政策属于后者。从1949年至今，我国从无到有建立了流动人口服务管理政策体系，对促进国内经济社会发展起到了显著作用[①]。总体而言，我国流动人口政策处于不断与时俱进与修正完善的过程中，从限制人口迁移流动到允许人口流动，从控制盲目流动到规范流动和实施有序化工程，直到实行城乡统筹就业，推进城乡劳动力市场逐步一体化。尤其是十八届三中全会做出的推进新型城镇化发展、消除城乡二元结构、健全城乡发展一体化体制机制等系列重大决策，将我国流动人口政策引向新的发展阶段。然而，之前流动人口政策体系也存在不少"重物轻人"的问题，新时期，需要在促进"物的城镇化"的同时更加追求"人的城镇化"，把促进人的全面发展作为城镇化发展的出发点和落脚点。

"进入—居留—融入—退出"是流动人口城市活动的基本轨迹，也是流动人口治理政策体系的基本框架。要建立包含人口调控在内的人口治理的长效机制，必须深入剖析流动人口政策的各个环节面临的问题，建立完善的政策体系，方能对症下药、长效根治。

以广州为例，笔者梳理2000年以来广州市流动人口的主要政策法规后发现，从概括角度而言，广州市流动人口治理政策主要包括如下内容：居住登记与居住证管理，出租屋管理（包括租赁、税费、规划、消防、治安管理），人口调控与户籍准入，计生管理，就业管理，工商行政管理，公共服务均等化。具体如表3-1所示。

---

① 苏扬, 等. 中国流动人口管理报告 [M]. 北京：企业管理出版社, 2010: 10-21.

表 3-1 2000 年以来广州市流动人口治理的主要法规政策

类别	法规政策名称	施行时间
居住登记与居住证管理	广东省流动人口服务管理条例	2017.9.1
	广州市流动人员管理规定	2008.8.18
出租屋管理	广东省城镇房屋租赁条例	2010.7.23
	广州市房屋租赁管理规定	2010.2.1
	广东省租赁房屋治安管理规定	2012.10.1
	广州市区分所有建筑物消防安全管理规定	2003.3.1
	广州市个人出租房屋税收管理办法	2007.1.1
	广州市违法建设查处条例	2013.3.1
人口调控与户籍准入	广州市引进人才入户管理办法实施细则	2019.4.18
	关于加强我市人口调控和服务管理工作的意见	2018.12.29
	广州市引进人才入户管理办法	2018.12.29
	关于进一步推进户籍制度改革的实施意见	2016.2.22
	关于加强广州市人口调控和服务管理的意见	2014.2.25
	广州市户口迁入管理办法	2014.2.25
	广州市积分制入户管理办法	2014.2.25
	广州市引进人才入户管理办法	2014.2.25
计生管理	流动人口计划生育工作条例	2009.10.1
	广东省人口与计划生育条例	2016.9.29
	广州市人口与计划生育管理办法	2013.8.1
就业管理	广东省流动人员劳动就业管理条例	2003.9.26
	广州市劳动用工备案和就业失业登记办法	2008.7.1
工商行政管理	无照经营查处取缔办法	2003.3.1
	广东省查处无照经营行为条例	2012.7.26

续表

类别	法规政策名称	施行时间
公共服务均等化	广州市基本公共服务均等化重点工作实施方案（2013—2016年）	2013.7.31
	广州市推进流动人口计划生育基本公共服务均等化行动方案	2012.11.5

由前可见，尽管相对全国很多城市而言，广州市流动人口治理的法规政策已经较为完善，数量众多，然而，从流动人口"进入—居留—融入—退出"四个环节的结构上来看，前述政策中，涉及流动人口在城镇居留、就业方面的政策较多，流动人口融入政策涉及较少，流动人口进入、退出城镇的政策基本空白。由于缺乏有效可行的流动人口城市进入与退出调节机制，因而流动人口进多出少，这是广州等国内特大城市人口膨胀的重要原因，也是许多流动人口次生问题的重要原因。

概括而言，当前流动人口政策体系的问题，从轻到重主要表现为：第一，对短期居留和长期居留政策未加区分，政策短期效用和过客心态特征明显；第二，流动人口融入政策门槛过高，标准单一，流动人口长期"漂留"现象突出；第三，缺乏有效可行的城市进入政策，城市进入难设限制，大中城市人口数量不断增加；第四，流动人口城市退出政策仍在探索阶段，城市人口只增不减，刚性增强。由于前述问题的共同作用，我国城市地区尤其是大中城市的人口数量不断膨胀，进入难设限制，缺乏退出机制，导致进多出少、人口膨胀、交通拥堵、环境恶化、住房紧张、就业困难等"城市病"特征越来越突出。

因此，建立基于流动人口"进入—居留—融入—退出"城市活动轨迹的各环节、全流程、无死角的流动人口调控政策，需要补齐流动人口进入、退出的城市政策空白，强化流动人口城市融入政策，优化流动人口城市居留政策。这是从政策上解决城市流动人口数量膨胀、结构失衡、分布不均、素质不高、问题众多的长效举措。

二、基于城市活动轨迹的流动人口安全管理政策框架

流动人口"进入—居留—融入—退出"城市,是流动人口城市活动轨迹的常规逻辑次序,也是流动人口公共政策体系的分界依据。因此,应在确保流动人口个体流动迁移权利不收紧的前提下,从流动人口群体角度着眼完善流动人口政策体系,加强政府流动人口政策调控效能,实现人口流动有序化目标。为此,应从进入政策、居留政策、融入政策、退出政策四个方面同时着手。

据此,笔者提出基于"进入—居留—融入—退出"城市活动轨迹的流动人口调控政策的思路与框架,即完善流动人口"进入—居留—融入—退出"公共政策体系,建立合理有效的城市进入与退出调节机制,强化抑制"向心流",鼓励"离心流"的政策引导,实现人口双向流动。对应政策治理模式如表3-2所示。

表3-2 基于流动人口城市活动轨迹的政策治理模式

活动轨迹	进入	居留	融入	退出
政策现状	空白	居住证、出租屋、就业	服务与权益保护、户籍准入	空白
政策导向	规模、组成、分布调控	管理	服务	规模、组成、分布调控
政策问题	缺乏有效可行的城市进入政策,以往多数限制性手段以失败告终	居留政策短期化倾向突出,缺乏对"不流动的流动人口"的专门政策	户籍准入政策门槛高、标准单一,"漂留"人群融入难的问题突出	收容遣送制度废除后,退出政策基本空白,流动人口数量刚性增强

续表

活动轨迹	进入	居留	融入	退出
对策思路	探索合理有效的城市进入政策，通过非行政强制性的手段引导人口流向	区分短期居留和长期居留政策，制定针对"不流动的流动人口"的专门政策	按"有意愿、有能力""有意愿、无能力""无意愿、有能力""无意愿、无能力"标准分类，实行分层次、分步骤、阶梯式的融入政策，解决"漂留"人群融入难的问题	探索合理有效的城市退出政策，鼓励"离心流"政策，实现人口双向流动

第三节 完善流动人口安全管理政策体系的举措

一、细分与优化居留管理政策

1958年《中华人民共和国户口登记条例》（以下简称《户口登记条例》）是我国流动人口政策的重要法规渊源，也是我国流动人口政策之所以呈现短期效应和过客心态的重要原因。《户口登记条例》将三个月作为流动人口被允许的"流动期限"，超过三个月则面临着返回、申请延长时间或办理户口迁移手续的抉择。《户口登记条例》第十六条规定，"公民因私事离开常住地外出、暂住的时间超过三个月的，应当向户口登记机关申请延长时间或者办理迁移手续；既无理由延长时间又无迁移条件的，应当返回常住地"。确立三个月"流动期限"的同时，《户口登记条例》还为流动人口确立了三天的"暂住登记期限"，在流入地居住期限在三天之内的流动人口,可视为"过往人口"免于登记,超过三天则视为"暂住人口"必须登记。《户口登记条例》第十五条规定,"公民在常住地市、县范围以外的城市暂住三日以上的,由暂住地的户主或者本人在三日以内向户口登记机关申报暂住登记,离开前申报注销"。2010 年《广东省流动人口服务管理条例》沿袭了《户口登记条例》规定,将"居住登记期限"确定为三天,第十条规定,"流动人口应当自到达居住地之日起三个工作日内持本人居民身份证或者其他有效身份证明向居住地公安派出所或者乡镇、街道流动人口服务管理机构申报居住登记"。

随着暂住证向居住证制度转化,在前述"暂住登记期限"的基础上,又形成了两个重要的期限标签,分别为"暂(居)住证申领条件期限"和"长期暂(居)住证办理期限",前者一般为三天或一个月,后者一般为半年或一年。1995 年公安部《暂住证申领办法》将"暂住证申领条件期限"确定为一个月,第三条规定,"离开常住户口所在地、拟在暂住地居住一个月以上年满 16 周岁的下列人员,在申报暂住户口登记的同时,应当申领暂住证"。而 2010 年《广东省流动人口服务管理条例》则将"居住证申领条件期限"缩短为三天,与"居住登记期限"相同,第十一条规定,"对于已经申报居住登记的流动人口,应当发给居住证"。

2010 年《广东省流动人口服务管理条例》将六个月作为"长期居住证办理期限",第十三条规定,对符合特定条件的流动人口可发放有效期最长为三年的居住证,"不符合前款条件的流动人口,发给有效期最长为六个月的居住证"。在实际工作中,相对于六个月有效期的居住证而言,一年以上有效期的居住证才被广泛认为属于长期居住的居住证,因而一年也是"长期暂(居)住证办理期限"的重要时间节点。

由此可见,从 20 世纪 50 年代至今,不论是全国还是广东,流动人口政策均存在短期化倾向,三天、一个月、三个月、六个月和一年成为流动人口政策的重要时间期限节点，在目前全国流动人口政策体系中，广东省所确立的"有效期最长为三年的居住证"节点已属最长期限之一了。然而，相对于户籍人口一个月的出生登记期限、三个月的居民身份证首次申领期限，以及居民身份证长达五年、十年、二十年、长期有效的有效期限而言，流动人口政策的短期化倾向非常突出。从一个侧面而言，这种政策体系与之前流动人口流动性强的特征紧密契合，非常具有针对性。然而，随着时代的变化，这种政策体系的片面性弊端逐步突出，在面对大量"长期不流动的流动人口"时束手无策。

2007年4月，学者翟振武的研究表明，"流动人口不流动"已成为北京人口流迁的新特点。流动人口在京滞留时间变长，平均在京居住4.8年，而在京时间超过五年者达到51.4%，举家迁居的比例高达41.2%。纯外来人口家庭已接近北京市家庭总户数的五分之一，这些人已经成为事实上的"北京人"①。2008年10月，国家人口计生委政策法规司领导表示，全国流动人口开始呈现出"不流动"现象，跨省流出的时间逐渐加长，多数跨省流动人口在流入地居住的时间在一年以上，成为流入地的常住人口，仅有三分之一在流入地居住不满一年。许多流动人口已经不再频繁流动，而是逐步融入居住地，成为现居住地常住人口，特别是流动人口的第二代。这就要求政府在各项工作中，充分考虑到这部分人的情况②。

2012年8月，国家人口计生委一份有关流动人口发展的报告显示，当前我国流动人口问题中最值得关注的是流动人口的"不流动性"。这种"不流动性"主要表现在两个方面。一是流动人口在流入地生活稳定。报告显示，超过三成流动人口在流入地居住生活时间超过5年，从

---

① 于立霄. 学者指"流动人口不流动"成为北京人口流迁新特点 [EB/OL]. 中国新闻网, 2007-04-04.
② 国家计生委. 流动人口开始呈现出"不流动"现象 [EB/OL]. 中国网, 2008-10-23.

事目前工作的平均时间接近4年,全年平均回老家不足2次。流动人口稳定性增强,家庭化迁移成为趋势。80后新生代农民工已占劳动年龄流动人口的近一半。二是流动人口的增速趋于平稳。农村户籍流动人口约占流动人口总量的80%。报告预测,中国农村劳动力向城镇转移的步伐未来将逐步趋于平稳。流动人口生活稳定和增速平稳这两个方面的"不流动性",给社会管理和经济发展都提出了新要求①。

  由此可见,从流动性角度而言,流动人口已经出现巨大分化,大量所谓的"流动人口"在流入地长期居住,并不流动,"不流动的流动人口"群体数量不断增加,而以短期居留为导向的流动人口政策无法适应这类人群,出现流动人口政策结构上的欠缺。因此,必须将现有流动人口政策逐一细化,分为短期居留政策和长期居留政策两种,对不同人群适用不同政策,制定针对"不流动的流动人口"的专门政策。其中,短期居留政策保持原有导向,以居住、管理为主,而长期居留政策在居住和管理方面应该向户籍人口管理方式看齐,政策重点应更多集中在基本公共服务均等化和促进融入等方面。

  因此,按照流动人口"进入—居留—融入—退出"政策体系分析,从现实来看,相对于城市进入、融入、退出环节政策而言,城市居留政策是目前最为完善的政策环节,形成了较为完善的法规政策体系。然而,仍然存在可以细分和优化的空间。

  流动人口居留管理的涉及面非常广泛,包括居住证管理、出租屋管理、治安管理及其他社会管理(如计生、工商、就业管理)等方面。具体而言,可以进一步做如下改进。

  第一,居住登记和居住证管理,是我国流动人口居留管理的核心内容。当前我国流动人口居留管理政策的重要不足在于,基于非永久化流

---

① 魏永刚. 为什么关注流动人口的"不流动性"[EB/OL]. 中国经济网, 2012-08-08.

动视角而建立的传统流动人口居留政策,短期效用和过客心态特征明显,不能适应当前形势下长期居留人群数量不断增加的社会现实。面对新时期流动人口的复杂形势,居住证制度尚有许多需要完善优化的地方,潜力尚待挖掘,以居住证升级换代为标志的居住证制度优化,应纳入决策部门的关注视野。居住证制度的优化,既要注重外延建设,不断完善居住证制度相关政策、增加居住证应用功能,同时更要注重内涵建设,内涵建设优于外延建设。加强居住证内涵建设的核心,应落脚于拓展对居住证定位和功能的认识,实现现有居住证的升级换代。

第二,出租屋管理是流动人口治理的重要抓手,"以屋管人"是最为常见的流动人口治理工作机制,也是流动人口治理模式的核心特征之一。然而,当前出租屋管理仍存在不少亟待解决的问题。笔者以完善租赁房屋信息采集报送制度为切入点和主要目标,提出相关建议:规范治安基础信息的动态采集,构建多元共建、共享的租赁房屋信息"大数据平台"及公开网站;推广以时租房、短租房为代表的旅馆业信息报送模式;鼓励基层受理部门实行弹性工作与区域联勤制;强化"一证登记"和"两次办结"制度;创新租赁房屋信息报送形式与服务机制;加大对网上租赁信息的采集报送监管;建立租赁信息主动公开披露的长效激励机制。

二、落实并提升服务、权益保障与融入政策

傅崇辉认为,2006年以后,随着居住证制度的出现,流动人口管理模式进入"福利型"时代①,以居住证为载体的公共服务均等化、权益保障、社会融入等内容,才真正被政府和社会关注。

在公共服务均等化政策优化方面,第一,应该将义务教育放在流动

---

① 傅崇辉.流动人口管理模式的回顾与思考——以深圳市为例[J].中国人口科学,2008(5).

人口公共服务均等化的首要位置。第二，建立城乡一体的流动人口公共服务均等化格局，打破传统以地域、户籍为基础的财政转移支付方式，实现以人为核心、以居住证和社保卡为载体的财政转移方式，建立财政转移支付同农业转移人口市民化挂钩机制，实现基本公共服务均等化的财政保障资金"钱随人走"，建立事权与财权匹配、权责利相统一的公共服务均等化财政保障机制，破解流入地政府财政投入不足的难题。第三，探索合理可行的流动人口公共服务均等化模式，一方面强化社会公众对基本公共服务供给决策及运营的相关知情权、参与权和监督权，加强公众参与公共服务绩效评估的广度和深度。另一方面，要构建基本公共服务多元化供给体系，形成政府主导、市场引导和社会充分参与的基本公共服务供给机制。第四，创新流动人口公共服务均等化依托方式，综合运用居住证、阶梯式分级、积分制、公民身份号码标识等制度手段，建立以居住证为载体的流动人口基本公共服务提供机制，依照流动人口居住年限等条件的差异，建立阶梯式公共服务待遇体系，在保障基本公共服务的基础上，建立区别对待的公共服务供给和享有机制。

在维护流动人口合法权益方面，政府应加强对流动人口合法权益的保护和救济，按照相关法律法规要求，认真做好各项工作，在此基础上，建立健全流动人口合法权益保护的长效机制。

户籍融入是流动人口城市融入的核心标志之一。不少流动人口已经基本完成经济、社会、心理、文化方面的城市融入过程，但由于无法跨越户籍迁移限制，导致融入过程无法完整。因此，通过户籍迁入政策改革促进流动人口城市融入，是提升城镇化水平的重要议题。在融入政策方面，要按照融入意愿和融入能力不同，降低符合条件的流动人口的城市融入门槛，探索分层次、分步骤、阶梯式的融入方式，逐步解决"漂留"人群的融入难问题。

当前流动人口的城市融入障碍，来源于多个方面，一些与流动人口自身融入能力和融入意愿有关，另一些则与外界环境有关，其中严格的户籍准入政策是最突出的外部障碍之一。

1958年《户口登记条例》确立了"经常居住地立户"原则，第六条规定"公民应当在经常居住的地方登记为常住人口"，但之后这一原则并未得到贯彻执行，现实中，"从母立户"原则取代了"经常居住地立户"原则，成为公民立户首要原则，直至1998年公安部"四项改革"之后，才放宽至"从母从父自愿立户"原则。由于户籍迁移受到严格控制，"出身决定户籍"的先天决定机制成为制约城乡人口合理流动的根源。

从1997年我国开展小城镇户籍制度改革以来，镇、县城、小城市的入户条件逐渐放宽，基本确立了以"职业（或收入）＋住所（含租赁）"为基本条件的入户制度。2012年2月国务院办公厅发布的《关于积极稳妥推进户籍管理制度改革的通知》规定，"在县级市市区、县人民政府驻地镇和其他建制镇有合法稳定职业并有合法稳定住所（含租赁）的人员，本人及其共同居住生活的配偶、未婚子女、父母，可以在当地申请登记常住户口"。十八届三中全会提出"加快户籍制度改革，全面放开建制镇和小城市落户限制"的要求，已经消除了建制镇和小城市的入户门槛，但对其他城市实行分类落户政策，"有序放开中等城市落户限制，合理确定大城市落户条件，严格控制特大城市人口规模"。对于暂时不具备入户条件的中等城市、大城市和特大城市的流动人口，户籍融入依然是制约其融入城市的主要障碍之一。

当前大中城市户籍准入政策的重要问题在于，实行单一、不分层次的户籍准入标准，只有是与非的选择空间，忽视了未达到户籍准入标准的流动人口的多样性，未能推行分层次、分步骤、阶梯式的融入政策。事实上，根据融入意愿和融入能力划分，城市流动人口可以划分为"有意愿、有能力""有意愿、无能力""无意愿、有能力""无意愿、无能力"四类，不同类别应该实行不同类型的融入政策。

对"有意愿、有能力"的第一类流动人口，可以通过畅通户籍准入政策的方式实现其城市融入。对"无意愿、无能力"的第四类流动人口,应尊重其意愿要求,重点做好其居留期间的管理、基本公共服务提供、权益保障等工作。融入政策的重点应落脚于"有意愿、无能力"的第二类流动人口以及"无意愿、有能力"的第三类流动人口。

对第三类流动人口,应尊重其意愿要求,为其提供同等于户籍居民待遇水平的"准居民待遇"。对第二类流动人口,应该根据其融入能力的差别,制定分层次、分步骤、阶梯式的融入方式,实行层级管理或积分制管理,保证其在享有均等化基本公共服务的基础上,享受到与其层级或积分相对应的、水平略低于户籍居民待遇的公共服务待遇,逐步提升其融入能力,使其最终达到户籍融入资格要求,转变为户籍居民。

除了严格的户籍准入政策是影响流动人口城市融入的外部障碍之外,流动人口自身的融入能力和意愿也是影响流动人口城市融入的重要因素。流动人口城市融入是流动人口社会适应与城市社会接纳互相作用的结果。一方面,从流动人口自身而言,需不断提高自身城市融入能力,解决技术能力、社会交往能力、心理承受能力、职业发展规划能力等方面的能力欠缺,以更好地适应城市生活角色转变。另一方面,流入地城市要树立平等、包容的社会融合观念,消除针对流动人口的各种不合理社会排斥,以开放、共赢的心态来接纳流动人口融入城市。政府可通过降低融入城市成本、推广建设流动人员之家、促进流动人口社会组织和社会网络发展、加强流动人口志愿服务与公益服务、实行属地化社区管理等方式,加快流动人口社会融入步伐,增强其归属感。

三、合理探索流动人口进入城市政策

依照流动人口"进入—居留—融入—退出"城市活动轨迹的治理模式,要解决特大城市流动人口刚性增强的现实问题,应在确保流动人口个体流动迁移权利不收紧的前提下,从流动人口群体角度着眼完善流动人口政策体系,建立健全流动人口城市进入与退出调节机制,加强政府流动人口政策调控效能。其中，在进入调节机制方面，要探索合理的流动人口城市进入政策，扭转流动人口朝大城市高度集中的趋势。

大城市的人口规模增长，包括自然增长和机械增长两部分。流动人口的迁入即机械增长是造成我国大城市人口激增的主要原因，这也是社会各界较为普遍的共识。

为限制流动人口盲目流入城市，自20世纪50年代以来，我国先后采取了制度、政策、手段等多种方式予以应对，如户籍制度、粮油制度、户口迁移审批制度等制度，中央严格控制民工外出通知，实行劳动力就地转移，广东"六不准"政策限制等政策，收容遣送、设立就业门槛、提高入户条件等行政手段，以及城中村改造、提高城市居留成本、"产业与人口双转移"、产业政策负面清单等经济手段，不一而足。然而，绝大多数应对措施均以失败告终，至今我国尚未形成成功有效的流动人口城市进入政策。杨英等研究者通过数学模型分析的研究表明，为确保本地居民就业率而出台的限制农民工进入城市的政策，往往具有无效性[①]。

近年来，不少人士也认识到城市进入政策的重要性，并提出了一些政策建议，然而，类似建议一经曝光，就会引发广泛争议。如2006年广州市政府有关部门提出的，在个别行业抬高进入广州生活人员的门槛，以减少低素质外来人员的建议；2013年清华大学某教授提出的，将工作许可和考试审核方式作为入京条件的建议等。

因此，流动人口城市进入政策的设计，是一个非常敏感与复杂的问题，然而，这又是一个现实而迫切的问题。十八届三中全会通过的《中共中央关于全面深化改革若干重大问题的决定》第六部分"健全城乡发展一体化体制机制"提出，"加快户籍制度改革，全面放开建制镇和小城市落户限制，有序放开中等城市落户限制，合理确定大城市落户

---

① 杨英，葛和平．城市限制农民工进入政策的无效性研究［J］．商业时代，2007（21）．

条件，严格控制特大城市人口规模"。由此可见，十八届三中全会对中等城市及以下城镇的进入政策持放开态度——全面放开或有序放开，对大城市的进入政策持审慎态度——合理确定落户条件，对特大城市的进入政策则持明显的保留甚至收紧态度——严格控制特大城市人口规模。因此，如何建立合理有效的流动人口进入政策，以合理控制或严格控制特大城市人口规模，是未来政府部门需要思考的重点内容之一。

2014年《国家新型城镇化规划》进一步明确了"实施差别化落户政策"的细节，提出以合法稳定就业和合法稳定住所（含租赁）等为前置条件，全面放开建制镇和小城市落户限制，有序放开城区人口50万~100万的城市落户限制，合理放开城区人口100万~300万的大城市落户限制，合理确定城区人口300万~500万的大城市落户条件，严格控制城区人口500万以上的特大城市人口规模。大中城市可设置参加城镇社会保险年限的要求，但最高年限不得超过5年。特大城市可采取积分制等方式设置阶梯式落户通道调控落户规模和节奏。

当前，按照十八届三中全会"严格控制特大城市人口规模"的文件精神，北京、上海、广州、深圳等特大城市正在研究调控人口规模的思路方法，其中重要内容之一就是调控流动人口规模及其分布。广州市于2013年10月发布了人口调控和入户政策"1+3"文件征求公众意见稿，其中《关于加强我市人口调控和服务管理工作的意见》中提出加强人口宏观调控的若干思路有强化规划对人口发展的引导作用，强化产业发展对人口发展的带动作用，强化交通对人口发展的疏导作用，强化区域合作对人口的分流作用，强化信息技术对人口的管理的作用，等等①。

在2014年度政府工作报告中，北京市将"加强人口规模调控"列

---

① 广州市发展改革委. 关于加强我市人口调控和服务管理工作的意见 [EB/OL]. 大洋网，2013 – 10 – 24.

为"破解城市发展难题,不断提高可持续发展水平"的第一项重点任务,探索建立重大规划、重大政策、重大项目的人口评估机制。此外,在全市推行"以产引人、以业控人、以房管人"多措并举的"顺义模式",主要包括:提高行业准入门槛,将人口评估作为产业准入的一个关键环节;不断促进本地劳动力充分就业;不断提升传统商业服务业组织化程度,加强包括再生资源回收、农贸市场等在内的商业服务业网点建设,对不符合区域发展定位的"五小"行业进行清理整顿等①。

2014年2月26日,习近平总书记在北京主持京津冀协同发展工作汇报座谈会时指出,北京应"调整疏解非首都核心功能,优化三次产业结构,优化产业特别是工业项目选择,突出高端化、服务化、集聚化、融合化、低碳化"。为此,伴随着首都城市功能定位的调整,一些非首都核心功能将被疏解,主要包括两大类:首先,从经济角度考虑,一些相对低端、低效益、低附加值、低辐射的经济部门,可以就近疏解;其次,区位由非市场因素决定的部分科教文卫机构与央企总部可以外迁②。

这些探索不少是流动人口城市进入方面的源头措施,只有建立科学有效的流动人口城市进入机制,才能实现源头治理,从根本上扭转流动人口向大城市高度集中的趋势。

四、弥补流动人口退出城市政策空白

与进入城市政策类似,当前我国流动人口退出城市政策也基本空白,亟须弥补。有进有退,双向流动,方能保持城乡结构合理,保持城市可持续健康发展。在退出调节机制方面,要逐步建立流动人口城市退

---

① 法制晚报.北京将控制人口无序增长 人口下降将成评估选项[EB/OL].新浪网,2014-01-17.
② 新华网.北京将迎大变革:多家央企总部或被撤走[EB/OL].搜狐财经网,2004-02-28.

出政策，放宽、鼓励城市居民向县镇、农村地区转移障碍，实现人口双向流动。

2003年《城市流浪乞讨人员收容遣送办法》被废止后，城市管理者失去了收容遣送这一有效手段，面对大量拥入的流动人口束手无策。在此背景下，除非流动人口自愿离开城市，否则政府无权要求合法居留的流动人口离开城市，导致流动人口来多去少，城市实有人口数量不断膨胀。

在城镇化背景之下，让流动人口退出城市，是逆城镇化的选择，社会认可度低。如2011年深圳为大运会安保清出8万余治安高危人员①，引发了广泛的争议，说明社会对行政化、强制性的流动人口退出政策认同度低。前些年，国内一些地方采取了收取城市增容费、"限购"、清理"'三无'人员"、禁止"地下室出租"和居民住房"群租"等行政色彩浓厚的调控措施来减少流动人口数量，在短期取得了一定的效果，但是副作用很大，带来了新的矛盾②。相对而言，采取经济性、间接性的流动人口退出政策，社会反响就没那么大。如利用产业政策调整来调控人口，是经常被采用的方法，如2008年起广东实行的产业与劳动力"腾笼换鸟""双转移"政策，以及2013年北京人大代表提出的提高低端产业的门槛、设立产业负面清单等方法严格控制人口的建议等③。

与此同时，逐步收紧的农村进入政策，也是导致人口向城市单向流动的重要原因。当前，一些农村地区的福利待遇水平不断提升，吸引了

---

① 财新网. 深圳警方称已清理8万"高危人群"[EB/OL]. 新浪财经网, 2011-04-11.
② 人民日报. 北上广深等大城市能用行政手段限制人口吗？[EB/OL]. 人民网, 2013-09-27.
③ 京华时报. 北京人大代表建议设置产业负面清单[EB/OL]. 新华网, 2013-12-20.

不少人员的目光。但为了避免福利待遇被稀释，较为发达的农村地区普遍建立了封闭式的外界隔离机制，进入农村地区的门槛非常之高。同时，为保护农村居民利益，国家对城镇居民到农村购买房屋和宅基地的行为一直持禁止态度，也就堵住了城镇居民向农村转移的合法路径。2004年《国务院关于深化改革严格土地管理的决定》第十条指出，"改革和完善宅基地审批制度，加强农村宅基地管理，禁止城镇居民在农村购置宅基地"。2004年国土资源部《关于加强农村宅基地管理的意见》则进一步明确，严禁城镇居民在农村购置宅基地，严禁为城镇居民在农村购买和违法建造的住宅发放土地使用证。2007年12月，国务院再次重申：城镇居民不得到农村购买宅基地、农民住宅或"小产权房"，单位和个人不得非法租用、占用农民集体土地搞房地产开发。十八届三中全会也并未在这方面出现突破性规定。因此，城镇居民向农村地区流动的渠道不通畅，也是导致城市人口密集的重要原因。

在尊重城镇化趋势不可逆规律、遵守国家关于城镇居民不得到农村买地盖房规定的前提下，政府也应着手探索以公民自愿为基础的非强制性的城市流动人口退出政策，同时鼓励、放宽城市居民向县镇、农村地区转移的限制，逐步建立人口双向流动机制，从出口上为人口退出城市提供合理、合法、制度化的途径，这也是解决城市人口高度密集的重要思路。在这方面，综合采取加快区域协调发展、平衡公共资源分配、调整城市定位、合理调整产业结构、引导人口从中心区向郊区转移等间接性措施，建立以市场机制调节为主、以政府调控为辅的城市人口引导调节机制，相对于直接干预的行政性措施而言，更为治本，也更为有效。

第四节　流动人口安全管理的理念误区与革新

一、流动人口安全管理的理念误区

改革开放之初，流动人口作为一种新兴现象，占流入地实有人口数量比例不高，对流入地政府及户籍居民来说，往往将流动人口与外地人等同看待，与户籍居民交集不深、关系不密，在心理、情感等多个认识层面，流动人口问题呈现出"他者"的特征，政府对流动人口的权益保护和公共服务供给方面不太重视，甚至存在漠视和歧视的现象，这种认识是导致流动人口权益保障和服务供给不足的重要原因。

上述现象从政府、媒体及民众对流动人口的称谓即可管窥。改革开放至今，政府、媒体及民众对流动人口的称谓发生了很大变化（如前所述），体现了社会对流动人口群体的意识转变。从称谓变迁中可以看出，外界对流动人口的认识态度不断发生积极变化。

然而，即便在当下，之前存在的针对流动人口的种种不正确、消极的认识态度仍未完全消除，在很多情况下，流动人口仍然会被误解误读。常见的表现有：对流动人口的内涵外延认识不清，对流动人口的数量比例认识不清，对流动人口的功能作用未能做正确评价；"重管理、轻服务"的治理思想仍然普遍存在，仍然存在不同程度的针对流动人口的心理、制度方面的歧视排斥等，不一而足。这些认识问题对新时期流动人口服务管理改革具有潜在不良影响。

误区之一："流动人口问题只是少数人的问题。"

在相当长一段时间内，尽管全国流动人口数量一直高速增长，流动人口占实有人口比例也在不断提升，但不论政府、社会还是学界，潜意识中均存在一个默认前提，即流动人口主要是净流入率较高地区的热点问题，尚不是一个全国性的普遍问题。不少学术研究和社会政策，均将流动人口群体置于潜在的小众、支流、弱势、非常态甚至异类地位进行考虑，相对于庞大的户籍居民群体这一大众、主流、强势、常态群体而言，流动人口毕竟只是城市人口中的少数，流动人口问题与本地普通人关系不大。然而，2010年全国第六次人口普查的调查结果却彻底颠覆了大众对这一前提的既往认识。

第六次人口普查结果显示，全国约1/6、广东省约1/3的人口是流动人口。更有甚者，广东形成流动人口与本地人口数量对比的三种不同情况：以广州、中山等地为代表的对等现状，户籍人口与非户籍人口数量比例约为1∶1；以东莞、深圳等地为代表的倒挂现状，户籍人口与非户籍人口数量比例约为1∶4；以及其他多数依然由户籍人口占主导的地市。人口普查结果表明，流动人口不再是城市人口中的少数、支流、底层、异类，而逐步成为城市的重要部分，在一些地区流动人口甚至在数量上占据半边河山或呈压倒性优势，使以户籍人口为基础建立的地方政府服务管理体系超过能力负荷，陷入困境。

在这种背景下，必须摒弃以往以户籍人口为基础的治理导向，将流动人口置于与户籍人口同等地位，不以户籍、身份作为政府治理的出发点，而要树立以实有人口为基础的新型政府治理导向。在思想观念上，要接受、认可并尊重流动人口群体是无法否认的客观存在这一现实，以实有人口作为政府治理的前提和背景，最大限度地增强服务管理的覆盖面，形成"进入城市门，就是城市人"的新型治理目标认定格局。

误区之二："流动人口问题只是外地人的问题。"

不少人认为，流动人口就等同于外地人，加强流动人口服务与权益保障就是为外地人争取福利，对本地人好处不大，甚至还会与本地人争抢利益，这种狭隘认识的错误之处在于没有认识到在流动成为一种常态的现实背景下，本地人和外地人的界限不再那么分明，公民个体的身份总是在"本地的户籍人口"与"外地的流动人口"之间不断切换，维护流动人口的利益就是维护自我的潜在利益。

当前,国内不同地区、不同部门对流动人口的界定标准仍存在较大差异,全国第六次人口普查将流动人口界定为跨乡镇街道活动的人口,不少全国性的法规将流动人口界定为跨区县活动的人口,而广东省对流动人口的界定属于国内较为宽松的类别,以跨地市流动为界定标准。《广东省流动人口服务管理条例》(2010)第二条规定,"本条例所称流动人口,是指离开常住户口所在地进入本省和在本省行政区域内跨地级以上市居住的人员"。在这种界定标准下,个人一旦离开户籍所在的地级以上市区域,其身份马上就由户籍人口转变为流动人口。如果流动人口制度不能有效保障流动人口权益,个人一旦离开户籍所在的地级以上市,其权益就会受到限制甚至损害,在全国 1/6 的人口处于经常性流动状态的当下,将会引发许多社会问题。

因此,随着公民个人流动性的不断增强,"流动人口"称谓不再是一种身份标签,更倾向于回归"流动"一词的本义,仅是一种状态标签,表明公民处于非户籍地的状态。"流动人口"的法律界定标准,也在不断宽松,从之前的跨乡镇流动即属流动人口,逐步放宽到跨区县、跨地市流动,甚至未来会放宽至跨省流动,才属于法律意义上的流动人口范畴。

二、流动人口安全管理的理念革新

(一)潜在自我理念

理论上,人人都是非户籍地的流动人口。随着中国社会形态由静止封闭逐步向流动开放转型,流动成为每个人人生状态中的基本环节,在漫长的一生中,每个人都会不可避免地成为其他地方的流动人口,而且流动性越强的人,这种概率越大。当下流动人口所遭受的排斥、歧视和不公现状,就是他日自己可能遭受的状况。因此,在流动开放的社会形态中，流动人口问题已不再是他者的问题，而是潜在的自我的问题。流动人口问题也不再是社会的非常态现象，而是涉及每个社会个体切身利益的常态现象。

然而现实情况是，以往关于流动人口治理的政策、法规、模式、方法，多数是从他者、非常态现象视角进行考虑的，政策制定者和执行者尚未实现换位思考，将流动人口治理问题视为潜在的自我问题，造成流动人口治理中普遍存在"重管理、轻服务"、权责利格局失衡、权益保障不到位等种种不利于流动人口群体的制度性问题。普遍性、制度性、社会性的不公平待遇，以及各地广泛存在的针对流动人口的制度性歧视和剥夺体制，使流动人口普遍沦为流入地社会弱势群体，最终降低了全国流动人口服务管理的整体水平。

潜在自我背景是一种认识角度，即流动人口问题不再是事不关己的"他者"问题，而是事关你我的"潜在自我"问题。善待流动人口就是善待自我，漠视、歧视、排斥流动人口，最终将会人人受损。因此加强流动人口服务管理，尤其是保障流动人口合法权益、不断提升公共服务水平，应成为今后流动人口制度设计的主要导向，其中缘由与内在道理十分深刻。

在新时期，每一个公民均需转变认识，将流动人口问题作为关系自身切身利益的问题加以考虑，摒弃事不关己、高高挂起的他者心态，从维护自我权益立场的高度去考虑流动人口问题。地方政府在进行流动人口治理时，需要实现换位思考，从全国一盘棋的大局高度出发，切实消除治理过程中各种不利于流动人口群体的制度性问题，扭转"重管理、轻服务"、权益保障不到位的突出问题，建立权责利内在统一的流动人口治理格局。通过各地地方政府的共同努力，达到提升全国流动人口服务管理整体水平的最终效果。

（二）以人为本理念

十八届三中全会通过的《中共中央关于全面深化改革若干重大问

题的决定》指出，完善城镇化健康发展体制机制，必须坚持走中国特色新型城镇化道路，推进以人为核心的城镇化。以人为本，是新时期流动人口管理需要确立的核心理念导向。

相当长时间以来，我国城镇化发展过程中存在着注重"物的城镇化"而忽视"人的城镇化"的倾向，影响了城镇化发展的实际效果。从全国范围来看，以常住人口为基数计算，当前我国城镇化率达到52.6%，但按照户籍人口计算，城镇化率只有35.3%，大量经常住在城镇的农业转移人口还不是城镇户口，处于"半市民化"状态，17个百分点之差使2亿多名农民工难以享受到城镇基本社会公共服务，其收入、就业、住房、社保、子女就学等都成了难题，这也是新型城镇化建设需要攻克的重大难题[①]。广东作为全国流动人口第一大省，这一问题同样存在，甚至尤为突出。当前，非户籍常住人口已经成为广东省常住人口的重要组成部分，全省常住人口中将近1/3为非户籍人口，部分地市还出现非户籍人口与户籍人口数量对等或倒挂现象。

自1978年至今，尤其是1990年后，广东人口迁移政策呈现明显的悖论：一方面，从政策尺度角度而言，人口迁移政策不断放宽；另一方面，从政策效果角度而言，人口迁移政策的效果渐趋保守。从1990—2012年广东省人口迁移历史来看，1992—1994年是广东人口迁入的高峰期，之后多数指标逐步进入下降通道，日趋保守，近年来不少指标数值更是达到了1990年以来的最低水平。渐趋保守的人口迁入政策导向，导致数千万非户籍常住人口无法顺利转变户籍身份，不得不处于非自愿性的人户分离状态，无法有序融入城镇生活，顺利实现"人的城镇化"，这也成为制约广东城乡发展一体化的重要因素。

因此，树立以人为本的流动人口服务管理导向，不仅是贯彻中央城

---

① 中国新闻网. 中国将提高居民生活质量 促进常住人口有序市民化[EB/OL]. 新浪财经网，2013-12-14.

镇化精神的要求，更事关数千万流动人口的现实利益，是一个重大的现实问题。未来流动人口服务管理改革，应该按照中央以人为核心的城镇化要求，扭转"重物轻人"的服务管理倾向，从消化当前全省非户籍常住人口存量入手，按照时间优先、人才优先、需要优先等排序原则，将全省非户籍常住人口本地化的工作，作为流动人口服务管理改革的重中之重，纳入政策优先考虑范围。

（三）精细管理理念

当前流动人口群体内部分化加剧，呈现出明显的复杂性、多样性，主要表现在：老一代农民工与新生代农民工相互混杂；新生代农民工内部出现多元分化，学历、收入、来源差距加大，来源于其他城镇地区的流动人口比例提升，"城二代"与"农二代"混杂；新生代农民工诉求水平整体提升，诉求目标多元化；流动人口与流出地的紧密联系逐步消失，返乡难度大，"北漂""蚁族"等在城镇地区长期居留但难以融入的人群数量越来越多；等等。

在这种背景下，传统"一刀切"的治理模式无法适应复杂、多样的治理对象现实，这就要求政府准确把握每一层级流动人口的基本情况、阶层地位、诉求意愿、问题困难、发展趋势等特点，实施以科技手段引领为核心的流动人口精细化服务管理，综合运用法治化、信息化、标准化、动态化、网格化、多元化、人性化等服务管理方式，实施有针对性的服务管理措施。

在人口增多、保障不足、多头管理、资源闲置等种种现实挑战的背景下，流动人口精细化服务管理必须摒弃传统思路，在科技引领、信息引导等技术手段上下功夫，走以科技引领为核心的内涵式发展之路。要在现有系统建设应用的基础上，深入运用大数据、云计算、生物特征、"互联网＋政务服务"等理念和技术，努力实现以集约化、数字化、智能化、信用化、社会化、个性化"六化"为核心的流动人口精细化服务管理，真正发挥科技信息在流动人口服务管理中的基础作用。

第五节　流动人口安全管理模式的前瞻设想

流动人口带来的管理难题和治安压力，是困扰政府管理部门的一贯难题。创新流动人口服务管理，需从把握人口治理的基本模式出发，改革完善传统模式，推广应用现代模式，实现不同模式之间的互补和相互促进，增强人口治理模式的多样性、适用性、针对性和科技性。需综合运用以户管人、以证管人、以号管人、以征管人、以芯管人等多种管理模式，以视频监控、GIS 信息系统、生物识别、遥感技术等技术为基础，实现对社会人的根本性管理，彻底改变我国人口管理制度"间接管人"的不力状况，实现"直接管人"，解决管理过程效用衰减问题，从技术上实现对社会人的终身轨迹管控，真正实现"千万莫伸手、伸手必被捉"的犯罪预防理想状态，从根本上创新社会管理形态。

一、治理方式

在治理方式上，要从"间接管人"的集体管理方式，逐步过渡到"直接管人"的个体管理方式，实现精细化和个性化管理。

由于政府人员数量与社会成员数量的巨大差距，如何实现"小政府控制大社会"是政府治理社会时面临的难题。从 20 世纪 50 年代开始，我国逐步通过户籍制度及其衍生制度，实现了静止封闭社会形态下政府对社会的有效控制；改革开放以后，随着社会形态逐步向流动开放转型，在政府与社会的博弈中，政府失去了之前在"动静博弈"中的战略优势，因在"数量博弈"上的战略劣势而落入下风，实现对社会的有效控制难度加大。

"间接管人"的治理模式，是以附属于管理对象的外在因素来进行管理，如以管理对象的户籍、居住场所、工作单位等外在因素为中介，实现对管理对象的管理，其常见形式包括"以户管人""以屋管人""以业管人""以单位管人"等。这种治理模式一般非直接针对个人，而以一个小型群体或对象（如户、单位等）作为媒介，具有间接性、集体主义特征，无法精确指向管理对象个体。而且，通过中间媒介进行管理，存在管理效果衰减现象，一旦中间媒介作用失灵，管理效果就会大幅削减，失去效用，因而稳定性不足。

因此，未来流动人口治理模式，在继续发挥传统"间接管人"集体管理方式作用的基础上，要逐步转向以"直接管人"为主的个体管理方式，实现精细化和个性化管理。以个人所无法摒弃的自然特征和社会特征为管理支点，实现对管理对象的直接、个体主义管理。相对于"以户管人""以屋管人""以业管人""以单位管人"等形式而言，建立在管理对象个体自然特征和社会特征基础上的"以证管人""以号管人""以征管人"和"以芯管人"模式，均是更加直接、个体化的治理方式，效果更好。

二、治理基础

在治理基础上，要建立覆盖流动人口自然特征和社会特征的"公民标志信息系统"，掌握流动人口行为特性。

每个流动人口个体，均存在相对固定的自然标志与社会标志，这些标志成为个体区别于他人的基本标志。只要政府通过一定途径采集汇总社会个体的相关标志，并实现大范围联网查询，那么不论社会个体如何流动，都能实现快速查询、精确辨别的目的，从而大大强化对社会个体的服务管理，有效解决"流动性强"这一人口管理的主要难题。其中，相对于流动人口的社会特征而言，流动人口自然特征的稳定性更强，更加固定和静态化，是更有价值的管理抓手。

建立覆盖流动人口自然特征和社会特征的"公民标志信息系统"，

掌握流动人口的静态标志，重新建构"以动制静"的战略优势，有利于重建政府对流动人口的战略优势。这是一项国家基础战略工程，需要统筹规划，长期努力，目前国家已经从不同角度努力推进相关工作。2013年12月，公安部领导在接受访谈时指出，"建设和完善覆盖全国人口的国家人口基础信息库"①，是今后全国公安机关落实十八届三中全会精神、创新人口管理的重要工作，也是全国跨地区人口流动服务和管理的前提和基础。2013年3月，国务院提出2015年之前出台并实施以公民身份号码为基础的公民统一社会信用代码制度、以组织机构代码为基础的法人和其他组织统一社会信用代码制度，基本建成信用信息统一平台②。国家人口基础信息库和公民统一社会信用代码制度的建立，将使公民个体行为和信用记录有据可查，逐步实现以公民个体行为和信用记录为基础的服务管理体系，强化公民行为责任，这将大大加强政府对流动人口的约束作用，从根本上改变流动人口缺乏社会网络约束的失范成因，有助于从根本上解决流动人口治理难题。

三、管理抓手

在管理抓手选择方面，按照优先性的不同，要实现管理抓手从社会特征向自然特征、从相对固定特征向绝对固定特征，从传统介质向现代介质、从实物介质向电子介质的转变。

政府要实现对社会个体的管理，必须找到合适有效的抓手。在静止封闭的社会形态下，户籍制度及其衍生制度就是有效的管理抓手，通过这些制度就可以实现对社会个体的有效管理。随着社会逐步转向流动开放，"人户分离"现象的出现，导致户籍制度及其衍生制度的作用逐渐

---

① 新华网. 公安部副部长：到2020年形成新型户籍制度［EB/OL］. 新浪网，2013 – 12 – 17.
② 重庆晨报. 我国拟在2015年实施公民统一社会信用代码制度［EB/OL］. 央视网，2013 – 03 – 29.

弱化，迫切需要新的有效手段。于是，在流动人口管理方面，先后出现了以出租屋、从业单位为管理抓手的手段，形成了"以屋管人""以业管人""以单位管人"等新的治理形式。

如前所述，"以屋管人""以业管人""以单位管人"等治理形式，尽管在一定程度上填补了户籍制度及其衍生制度职能弱化之后形成的缺位问题，但是，出租屋、从业单位等管理抓手，毕竟属于个体可以摈弃的外部抓手，社会个体可以通过人屋分离、人业分离、人与单位相分离的方式规避政府管理，因此对无固定住所、无固定职业等的高危人员而言，这种治理模式就失去了效用。究其原因，在于这些管理抓手均属于可以与管理对象相分离的外部因素，其效果不太稳定。因此，选择与管理对象不易分离的内部因素作为管理抓手，是增强治理效用稳定性的重要思路。

因此，在管理抓手选择上，首先要实现管理抓手从管理对象的社会特征向自然特征的转变。个体的社会特征中，除公民身份号码等法定特征外，其余均是较不稳定的，与社会特征相比，自然特征具有更强的稳定性。其次，要优先选择绝对固定而非相对固定的管理抓手。如个体自然特征中的血型、指纹、DNA等因素属于绝对固定特征，而年龄、身高、体重等因素仅相对固定，宜优先选择前者。再次，要优先选择现代介质而非传统介质。现代介质主要是基于现代生物技术和信息技术形成的介质，如血型、指纹、DNA、生物芯片等介质。而传统介质主要包括户籍制度、居住场所、从业单位、证件、号码等。最后，要优先选择电子介质而非实物介质。以电子形式存储的公民个体各类特征信息，具有存储量大、使用方便、与网络信息技术耦合度高等优点，是信息化管理的基础。相对于传统的实务介质而言，更加符合大数据时代信息化管理的发展要求。

四、管理手段

在管理手段方面,要大力推行信息化管理和科技手段应用,以大数据和云计算为导向,构建立体化社会治安防控体系和人员终身轨迹管控系统。

现代治理模式的进化,多与科技手段的应用存在密切联系。国外一些国家从很早就开始利用号码实现对社会个体的管理,直接跨越了"以户管人"和"以证管人"的人口管理阶段,迈入"以号管人"的时代。尽管没有户籍制度和严格意义上的公民身份证件,但依然实现了对社会个体的有效管理,原因在于号码背后的技术手段。我国由于科技水平的制约,直至1985年建立居民身份证制度后才迈入"以证管人"的阶段,1999年确立了公民身份号码的国家标准,但仍未脱离利用居民身份证进行管理的阶段。今后,我国将按照2013年3月国务院提出的2015年之前出台并实施以公民身份号码为基础的公民统一社会信用代码制度目标,逐步建立以公民身份号码为基础的"以号管人"制度。

同时,应充分重视个体生物信息在社会治理方面的作用,尽快推广以指纹、DNA等个体稳定特征为核心的"以证管人"模式。目前2012年修订的《居民身份证法》已将"指纹入证"作为人口管理的重要手段,规定公民申请领取、换领、补领居民身份证必须登记指纹信息,以增量人口为对象,逐步推广利用指纹信息进行管理的"以证管人"模式。近年来,广东省已经开始部署试点采集公民个体DNA,逐步建立高危人群DNA数据库,为今后实现以DNA信息为基础的"以证管人"模式进行探索。

除此之外,还应高度重视生物芯片技术在人口治理模式中的重要意义,探索"以芯管人"模式。生物芯片,又称DNA芯片或基因芯片,这一名词最早是在20世纪80年代初提出的,它是DNA杂交探针技术与半导体工业技术相结合的结晶,其理论奠基者弗雷德里克·桑格

（Fred Sanger）和沃特·吉尔伯特（Walter Gilbert）由此在1980年获得了诺贝尔奖。目前，我国利用芯片技术实现管理，已经并不鲜见，广州、西安等多地已经开始进行芯片管理的探索，利用将电子芯片植入犬只体内的方法，实现了对犬类的管理。2009年7月1日起施行的《广州市养犬管理条例》第十六条规定，"区、县级市公安机关应当在收到养犬申请之日起十五个工作日内进行审查，做出是否准予登记的决定。符合条件的，应当予以登记，并发放《养犬登记证》和犬牌，为犬只植入电子身份标识"。在人口管理方面，目前国外一些国家已经形成相对成熟的电子芯片管理经验。然而，目前电子芯片监管方式的缺点是不具有强制执行力，由于存在"人芯分离"的可能性，因而监管效果的好坏，仍然依赖于被监管对象的自律。如何解决"人芯分离"的问题，这就需要采取在人体内植入生物芯片的方法。虽然是未来人口管理的终极发展方向之一，但以生物芯片为基础的"以芯管人"模式，仍在不断探索阶段。

在当前的技术条件下，应充分发挥视频监控、GIS信息系统建设的作用，从更易实现的大数据和云计算技术入手，以之为基础构建立体化社会治安防控体系。同时，逐步探索基于物联网、生物识别、遥感技术的生物个体扫描、定位、识别技术，构建人员轨迹管控系统，逐步营造"千万莫伸手、伸手必被捉"的犯罪预防理想状态，从根本上创新社会治理形态。

第四章

流动人口安全管理的国外经验启示

国外不同国家在城镇化发展的不同阶段,也曾出现过不同程度的流动人口问题。一些发展中国家,由于未能妥善解决流动人口带来的安全管理难题,出现了严重的过度城镇化问题,其中以南美及南亚等地区最为突出。如巴西,由于缺乏有效的管理措施,自20世纪60年代以来,农村人口不断从经济欠发达地区拥向位于东南沿海的圣保罗和里约州,使得这两个州人口快速膨胀至全国人口总数的近30%,形成了严重的"拉美陷阱"①。印度情况亦较为类似,其国民享有充分的流动自由,他们不需要办理登记手续,就可以自由迁徙和工作居住,甚至可以在任何繁华地带搭棚落脚,由此导致孟买等地出现较为严重的过度城镇化问题。

由此可见,发展中国家在国内区域发展不平衡现实下进行城镇化发展,如果缺乏切实有效的流动人口管控措施,很容易导致各种各样的过度城镇化问题。反观一些西方发达国家,尽管在城镇化过程中也经历过不少问题,但经过数百年的发展,基本跨越了类似陷阱,形成不少行之有效的经验,值得学习借鉴。

---

① 经济参考报. 国外城市流动人口管理的经历与得失［EB/OL］. 新浪网,2012 - 02 - 10.

第一节 国外流动人口安全管理经验

一、美国——社会保障号

美国宪法判例明确肯定了迁徙自由的基本观念。由于没有户籍制度，其对人口的管理主要通过全国统一的"社会保障号"（Social Security Number，简称 SSN 号码，也称"社会安全号"）制度进行①。这一制度从 1935 年开始建立，起初仅针对成年人，20 世纪 80 年代开始覆盖至所有年龄段的美国公民。任何公民从出生开始，都会分配到一个社会保障号，这个号码是其通行美国任何地方的证明，即使是一个暂居美国的外国人，也需要申请一个社会保障号。此外，社会保障号与联邦和各州的许多社会机构相衔接，是公民享受医疗保险、失业救助、住房补贴、看病就医的凭证。而且，美国护照、驾照、信用卡等证件常常扮演身份证的角色，而这类证件须以拥有一个社会保障号为前提。美国存储社会保障号信息的电脑系统实现了真正意义上的全国联网，各个地区、行业、部门都能非常方便地通过社会保障号在人口信息网络中查询某个人的基本情况。社会保障号是美国政府人口管理活动的基础，也以此实现了对全国人口的有效管理。

美国 SSN 号码为 9 位数字，一般写作类似 450 - 12 - 3672 这样"3 位 - 2 位 - 4 位"的形式（如图 4 - 1）。其原本目的是用于追踪个人的纳税情况，但是现在用途已被扩大到区分个人身份，类似中国"居民身份证号码"之作用。

---

① 黄辉，等. 户政管理教程 [M]. 北京：中国人民公安大学出版社，2002：29.

图4-1 美国社会保障号

在美国，公民的迁移以社会保障号或护照为凭证进行，迁移登记则以个人纳税地点为依据。也就是说，一个人及其子女能否获得在当地的发展权，取决于他有没有向当地政府纳税。这种做法把实现公民的发展与纳税人资格进行了联系，充分体现了权利与贡献的对等原则。

在美国，公民的迁移自由是一种相对权利，受到相关法律法规的约束。一般来说，迁入或定居某城市，都必须符合该城市卫生及相关法律规定，一般为拥有固定的住所或一定的住房面积、稳定的经济来源且有一定的居住年限。除此以外，影响老人和子女抚养的迁移、领取政府救济的人的迁移也会受到限制。尤其后者，不得随意迁移，否则，有关部门将出面予以法律制裁。

二、日本——住民票与个人番号

在日本户籍法的框架下，以居住地为基础的"住民票"（如图4-2所示）取代了以户籍地为基础的户口卡制度，公民迁徙实行了"户籍随人走"的制度。公民在搬离原居住地之前，需要先到当地政府办理"住民票"（日本最常用的户籍文本，以每个人的居住地为基础设立，完全随住址移动)、迁出证明，注明迁出原因和计划前往地址；搬入新住址后14天之内到新住地政府办理迁入登记，居住地点的登记非常详细，这样也就变更了原来的户籍材料。近来，日本又出台了"住民基本情况网络登记制度"，每个居民有一个登录号，行政部门通过登录号就可以在网络上找到每个居民的住址、电话、年龄等基本情况。

与原有户口卡相比，住民票具有两个突出特点：一是它是以个人居住地为基础建立的，并且可以随着居住地的变化而转移；二是它具有获得多种公共服务的功能，是行使权利、获得公共服务的合法证明。日本人在进行选举人或候选人登记、接受义务教育、办理国民健康保险、国民年金保险（退休金保险）、登记纳税等业务时都需要先出示住民票。由于这些公共服务涉及居民的切身利益，因此，即便没有强制规定居民搬迁到新居住地必须到当地管理部门登记，居民也会主动按期完成登记。因此，日本的人口管理实现了寓管理于服务、以服务求管理的目标①。

2016年1月1日起，日本施行了一套类似于美国社会保障号的新的管理制度——个人番号，利用统一号码体系来管理国民，给每个有日本住民票的人强制赋予一个12位数字的号码，这个番号不会因住所变更而改变（个人番号如图4-3、4-4所示）。个人番号制度给在日本有住民票的人每人一个固定号码。在社会保障、税金、灾难对策领域，可以更高效、准确地管理好每个人的信息。

这个号码系统最大的作用就是：方便日本政府管理国民，堵上税金流失的漏洞。个人番号主要会在三个方面使用。（1）社会保障：年金资格取得、支付，雇用保险资格取得、支付，医疗保险费退还，福祉方面的支付等。（2）缴纳税金：向税务局提交的确定申告书等资料。

---

① 杨雪冬. 借鉴外国经验，构建服务导向的人口管理体制 [EB/OL]. 人民网，2013-09-04.

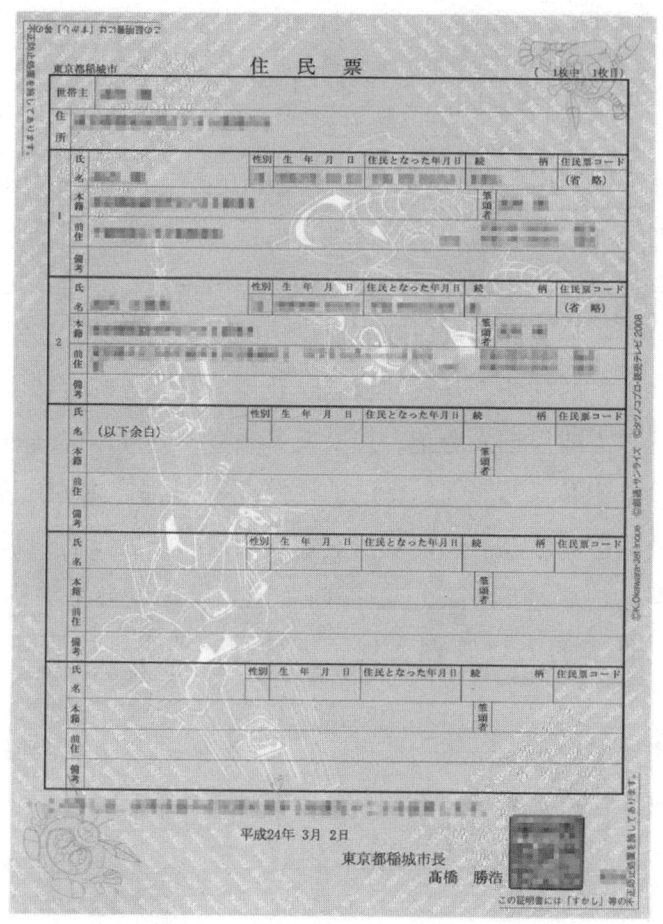

图4-2 日本住民票

（3）灾害对策：受灾支援金支付、受灾者名簿做成等。此外，该号将来还会用于健康保险、信用卡、社员证、积分卡、图书卡等各种证明书类。

日本曾于1965年提出"国民总背番号制"，但日本国民对这种如同管理犯人般的背番号极为反感，同时担心个人财产隐私泄露而纷纷抵制，这个制度不了了之。50年后，类似的个人番号制度最终得以施行。其实施时间表如下：（1）2015年10月，个人番号发行，由市役所邮送；（2）2016年1月，个人番号正式实施，公民可以领到个人番号卡，在社会保障、税务、灾害防治等领域，向行政机关等提交的文件中需要记载个人编号；（3）2017年1月，实现网上查询功能，个人可以查询自己的个人番号被哪些单位使用以及使用原因；（4）2018年1月，与金融机关联合，个人番号将与个人银行账号绑定；（5）2021年内，个人番号可能会强制绑定银行账号，政府可能将全面监视个人银行账户。

图4-3　日本个人番号卡正面

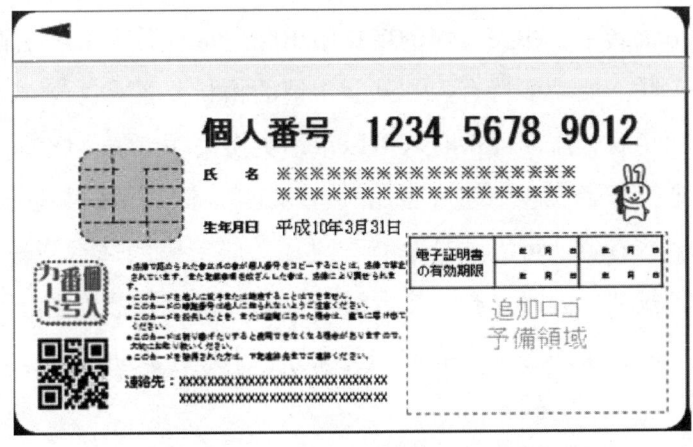

图4-4　日本个人番号卡背面

三、法国——流动证

法国对流动人口的服务管理具有两个特点：一是通过流动证的发放、审核，对流动人口进行区分，按照不同流动人群的性质进行分类管理；二是将流动证持有人与特定市镇相关联，一方面使流动人口的权责得到保证和明确，另一方面也便于管理①。

法国城镇化过程已基本完成，流动人口一般称为"旅居者"。法国法律规定，年满 16 岁且居无定所的法国人要申领流动证。流动证分 A、B、C、D 四类，针对不同对象发放，有效期为五年，期满后持证者需到警察局办理延长。对不同类别的持证者，进行不同强度的管理。拥有流动证可让持证人享受法国人的民事权利，例如，"旅居者"申领法国护照必须持有流动证。但流动证不等同于身份证或护照，求职时流动证不能作为身份凭证。在法国警察进行身份检查时，符合情况而无法出示流动证者，将面临罚款甚至监禁等惩罚。

法国相关法规规定，流动证的申领人必须同时申请与国内某个市镇相关联，形成一对一的绑定关系。申领人要给出一份按优先倾向排序的三个关联市镇名单，相关市镇的市长给出陈述意见后，由所在省份省长宣布这一关联。流动证持有人和某一市镇的相互关联一旦成立，至少两年有效。两年后，流动证持有人可以申请更换关联市镇。此外，市镇接纳的流动证持有者一般不超过当地人口的 3%。同市镇的关联获得批准后，流动证持有者就可以陆续享有与之相关联市镇的选举与被选举权、司法援助等权利。同时，有工作者需要交税，失业者需在该市镇完成社会保障法律所要求的必须完成的相关义务。不过，流动证持有人享受相

---

① 经济参考报. 国外城市流动人口管理的经历与得失 [EB/OL]. 新浪网，2012 – 02 – 10.

关权利的条件要相对苛刻一些,例如,连续三年与一个市镇关联才能享有选举权利。

四、德国——"XMeld"项目

德国城镇化比例相当高,流动人口比例非常大。德国法律对人口流动持开放态度,公民享有迁徙自由权利,对于流动人口导致的诸如住房、社会福利、教育、环境等社会问题,德国政府和企业进行综合治理。首先,着重解决流动人口住房问题。其次,完善全民社会保障制度。德国社会保障制度的前身为地区性穷人救助制度。《穷人权利法》首次以法律的形式规定了社会照料穷人的义务。《社会保险法》形成了完善的社会保障体系,为城市流动人口提供了一种基本的安全感。最后,合并行政区域,把大城市周边的小城镇和农村逐步并入城市规划当中,促进劳动力就地城镇化,合理分布人口比例①。

在流动人口信息采集方面,德国充分利用科技手段,提高人口登记和统计的效率,加强数据库的建设。针对各地登记程序和过程、软件系统不同导致的信息交流与共享困难,德国登记系统进行了标准化信息交流机制的建设,整合立法、财政等相关资源,建设实施了名为"XMeld"的项目。其中最基本的就是民事登记信息内容和程序的统一。除此之外,作为欧盟委员会联系各成员国登记信息的泛欧洲登记信息"RISER"项目的一个组成部分,"XMeld"项目还承担国际登记信息交流的职能②。

---

① 朱利民. 流动人口管理与服务之政策反思——基于比较法的视角 [J]. 湖北警官学院学报,2012(7):31-34.
② 杨雪冬. 借鉴外国经验,构建服务导向的人口管理体制 [EB/OL]. 人民网,2013-09-04.

五、瑞典——个人编码

瑞典在许多方面非常典型又非常独特，200余年无战争的历史使其成为极少数能做到人口信息登记不间断的国家，其人口管理的突出特征有二：一是人口信息由教会登记管理，二是较早实行个人编码制度。

从18世纪开始，瑞典地方教区就负责登记教区内的人口变动情况，至今从未间断，保存了完整的人口资料。瑞典每个新出生的婴儿和入境的移民都要被编以一个全国统一登记的号码，这一号码由省委员会在登记时编制。这一个编码，连同姓名、性别、出生年月日、住址和家庭关系，都存入个人档案，这种个人档案由教区登记处管理。个人的基本情况可随时登入档案。它记录着结婚、生育、离婚、住址变动与死亡。如果一个人迁移到另一个教区，则其档案也转到新教区登记处[①]。瑞典个人编码制度开启了现代国家"以号管人"的先河，也是美国SSN社会保障号制度的思想来源。

六、英国——保护性租赁制度

英国是较早对自由流动权做出规定的国家，英国流动人口服务模式中最重要的措施是采取保护性租赁。传统上，英国规定了确定型短期租赁、排除型租赁和保护性租赁三种主要类型，其中第三种租赁最大限度地保护了租房者的权利，比如房东不能随意涨房价，租房者不能被驱逐，等等。英国通过规定保护性租赁制度，确保流动人口能够拥有最基本的住房服务，有利于减少社会冲突，维护社会的稳定[②]。

2009年5月，英国政府又通过了房屋租赁法案——《英国房产租

[①] 黄辉，等. 户政管理教程[M]. 北京：中国人民公安大学出版社，2002：26-27.
[②] 王萌. 流动人口管理的域外借鉴：着眼于迁徙制度和居住保障机制[J]. 江西公安专科学校学报，2008（3）：17-20.

赁》，从而保护业主与租户的利益不受损失，为英国的租赁市场设定了一个"黄金法则"。此法案对户主与房客的义务、常见问题均做出了相应规定。

七、欧盟——移民社会保障制度

欧洲联盟国家崇尚人口的自由迁徙，欧盟范围内实行"事后迁移登记"制度。欧盟范围内的人口迁移一般只要求迁移者在完成迁移过程后到警署或内政部门登记备案即可，政府可以根据这些登记信息统计人口迁移变化。迁入地政府还将为迁入者提供社会保障等服务①。

欧盟，作为一个由多个欧洲国家组成的超国家共同体，由于各成员国的国民生活水平、文化传统、民族偏好、制度现状不尽相同，内部很难建立统一的社会保障制度来解决跨国自由流动人口的社会保障与福利问题。因此，欧盟在处理成员国之间流动人口的社会保障问题上有着一套特有的管理制度——在欧盟公民资格制度②的基础上，通过"协调"的方式，确立一系列成员国必须遵守的共同原则，确保各成员国现有的社会保障体系不会对内部自由流动人员产生负面影响。

原则一：适用单一立法原则。

基于欧盟没有内部通用的社会保障法律法规，因此，原则上一次只适用一个成员国的社会保障立法，而且只有自由流动人员从事职业活动的成员国有权要求其支付社会保障缴款，从而避免流动人员享受"零福利"或"双国福利"、承担"零义务"或"双重义务"的情况。

原则二：累计计算时间原则。

---

① 李振京，张林山. 我国户籍制度改革问题研究 [M]. 济南：山东人民出版社，2014：131.
② 欧洲公民资格制度，即具有欧盟成员国国籍的每一个人都是欧盟的公民，在一个成员国领土上居住的任何欧盟公民均应与该国国民一样，享有该国法律规定的同样的权利，履行法律规定的同样的义务。

由于各个国家的社会保障在就业、居住和缴费等方面都设定了最低期限，倘若只考虑单一国家发生的情况，明显对自由流动人员不利。为此，在计算流动人员应获社会保障时，必须将在所有成员国法律框架下完成的保险、就业、自营职业或居住时间计算在内。

原则三：社会保障给付的份额化和可出口原则。

不同成员国按照劳动者在该国的不同期限来分配相关社会保障权益的份额。个人的社会保险缴费记录由其参保国收集起来，这些记录包括其在欧盟各成员国法律体系下已完成的所有参保记录，最后由其参加过社会保险的各国按比例支付。只有少数非缴费型给付如贫困社会救助等，不具有可出口性。

除上述以外，欧盟公民在获取居留国社会保障方面也遵循着渐进原则：只要在所居留的成员国履行了任何形式的雇佣活动（含短期合约），其将可以被给予至少六个月的、与该国公民同等的社会保险福利；只要在所居留的成员国工作满一年，即可享受所有社会保险福利以及该国国民的其他福利①。

总的来看，欧盟的移民社会保障制度较为有效地取得了内部人口的自由流动、流动人口的社会保障、经济一体化的实现以及统一大市场的形成四者之间的平衡。

第二节　国外经验对流动人口安全管理的启示

尽管国外不同国家流动人口服务管理制度的做法各不相同，但其存在的一些共性的理念、制度、方法、技术，值得借鉴参考：人口管理的

---

① 李振京，张林山. 我国户籍制度改革问题研究［M］. 济南：山东人民出版社，2014：132.

对象是流动的人而非静止的人；流动人口服务管理应该坚持居住地为主、出生地为辅的原则；流动人口服务管理的主要价值倾向应为保障和维护流动人口的合法权益；流动人口服务管理的重点应从实现对人口的控制向加强对人口的服务转变；流动人口规模结构调控的前提是尊重迁徙自由，应主要以市场及法制手段进行调控；流动人口服务管理效果体现为内紧外松，表面松散实则严格有序；发达国家一般不存在制度性的排斥规定，流动人口与本地居民的权益差异小于发展中国家；注重促进流动人口融入，往往会设计专门政策帮助流动人口实现社会融入；注重人口信息采集，充分发挥现代技术和社会力量的作用，加强人口登记和统计相关部门之间的协调，采集标准趋于统一，人口信息登记质量较高。

一、理念——服务引导、刚柔并济

从国外发达国家的法律制度来看，许多国家认可并保护公民居住与迁移的自由，在这些国家，流动是公民的法定权利，政府无法限制与约束公民这种权利。因此，不少在中国行之有效的刚性管控措施，在这些国家可能难以被法律与社会接受，政府更多时候需要采用柔性的管理措施来达到管理目标，管理过程中面临的难度高于国内。

当然，国外也不是不存在刚性管理措施，尤其是在一些西方国家，法律约束力很强。如法国，在面临警察身份检查时，符合情况但无法出示流动证的流动人口，将面临罚款甚至监禁等惩罚。符合申领 A、B、C 类流动证者，如果无法出示流动证，罚款金额最高可达 1500 欧元；而无固定收入且没有流动证的人，则被认定属于轻罪范畴，将面临 3 个月到 1 年的监禁。日本虽实行"户籍随人走"的制度，公民可以自由迁徙，但是在迁移前后必须履行法律规定的手续，严格遵守法律规定，否则会给办理健康保险和纳税带来许多麻烦。这种刚柔并济的管理理念，值得学习借鉴。

此外，在国外不少国家，公民所享有的各种权益并不与户籍或居住地等因素挂钩，不论人到哪里都有享受国家规定的法定权益的权利。如美国公民在国内可以自由迁徙，若迁徙到新区域，就自动成为该区域的居民，不需要申请或批准，也不需要办理任何户籍手续，就自动拥有了该地区居民所拥有的相关权利，包括选举权和其他政治参与权利，同时自动享受当地的社会福利待遇。因此，政府对公民流动的管理，不能以限制流动权利的手段来进行，而必须采取服务引导的方式，这也是我国流动人口服务管理未来的发展方向之一。

二、载体——捆绑福利、一号贯通

在国外不少国家，每个公民都会被赋予一个唯一的、终生的身份编码，如美国的社会保障号以及瑞典的个人编码，这一编码，是该公民所有社会属性中最重要的标志之一，在几乎所有需要身份证明的场合可以一号贯通或一码通行，其他一些证件，只是这一号码的实体载体而已。如美国没有严格意义上的身份证，护照、驾照、信用卡等证件均可承担合法身份证件的角色，但这些证件都有一个共同点，即必须与该公民的社会保障号进行捆绑。

此外，该号码除了承担身份证明功能之外，还承担福利享有凭证的功能。如在美国，社会保障号是公民享受医疗保险、失业救助，领取工资、住房补贴，就医等所有社会保障的凭证。流动人口若不办理社会保障号，或在迁移之后不到流入地政府办理住所变更手续的话，就无法确保能够享受社会保障部门所提供的福利，因此，这实际上起到了督促公民到流入地如实登记个人信息的作用。

日本的个人番号制度也与之类似，通过一个12位数字的个人番号，政府不仅可以在纳税、银行账户监控方面实现对实有人口的有效管理，还可以加强社会保障、灾害应对等方面的服务职能。

这种一号贯通、捆绑福利的思路，既规避了国内流动人口所面临的证件繁多的麻烦,也起到了督促流动人口主动申报个人信息的效果,值得学习借鉴。

三、方法——动态分类、精准落地

对流动人口进行分类、精准、动态、属地管理,是管理部门追求的目标,也是国外一些国家流动人口服务管理的常用方法。如法国,政府通过流动证的发放、审核,对流动人口进行区分,按照不同流动人群的性质实行分类管理,呈现出精细化管理的思路。法国将流动证分A、B、C、D四类,针对不同对象发放,有效期为五年,期满后持证者需到警察局办理延长。对不同类别持证者,进行不同强度的管理。

另一方面,法国将流动证持有人与特定市镇相关联,形成一对一的绑定关系,这种"人证关联"一旦成立,至少两年有效,流动证持有者就可以陆续享有与之相关联市镇的选举与被选举权、司法援助等权利,但绑定期间无法解除或更换绑定。这种做法,一方面确保了流动人口具有自由迁徙、选择居住地的权利;另一方面,一旦确定居住地,就无法短期内轻易变动,这就减少了流动人口盲目流动的可能,在短期内将流动人口常住化或"不流动化",减少了政府的管理难度,这种既确保权益又加强管理的思路值得借鉴。

四、技术——数字管理、虚实结合

强调利用科技手段进行数字化管理,这是国外发达国家政府管理以及流动人口服务管理的一项突出特点。随着互联网技术的出现及应用,国外发达国家又将管理的触角从现实社会延伸到了虚拟社会,实行网上网下结合、虚实呼应的数字管理。

如日本实行"住民基本情况网络登记制度",每个居民都有一个登录号,行政部门通过登录号就可以在网上找到每个居民的住址、电话、年龄等基本情况。美国存储社会保障号信息的电脑系统实现了真正意义上的全国联网，各个地区、行业、部门都能非常方便地通过社会保障号在人口信息网络中查询某个人的基本情况。这种为每个居民建立电子档案并进行全国联网的做法，值得借鉴。

又如德国，为解决各地登记程序和过程、软件系统不同导致的信息交流与共享困难，德国登记系统进行了标准化信息交流机制的建设，称为"XMeld"项目，其最基本目的就是实现民事登记信息内容和程序的统一。系统繁杂、数据孤岛等问题，也是当前制约我国流动人口管理效能的一个突出问题，德国的标准化、统一化做法值得学习。

第五章

新时代南粤流动人口安全管理探索
——调控管理

流动人口,尤其是农村流动人口大量流向城市,是我国当前经济社会发展最为典型的现象。人口过度集中于部分城市或市内某些区域,对城市人口承载环境造成了巨大的负荷,进一步引发了交通拥堵、环境恶化、资源短缺、住房紧张、就业困难、城市贫困等各类"城市病",亟须通过城市人口调控加以解决。

2000年以后,我国特大城市人口规模急剧膨胀,人口过度集中成为我国特大城市的普遍现象。以北上广深四大城市为例,官方数据显示,从2000年至2012年,四大城市的流动人口年均增长数量分别为43万、53万、43万、56万[①]。换言之,这12年间,北上广深四大城市的人口机械增长数量分别为516万、636万、516万、672万。

国外不同国家在城镇化发展的不同阶段,也曾出现过不同程度的流动人口问题。一些发展中国家,由于未能妥善解决流动人口带来的安全管理难题,出现了严重的过度城镇化问题,其中以南美及南亚等地区最为突出。如巴西,由于缺乏有效的管理措施,自20世纪60年代以来,农村人口不断从经济欠发达地区拥向位于东南沿海的圣保罗和里约州,

---

① 陆娅楠. 六部委负责人解读:新型城镇化,新在哪 [EB/OL]. 人民网,2014-03-20.

使得这两个州人口快速膨胀至全国人口总数的近30%，形成了严重的"拉美陷阱"。印度情况亦较为类似，其国民享有充分的流动自由，他们不需要办理登记手续，就可以自由迁徙和工作居住，甚至可以在任何繁华地带搭棚落脚，由此导致孟买等地出现较为严重的过度城镇化问题。

因此，十八大后国家在不断推进农业转移人口市民化进程的同时，于2013年十八届三中全会和2014年《国家新型城镇化规划（2014—2020年）》中罕见地发出了"严格控制城区人口500万以上的特大城市人口规模"的不同声音。十八届三中全会《决定》第六部分"健全城乡发展一体化体制机制"提出，"加快户籍制度改革，全面放开建制镇和小城市落户限制，有序放开中等城市落户限制，合理确定大城市落户条件，严格控制特大城市人口规模"。

之后，中央及地方一系列相关政策的出台，又强化了特大城市人口调控的政策导向。如2014年《国家新型城镇化规划（2014—2020年）》明确了"实施差别化落户政策"的细节，提出特大城市可采取积分制等方式设置阶梯式落户通道调控落户规模和节奏。

按照当前实有人口计算，广东省现有城区常住人口500万以上的特大城市（含1000万以上人口的超大城市）有5座，分别是广州、深圳、佛山、东莞和汕头，5座城市的常住人口占全省总常住人口比例近半数，人口分布呈现全省集中态势。依据2018年2月广东省人民政府印发的《广东省人口发展规划（2017—2030年）》，到2020年，广东省超大城市、特大城市各有2座。其中超大城市为广州、深圳，特大城市为佛山和东莞。下文以广州为例，从调控管理角度对新时代南粤流动人口安全管理做出探索研究。

<<< 第五章 新时代南粤流动人口安全管理探索——调控管理

第一节 广州市流动人口调控的背景

广州，作为我国改革开放的先行者，凭借着快速的经济发展、丰富的社会资源和得天独厚的区位优势，成为我国最被流动人口青睐的城市之一。作为大规模城镇化过程之中的全国特大城市，广州一直承载着中国农村人口城镇化的繁重任务。截至2013年年底，经估算，广州市的常住加流动人口总量已超过1600万，显然在超负荷运转。对此，政府及社会各界开始关注和重视城市"人口病"问题，陆续提出了相关的人口调控政策与目标。

2012年广州市新型城镇化"1+15"政策文件提出"合理控制城市人口规模，促进人口与城市资源相适应"的指导原则。2014年出台的广州市人口调控和入户政策"1+3"文件，更明确提出了人口调控的数量目标，"到2015年，全市户籍人口控制在860万以内，常住人口控制在1500万以内。到2020年，全市户籍人口控制在1050万以内，常住人口控制在1800万以内"。要完成这一目标，必须对广州市常住人口数量进行调控。

从理论上而言，要控制人口增长过快，需要首先厘清广州市人口增量的来源，即增量主要来自自然增长还是机械增长，方能对症下药、有的放矢。

学界研究（任强2006，段成荣2011，丁金宏2011）显示，流动人口数量的剧增是导致国内特大城市人口数量快速膨胀的主要原因。调节特大城市人口数量，最重要、最直接的方法，是调节不断拥入特大城市的流动人口的数量。

现实数据同样印证了前述学界认识，即广州市人口增长的压力并非主要来自自然增长，而是来自流动人口流入导致的机械增长。官方数据显示，2000年至2012年广州市年均人口自然增长率为4.27‰，低于全国5.67‰水平，更低于广东省7.18‰水平，人口增长速度并不快。然而，在这12年间，广州市人口总量增加了516万人，说明广州市人口增长的压力并非主要来自自然增长，而是来自流动人口流入导致的机械增长。"六普"数据显示，2000—2010年间，广州市年均人口机械增长率为2.125%，约是同期年均人口自然增长率的5倍。截至2013年年底，广州登记在册的流动人口为686.7万人，按照一定的漏登率计算，广州实际居住的流动人口为837万人左右，比广州常住人口多了5万，占据半壁江山[①]。

根据《广州市2010年第六次全国人口普查主要数据公报》，2000—2010年间，全市常住人口为1270.08万人，同第五次全国人口普查的994.3万人相比，十年共增加275.78万人，增长27.74%，年平均增长率为2.48%。2.48%的增长速度虽较同时期全国和全省的年均增速快，却远远低于上一个十年4.67%的年均增速。简言之，2000年以来，广州市常住人口规模持续扩张，但整体的增长速度已明显减慢。

《广州市流动人口调控对策研究》[②]数据显示，"九五"末（2000年）常住人口规划目标为780万人、户籍人口为705万人，实际数分别为994.8万人、701万人；"十五"末（2005年）常住人口规划目标为1130万人、户籍人口为768万人，实际数各为949.68万人、751万人；"十一五"末（2010年）常住人口规划目标为1090万人、户籍人口为810万人，实际数为1270.08万人和806万人。易见，在"九五"和"十一五"两个五年间，常住人口实际数都突破了目标数（多达200多万），但户籍人口数量其实一直都在规划之内，且10年间仅仅增加了105万。由此可知，2000年以后，广州市人口规模总体上一直保持着增长的态势，户籍人口的增长却走向平缓。也就是说，常住人口规模大

---

① 大洋新闻. 流动人口比常住多了5万 [N]. 广州日报, 2014-04-23 (A3).
② 杨俊峰. 广州市流动人口调控对策研究 [J]. 法治论坛, 2017 (2): 111-120.

幅度膨胀的主因不在户籍人口。1978 年以来全市户籍人口自然变动情况如表 5-1 所示。

表 5-1　主要年份全市户籍总人口自然变动情况

年份	年平均人数	出生		死亡		自然增长率（‰）
		人数	出生率（‰）	人数	死亡率（‰）	
1978	4753314	73470	15.46	25283	5.32	10.14
1980	4959822	80604	16.25	27643	5.57	10.68
1985	5402904	89630	16.59	28968	5.36	11.23
1986	5501946	91522	16.63	27839	5.06	11.57
1987	5602417	89106	15.90	28794	5.14	10.76
1988	5709931	86032	15.07	30265	5.30	9.77
1989	5811683	91402	15.73	30910	5.32	10.41
1990	5898400	88289	14.97	32388	5.49	9.48
1991	5982360	78680	13.15	30476	5.09	8.06
1992	6072101	79592	13.11	33588	5.53	7.58
1993	6179332	82515	13.35	34619	5.60	7.75
1994	6303444	78614	12.47	33349	5.29	7.18
1995	6418678	75867	11.82	35735	5.57	6.25
1996	6513812	78339	12.03	37216	5.71	6.32
1997	6612685	75184	11.37	35696	5.40	5.97
1998	6703131	67695	10.10	40981	6.11	3.99
1999	6795712	81485	11.99	39176	5.76	6.23
2000	6928460	71248	10.28	39987	5.77	4.51
2001	7066438	67542	9.56	37641	5.33	4.23
2002	7166104	61929	8.64	39673	5.54	3.10
2003	7229059	57277	7.92	41082	5.68	2.24

续表

年份	年平均人数	出生		死亡		自然增长率(‰)
		人数	出生率(‰)	人数	死亡率(‰)	
2004	7314304	69928	9.56	41961	5.74	3.82
2005	7441021	65840	8.85	41949	5.64	3.21
2006	7556271	67662	8.95	40936	5.42	3.53
2007	7671004	71332	9.30	42548	5.55	3.75
2008	7788241	79130	10.16	44420	5.70	4.46
2009	7893925	76482	9.69	42746	5.42	4.27
2010	8003762	99779	12.47	45571	5.69	6.78
2011	8103584	87024	10.74	44130	5.45	5.29
2012	8184383	101782	12.44	50538	6.17	6.27
2013	8273033	115813	14.0	44966	5.44	8.56
2014	8373633	113926	13.61	46767	5.59	8.02
2015	8483041	150403	17.73	49158	5.79	11.94
2016	8623407	137275	15.92	47145	5.47	10.45

数据来源：广州统计局数据（2017年）

综上所述，流动人口数量的急剧增长是导致特大城市人口激增的主要原因。因此，广州等特大城市的人口调控工作重点应着眼于调控流动人口增加造成的机械增长。

第二节　广州市流动人口调控的文献研究述评

一、国内特大城市流动人口调控研究综述

特大城市流动人口调控问题，是一个国内外都关注的问题。国外不

同国家城镇化时间跨度较大,一般是在城镇化加速发展阶段才开始重视研究城市人口调控问题。国外研究焦点包括：一是对早期及现代适度人口理论、资源承载力评价的研究，二是对人口与资源过度集中引发的"城市病"的研究，三是对欧美、东亚等地特大城市人口调控经验的研究，四是对拉美、南亚等国过度城镇化引发的"拉美陷阱"、贫民窟现象的研究。概括而言，国外与城市人口调控相关的政策主要包括七项：都市发展政策，区域成长中心发展政策，人口回流或移往乡村政策，乡村发展政策，工业分散化政策，新市镇建设政策，移民福利政策。

2000年后，我国特大城市人口过度集中问题逐步引发国内学界关注，成为研究热点问题之一。然而，对于应否、如何调控流动人口规模，学术界存在不少争议，不少学者对流动人口调控并不赞成，或存在不少顾虑，这些学者中，一些基于道义、价值方面考虑，一些则基于效果、可行性方面考虑。

梳理相关文献发现，国内学术界在这一问题上的争议主要体现在以下几点。第一，对调控意义存在争论。尽管大多数学者认为应该对流动人口机械增长局面做出调控，然而部分学者对调控必要性及实际作用存在怀疑，认为起码从以往调控历史结果来看，"调控无用论"部分成立（宋健2008，刘锋2011，段成荣2011）。第二，对以往调控不力的原因众说纷纭（张真理2009，丁金宏2011，段成荣2011，肖周燕2013，陆杰华2014，王春兰2015）。第三，对调控思路的认识各异，出现多种思路。如"扩容+减压"（黄润龙2011）、"加减法"（陆杰华2010）、新型流动人口管理调控体制（丁金宏2011，秦攀博2014）、"有序"调控对策体系（段成荣2011）、"系统设计、标本兼治"方针（刘锋2011），公平正义且可操作（肖周燕2013）、调整城市功能和产业布局引导人口分布（张炜2015，王继源2015）、从数量控制转向结构优化（林宝2015，周晓津2015）等。第四，一些问题争议较大。如适度人口与资源承载力理论受到质疑（段成荣2005，冯晓英2008，徐志青2009，陆杰华 2010)、不赞成设立城市进入门槛（周皓 2005，马仲良 2007，肖周燕 2013)、流动人口实行市民化待遇是否与人口调控政策相悖（马仲良 2007，张真理 2010)，特大城市的人口调控应适应经济新常态的发展（周晓津 2015）等。

尽管有上述各种不同意见，然而多数学者还是在一些方面取得了共识。第一，问题成因取得共识。大部分学者都认为人口机械增长而非自然增长是导致国内特大城市人口增长的主要原因，因此调控重点在于流动人口增加导致的机械增长（任强 2006，段成荣 2011，丁金宏 2011)。第二，对调控目标的认识趋于全面。学界普遍认为，数量、结构、分布是流动人口调控的三大要点，不可偏废（陆杰华 2010，张真理 2010，王鸿春 2010，林宝 2015)。第三，主张多样化的调控手段。学界普遍认为，传统单一行政手段无法奏效，需综合运用经济、法律、规划、行政等综合手段（马仲良 2007，冯晓英 2008，段成荣 2011，蒋同明 2013，陆杰华 2014，林宝 2015)。第四，注重国内外城市个案研究。北京市是国内城市的研究焦点（陆杰华 2014，张炜 2015)，上海（丁金宏 2011，王春兰 2015)、广州（李若建 2003，袁媛 2007，黄石鼎 2013)、深圳（徐志青 2009，蒋同明 2013）等地也日益受到重视，国外城市研究集中在对莫斯科、巴黎、纽约、东京、首尔等城市的成功经验，以及拉美、南亚等典型城市的失败教训分析上（张耀军 2006，马仲良 2007，陈佳鹏 2014，张惟英 2014)。

二、广州市人口调控研究综述

国内学术界对广州人口调控的研究，除了前述文献对一线城市的普遍性研究外，还有具体到广州人口承载力、适度人口规模方面的具体测量估算上的。

人口承载力、适度人口，均是描述一个地区资源环境所能承载的人口数量的概念，作为跨学科研究的概念，与之相类似的概念还包括人口容量、人口承载量、人口规模、人口吸纳能力、人口密度以及基于人口角度的资源承载力等①。

二者的不同之处在于，人口承载力一般被界定为资源环境所能承载的最大人口数量，即在不损害生物圈或不耗尽可合理利用的不可更新资源的条件下，各种资源在长期稳定的基础上所能供养的人口数量，偏向于最高人口的含义，有时与人口容量概念互通。而适度人口一般是指一定目标下的最适宜人口数量，即最优人口数量，倾向于理想人口的含义。在实践中，二者是描述一个地区人口规模的重要指标。

近年来，学术界和实务界形成了许多关于广州人口承载力与适度人口规模的测算结果，虽然不同测算过程采取的方式各异，结果也差异较大，但这些相关测算结果，对广州人口规模调控具有直接的参考价值。

徐琳瑜等（2003）从城市生态支持系统对人口的承载力和人们对其生活水平的满意程度两方面出发，以人口数量与经济发展水平的关系为结合点，采用 R－S 双向寻优模型计算不同舒适度水平下的广州适度人口规模，测得广州市区（原八区）适度人口规模为 506.88～609.69 万人②。

刘徐洪（2006）以城市土地资源承载力为测算方式，按照国内承载力标准（城镇人均建设用地面积 $60～120m^2$）计算，测得广州全市土地可承载人口数量为 2131 万～4262 万人；按照国际承载力标准（城镇人均建设用地面积 $140～200m^2$）计算，测得广州全市土地可承载人口数量为 1279 万～1827 万人。因此，按照国际承载力标准来看，广州全市土地可承载人口数量已经过载，但按照国内承载力标准来看，还有较大的剩余容量。此外，市内中心区已经达到或超过临界线（按照国内

---

① 张燕，张喜玲. 城市人口承载力的研究进展与理论前沿［J］. 国际城市规划，2013（1）.
② 徐琳瑜，杨志峰，毛显强. 城市适度人口分析方法及其应用［J］. 环境科学学报，2003（5）.

承载力标准计算结果为 624 万~1247 万人，国际标准为 374 万~535 万人），而从化、增城、花都、番禺的土地资源尚有一定剩余①。

李洁（2006）运用生态足迹模型、P-E-R 区域匹配模式等数学模型，测得广州市生态人口容量仅为 50 万人。而以全国为参照区的相对人口容量分别是：自然生态人口容量 140 万人、经济人口容量 3908 万人、综合人口容量 2024 万人②。

王德辉（2007）等以广州市各区适宜人口密度为基础，测得 2007 年广州市人口承载力总体上尚有富余，富余缺口为 317 万人，主要分布在低丘陵区和沿海平原区，而老城区人口密度明显偏大，人口分布极不合理。从区域来看，越秀、海珠、荔湾为人口密度超载区，从化、增城为人口密度临界状态区，花都、萝岗、天河、黄埔、白云、番禺、南沙为人口承载力富余区③。本研究中所使用的部分区县的人口密度数值远低于实际情况，对部分地区的人口密集超载情况还估计不足，如本研究中越秀、海珠的人口密度数值均为 12000 人/平方千米，但根据官方数据统计，这两个区 2007 年的实际人口密度分别达到 30364、14619 人/平方千米④。

周兆钿（2007）等以广州市户籍人口为依据，用 P-R-E 模型计算出 1996—2005 年广州市适度人口容量。分析认为，2005 年广州适度人口规模为 667.91 万人，经济人口容量为 2252.17 万人，而资源人口容量为 447.77 万人，即便以户籍人口来看，广州的人口规模也已经超出资源实际供养人口的能力，资源处于"超载"和"超负荷"运行状

---

① 刘徐洪.城市土地资源承载力初步研究——以广州为例［M］//刘彦随.中国土地资源战略与区域协调发展研究.北京：气象出版社，2006：70-74.
② 李洁.广州市人口容量问题研究［D］.广州：中山大学，2006.
③ 王德辉，等.基于人居环境适宜性的广州市人口承载力研究［J］.中国人口·资源与环境，2010（专刊）.
④ 广州市统计局人口和社会科技处.2007 年广州市人口发展简况［EB/OL］.广州统计信息网，2008-04-08.

态,如果再加上庞大的流动人口群体,广州市的资源承载力已显得异常艰难①。

滕宏林(2011)等基于广州市水资源状况对人口承载力进行了测算,以2005—2007年广州各区常住人口为基础,预测2015年、2020年广州市水资源人口承载力分别为893万人、926万人,其中广州市中心六区(越秀、海珠、荔湾、天河、白云、黄埔)的水资源人口承载力分别约为502万人、518万人②。

罗凤金(2012)等以2009年、2010年官方统计数据为基础,从资源承载力、环境承载力、社会承载力、经济承载力、综合承载力五个维度,采取成本—效益方法进行测算,测得如下结果:从个体收益最大化角度来看,广州市的最优人口规模为807万人;从社会收益最大化角度来看,广州市的最优人口规模为1275万人③;从结果来看,广州人口目前已经处于超载状态。

匡耀求(2012)以生态环境没有退化到显著影响人居环境质量的地步为标准,运用人口密度临界点方法,测得宜居标准下广州市人口承载力是1100万人,目前已经处于超负荷状态。其中,越秀超载75万人,海珠超载47.3万人,荔湾超载18万,天河超载27.6万人,从化超载近10万人,增城超载22.8万人,花都超载10.4万人,萝岗超载6.9万人;而白云、番禺、南沙和黄埔四区,人口尚未达到极限④。

黄锦辉(2014)采用灰色系统模型及托达罗的人口迁移和流动理论,对广州市未来人口规模进行分类预测,分析广州市未来人口规模的

---

① 周兆钿,郭艳华. 广州人口、资源与环境相互关系的定量研究[J]. 资源开发与市场,2007(8).
② 滕宏林,等. 广州市水资源人口承载力研究[J]. 环境科学与管理,2011(2).
③ 罗凤金,许鹏,程慧. 大城市承载力研究[J]. 调研世界,2012(4).
④ 蒋隽. 人口承载力调查出炉 广州超载越秀最挤[EB/OL]. 凤凰网,2012-09-13.

发展趋势；然后选取了制约广州市人口规模的土地资源和水资源进行分析，对广州市土地资源和水资源的人口规模承载力进行了分析和预测，对广州市未来人口最大承载容量得出两种预期判断，较为保守的预期是1264万人（低方案）、1564万人（中方案）、1642万人（高方案）；较为开放的预期是1755万人（低方案）、1853万人（中方案）、1950万人（高方案）①。

在实务界方面，根据2007年广州市规划部门的介绍，2001年《广州城市建设总体战略概念规划纲要》提出，广州市域适宜总人口1500万~1800万人；《广州市生态城市规划纲要（2001年—2020年）》提出，广州最大人口规模为1700万人，其中，到2020年年末常住人口控制在1500万以内。根据《广州市新一轮城市总体规划前期研究报告》《2005—2020年广州土地利用总体规划》前期研究及相关分析，到2020年，按土地资源承载力计算，适宜人口规模约1650万人；按生态绿地承载力计算，适宜人口规模约2490万人；按水资源承载力计算，适宜人口规模约1800万人。综合以上分析，广州目前适宜人口规模可以达到1500万人②。

三、研究文献评价

学界不少学者已经认识到，完善流动人口政策是调控流动人口的有效途径，并指出了一些方向性建议，如认为地方政府服务管理不到位是人口调控失效的重要原因（冯晓英2008）、应将地方政府自身政策完善作为人口调控切入点（马仲良2007）、建立"有进有出、进出平衡"的人口动态平衡机制（段成荣2011）等。然而，国内学界并未对流动人

---

① 黄锦辉. 广州市人口规模调控问题研究 [D]. 兰州：兰州大学，2014.
② 蒋铮. 人口极限为何定在1500万？广州可提高人口上限 [EB/OL]. 新华网，2007-03-30.

口政策体系与人口调控之间的关系进行深入研究，基于流动人口公共政策体系的人口调控策略尚未成形，而本课题基于"进入—居留—融入—退出"城市轨迹对当前流动人口公共政策体系进行细分研究，并在此基础上提出了以城市进入与退出机制建设为核心的人口调控政策，是对学界相关研究的深化。

由前述学术界和实务界的分析可见，对广州人口承载力与适度人口规模的测算结果，差异较大，依据标准的不同，规模最少的为50万人，最多可达3908万人，跨度巨大。而且随着时间的推移，测算结果数值呈现不断增大趋势，这也从侧面反映出该理论与测算方法的不稳定性。然而，多数研究具有一个共同点，即认为广州市（尤其是中心城区）人口承载力已经处于超载状态，需要采取有效措施予以应对，这一共识也是广州开展流动人口调控工作的重要依据。

第三节　广州市流动人口调控面临的挑战

从广州市流动人口的总体状况与主要特征来看，当前广州市流动人口群体面临的挑战主要表现在四个方面：数量膨胀、分布不均、结构失衡、素质不高。

一、数量膨胀

前文数据分析表明，广州市流动人口的大致趋势是：1979—2011年，流入人口总量逐步提升；2011—2013年，流入人口趋于稳定；2013—2018年流入人口再次提升，达到900多万。2011—2018年的总趋势是流入人口处于高位运行状态。在产业转型升级这一背景下，广州市对流动人口的需求不仅集中在数量，更为重要的是注重质量。与以往相比，数量的重要性在下降，特别在资源环境总量一定的条件下，大量流动人口的拥入会产生众多社会问题。按照国际承载力标准来看，当前广州全市土地可承载人口数量已经过载。

　　大量流动人口的进入，原本确实为广州的城市发展注入了一股新鲜的发展动力，为城市的发展提供了劳动力来源，有效推动了社会经济的繁荣。然而，随着高达837万的超量流动人口毫无节制地拥入，广州逐渐背上了人口包袱，不堪重负。严重超载的流动人口使得广州在土地、水电气、环境、交通、公共基础设施等方面受尽重压。以本市"城中村"的普遍情况为例。"城中村"流动人口密度高，区域原有居住面积难以满足人口居住需求，导致违章僭建问题猖獗，"违建房""握手楼"林立。且"城中村"水电基础建设不完善，水电供给难以负荷区域总人口之所需，经常出现停水停电之窘境。

　　还有上下班挤人的地铁、餐馆门前满满的候餐人群、人满为患的医院、长期拥挤的道路交通等足以证明广州现时人口与资源环境间"僧多粥少"的不对等关系已引发出不容忽视的社会问题。

　　此外，流动人口数量的快速增加也带来了社会管理、社会治安、违法犯罪层面的问题。例如，碍于收入不稳定的原因，流动人口一般聚居在城中村、城乡接合部等区域。这些地方居住环境较为恶劣，人员构成十分复杂，潜藏着很大的安全隐患和治安问题。

　　总之，流动人口的增多，的确给广州带来了利好的发展；但流动人口的过多，也着实衍生出各种社会隐患。人口激增俨然成为广州的"急病"，开展科学、有效的人口调控工作刻不容缓。

二、分布不均

　　当前，广州老城区人口密度明显偏大，人口分布极不合理。从区域来看，越秀、海珠、荔湾为人口密集超载区，从化、增城为人口密度临界状态区，花都、萝岗、天河、黄埔、白云、番禺、南沙为人口承载力富余区，呈现出"内城核心区＞内城外围区＞近远郊区"的流动人口密度分布格局。这种分布不均的状况增加了中心城区的拥堵，给资源环境造成了很大压力。

从这种分布状态可以得出一些基本的规律：第一，流动人口分布最密集的街道，往往都是经济水平较为发达，经济活力较高，工厂较为密集，就业机会较多的地区；第二，越是郊区，流动人口越集中于该区的行政中心所在，例如花都的新年，从化的街口、江浦等；第三，流动人口在老城区的分布，更多地趋向于城中村等较为密集的地区，如海珠的凤阳、瑞宝，天河的棠下等；第四，第一圈层的城市核心区流动人口分布相对分散，没有一个远多于其他街道的十分集中的聚集点。从总体上讲，就业机会和居住成本是影响流动人口区域分布的最主要因素。

三、结构失衡

上文人口结构方面的数据分析表明，流动人口年龄结构（20～50岁共824.21万人，占85.2%，即劳动力年龄人口占比较高）较为合理；性别结构（1.31∶1）严重失调；来源地结构（2018年，本省359.92万人，占37.2%，外省607.41万人，占62.8%，外省比本省为1.69∶1）上，外省流入人口多符合广州作为特大城市吸引力较强这一事实。但从经济社会发展的全局来看，人口结构的影响还要做综合分析。

从年龄结构来看，当前广州流动人口群体平均年龄较低，扶养率较低，人口金字塔呈中间大、两头小的"纺锤形"形态。以青壮年为主体的流动人口大量进入城市，一方面改善了大城市的老龄化问题，填补了某些行业的劳动力空白，有利于城市经济的全面发展。然而，另一方面由于青壮年人口比例较大，容易出现较高的违法犯罪率，社会治安及社会管理压力较大。同时，生育年龄段女性数量较大，会导致未来广州流动人口家庭的新生婴儿数量巨大，不利于人口规模控制。因此，既要发挥流动人口群体对经济发展有利的作用，又要高度重视其对社会治安和社会管理造成的压力，采取有效措施预防人口膨胀。

从性别结构来看，当前广州流动人口男女性别比约为1.31∶1，性别比例严重失衡，会给青壮年流动人口群体造成很多不稳定因素。因此，政府需对流动人口性别比例失衡问题高度重视，实施较户籍居民更加严格的管理措施，如加大对生育选择的监控，加大流动人口计生管理力度，强化妇女权益保护，消除就业中的性别歧视，加大对涉性违法犯罪的预防打击力度，关注流动人口的婚恋问题等。

从来源地结构看，"以远程流动、中程流动为主体，近邻流动为补充"的人口流动态势一方面表明了随着我国经济社会的快速发展，人们的观念已经发生了明显的变化，过去那种"安土重迁"的思想意识正在被追逐经济利益的大潮所撼动；另一方面也表明了随着广州经济的日益发展，外流人口将逐步减少，而流入人口将不断增多。

还有值得关注的是，流动人口的居住情况呈地缘性结构。即流动人口来穗打工或经商时，基于血缘或地缘关系，大多数倾向于与老乡合住或就近居住，以致同一来源地的大量流动人口过度集中在同一区域，形成以来源地划分的外来居住区块。流动人口地缘性结构的居住习惯容易形成松散的共同体，拉帮结派，出现欺行霸市、打架斗殴、集体犯罪等违法犯罪现象，这往往加大了局部地区的管理与发展难度；更甚者，一旦出现群众纠纷，便极大可能演变成群体性事件，影响社会安定，阻碍本市维稳工作的开展。

四、素质不高

从文化结构（高中及以上教育的共475.63万人，占49.2%。其中未完成高中教育所占比例不低）来看，目前广州流动人口整体文化素质虽有所改善但仍然偏低，高学历人才所占比例较少这一事实，仍然限制了流动人口对广州经济社会发展的贡献力，也不适应广州产业转型升级这一背景。

受整体文化素质偏低因素制约，广州流动人口择业面较窄，就业领域呈现低层次、低水平、兼职性和非正规性的特点，部分人员被城市生活边缘化，一旦失去生活来源，极易走上违法犯罪道路或受到侵害。因此，需以"存量提升"和"增量优化"为主要方式，提升广州流动人口的整体素质。

第四节 广州市流动人口调控的依据与目标

广州市流动人口调控的政策依据始于2012年广州市新型城镇化"1+15"政策文件，其中提出"合理控制城市人口规模，促进人口与城市资源相适应"的指导原则。

2014年出台的人口调控和入户政策"1+3"文件进一步明确了流动人口调控目标和内容。2014年2月25日，广州市人民政府公布了《印发关于加强我市人口调控和服务管理工作的意见及配套文件的通知》，出台了《关于加强我市人口调控和服务管理工作的意见》及《广州市户口迁入管理办法》（有期限5年）、《广州市积分制入户管理办法》（有期限2年）、《广州市引进人才入户管理办法》（有期限5年）"1+3"配套文件。

"1+3"配套文件提出的广州市人口调控和服务管理工作的指导思想为：坚持人口政策与城市发展战略和产业发展政策相结合，推动人口发展与城市功能提升和产业转型升级相互适应、相互促进；坚持人口总量、结构、分布的宏观调控与户籍制度改革、来穗人员服务管理等具体工作相结合，以大人口理念统揽人口工作，牢牢把握人口工作的前瞻性和主动性，确保政策有效、调控有力；坚持人口调控管理政策稳定性和创新性相结合，注重保持政策的连续性，同时注重因应形势的发展变化，及时完善相关政策。坚持政策引导与行政推动相结合、管理与服务相结合，以人为本，刚柔相济，促进社会和谐稳定。

"1+3"配套文件提出的广州市人口调控和服务管理工作的工作目标如下。加强我市人口宏观调控、人口户籍管理、来穗人员公共服务和管理，构建政策准入与积分入户相结合、公共服务逐步向来穗人员延伸的人口调控与服务管理政策体系，实现人口规模适度、结构优化、分布合理、素质提升。加强人口工作的统筹协调，理顺人口调控管理工作的职责分工，健全人口调控管理体制。加强人口发展战略研究，完善人口工作的保障和评估机制，建立适应我市人口发展需要的长效工作机制。到2015年，全市户籍人口控制在860万以内，常住人口控制在1500万以内。到2020年，全市户籍人口控制在1050万以内，常住人口控制在1800万以内。

根据"1+3"配套文件及相关文件精神，广州市流动人口调控具体目标主要包括以下三点。第一，规模调控目标。主要目标为"人口规模适度"。亦即到2015年，广州流动人口数量要控制在640万以内；到2020年，广州流动人口数量要控制在750万以内。第二，分布调控目标。主要目标为"分布合理"。第三，结构调控目标。主要目标为"结构优化、素质提升"。

基于上述"三个目标"，结合广州的实际发展情况，流动人口调控政策的总体目标可以理解为：适度控制流动人口规模的增长；逐步引导流动人口以广州城市"一二三"的空间布局分布，即以一个都会区、两个新城区、三个副中心为基准进行分布；探索改革现有户籍制度，通过积分入户等方式留住适合广州产业发展的高端人才；强调流动人口的民生幸福，创新流动人口管理的公平就业机制、社会管理服务机制、"融城"能力机制和社会保障机制等，实现流动人口"来穗有工作，上岗有培训，劳动有合同，报酬有标准，管理有参与，维权有渠道，住宿有改善，子女有教育，生活有尊严，养老有保障"，最终使人口发展、城市功能提升、产业转型升级相互适应、相辅相成，促进人口与经济、社会、资源、环境的协调发展。

2016年2月,《广州市人民政府关于进一步推进户籍制度改革的实施意见》中提出,到2020年实现人口规模适度、结构优化、分布合理和素质提升的人口发展格局。在政策上要科学控制城市人口规模,优化人口结构。广州作为超大城市,要严格按照党的十八届三中全会"加快户籍制度改革,全面放开建制镇和小城市落户限制,有序放开中等城市落户限制,合理确定大城市落户条件,严格控制特大城市人口规模"精神,根据我市综合承载能力和经济社会发展需要,严格控制人口规模,不断优化人口结构,逐步形成与我市经济发展、产业结构相匹配的入户政策体系以及非户籍常住人口市民化的政策体系,重点吸纳我市社会经济发展急需的高层次人才和技术技能型人才落户。

2018年12月,《广州市人民政府关于加强我市人口调控和服务管理工作的意见》(以下简称《意见》)中提出了"加强我市人口宏观调控和迁入户管理,实现人口规模适度、分布合理、结构优化、质量提升"的工作目标。《意见》确立了广州市人口调控和服务管理工作的指导原则:坚持人口政策与城市发展战略和产业发展政策相结合,推动人口发展与城市功能提升和产业转型升级相互适应、相互促进;坚持人口总量、结构、分布的宏观调控与户籍制度改革、来穗人员服务管理等工作相结合,提高人口工作的前瞻性、权威性和主动性;坚持人口调控管理政策稳定性和创新性相结合,注重保持政策的连续性和适时性。坚持"放、管、服"统筹推进,确保政策统一、权责相称、执行有效。

《意见》明确了加强人口宏观调控的五条主要措施:强化规划对人口发展的引导作用,强化产业发展对人口发展的带动作用,强化区域合作对人口的分流作用,强化交通对人口发展的疏导作用,强化信息技术对人口服务管理的作用。

与2014年广州市人口调控和入户政策"1+3"配套文件相比,2016年和2018年的人口调控政策文件继续保留了加强人口宏观调控的目标要求，并对调控措施做了更加详细的规定。但与2014年政策的不同之处在于，淡化了人口调控总量的具体数额，强化了对人口质量提升的要求，要求从人口红利向人才红利转变；在重视人口规划、产业发展、交通疏导、信息技术等措施的基础上，通过探索建立大湾区城市群人口调控协调机制，引导人口在大湾区城市群内的便捷有序流动和合理优化布局。

第五节　广州市流动人口调控的主要内容

人口过度集中城市的"人口病"主要包括数量膨胀与结构（分布结构与组成结构）失衡两种情形，因此，人口调控政策主要包括三个方面内容：一是将人口向城市外部疏散，即规模调控；二是优化城市内部人口分布，即分布调控；三是优化人口结构（亦称人口组成，如年龄、性别、教育、职业等），即结构调控。

根据2014年人口调控和入户政策"1+3"配套文件及相关文件精神，广州市流动人口调控的主要内容包括以下几点。

第一，规模调控。主要目标为"人口规模适度"。具体目标为：到2015年，全市户籍人口控制在860万以内，常住人口控制在1500万以内；到2020年，全市户籍人口控制在1050万以内，常住人口控制在1800万以内。在不做过细区分的前提下，前述目标中的常住人口与户籍人口数量之差，可以粗略等同于流动人口数量。亦即到2015年，广州流动人口数量要控制在640万以内；到2020年，广州流动人口数量要控制在750万以内。

第二，分布调控。主要目标为"分布合理"。主要措施包括：强化规划对人口发展的引导作用，围绕"一个都会区、两个新城区、三个副中心"的城市功能布局规划，积极疏解都会区人口，促进人口逐步向两个新城区和三个副中心集聚；围绕城市功能布局规划，优化产业布局，带动人口合理分布；强化交通对人口发展的疏导作用，建设从都会区到两个新城区、三个副中心，以及广州到珠三角其他城市的1小时生活圈；强化区域合作分流人口的作用，探索建立珠三角及其周边城市区域人口调控协调机制，按规划明确的区域分工、空间战略和空间政策，引导人口在区域内的有序流动和合理布局。

第三，结构调控。主要目标为"结构优化、素质提升"。主要措施包括：坚持产业的高端化、集群化、智能化、低碳化、国际化发展方向，建立以服务经济为主体的现代产业体系，促进人口结构优化、素质提升；合理调整人口准入条件，优化户籍人口年龄结构，实现从人口红利向人力资源红利转变，为城市可持续发展注入动力；努力提高户籍人口素质，大力吸引高层次人才和广州产业结构优化升级紧缺的专业技术人才和高技能人才，为经济社会发展提供有力的人才保障和智力支持；科学设置积分入户指标和分值，积极引进在广州长期稳定就业和居住的各类人才。

第六节　广州市流动人口调控措施模式

近年来，随着城市流动人口的不断迁移，北上广深等城市出现了严重的"大城市病"。对此，各地政府纷纷通过出台相应的政策、措施，实施各种管理模式等行政手段出手调控，竭力遏制越发严重的发展形势，缓解大城市过度"臃肿"的问题，其中也取得了不少成绩与经验。广州市等国内特大城市流动人口调控采用的一些通用政策举措，概括起来主要是三个方面：户籍制度改革、出租屋管理制度改革、产业升级和转移。即"以证管人""以屋管人""以业控人"的人口调控组合拳模式。

一、"以证管人"的户籍制度管理

户籍制度管理,是城市人口调控最主要的手段之一。改革开放以来,全国多座城市都以户籍政策、法规来进行流动人口的相关管理。

然而,随着改革开放的不断深入、市场经济的不断发展和政策层面的不断开放,人口流动变得越来越频繁,流动人口总量的剧增使流动人口的管理由"限制"转变为"防控"。"防控型"管理模式是一种计划经济下以公安系统的传统人口"户籍属地"管理为主,流动人口管理为辅的行政管理思路,奉行"谁主管、谁负责,谁聘用、谁负责,谁容留、谁负责"的原则。具体来说,就是在建立城乡二元架构的基础上,以公安部门为管理主体,加上民政、劳动保障等部门的协助,以进入本地域范围且主要以谋生为目的的非户籍人员为主要管理对象,通过控制和防范型措施使对象对管理主体或他人的危害性降低或消失,从而实现治安防范这一政策目标的一种管理模式。在全国范围内,许多大城市都曾经采用了这种模式来管理流动人口。

例如,1990年10月,根据《中华人民共和国户口登记条例》和《广东省城乡暂住人口管理办法》,广州市政府先后发布了《广州市暂住人口管理规定》和《加强流动人员管理通告》。2001年8月,市政府又依据《收容遣送条例》和《广东省流动人员管理条例》制定施行了《广州市流动人员IC卡暂住证管理规定》,规定符合一定条件的流动人员负有办理IC卡暂住证的法定义务,以此来加强对暂住人口的登记、管理,以及掌握违法犯罪人员的情况,最终达到防范、控制流动人口的效果。

2000年至2005年,社会进入工业化与城镇化快速推进的转轨时期,由公安部门牵头以治安管理为主的单一、粗暴且带有强烈歧视色彩的控制型流动人口管理模式已无法适应多目标、宽领域、全方位的管理需求。因此,政府亟须寻求一种管理内涵能从单纯社会治安延伸到劳动力供应、社会保障、医疗卫生、教育培训、务工经商、计划生育等多元政策目标的全新"综合型"管理模式。"综合型"管理是以综合性政府部门为主导的管理模式，通常以流入地政府为管理主体，各相关政府部门组成实际管理机构以实行层级管理体制的方式开展工作。例如，在广州，2001年时也以出租屋管理为"切入点"，参照"两级政府、三级管理、四级网络"的城市行政管理架构，建立起了自上而下、上下一体的出租屋与流动人口管理新模式。其具体组织架构为："（最高领导和协调机构）市政府办公厅设立出租屋与流动人口管理领导小组及其管理办公室—各区（或市级县）设立对口的领导小组与管理办公室—各街道（或镇）设立对口出租屋与流动人口管理中心—各管理中心的社区（或村）设立相应的出租屋与流动人口管理服务站。"这种新型管理模式的建构，充分体现出综合管理的原则，广州市流动人口管理可以说有了实质性的突破。

2006年至今，流动人口管理更加注重流动人口的权利保障，管理思路也更趋向"以人为本"，因而，形成了另一种新型的管理模式——福利型管理模式。

较之于"综合型"管理，"福利型"着重强调了逐步让流动人口享有户籍人口享有的各种政府行政管理和公共服务的内容。"淡化户籍意识，强化居民意识"是其最核心的理念，"居民证替代暂住证"是其最重要的载体，"建立具有广泛社会整合力的可持续城市居民管理框架，把长期游离于主流体制外的流动人口纳入城市公共管理服务体制之中"是其实质。

二、"以屋管人"的出租屋制度管理

从城市流动人口管理的实践经验来看，现有管理多从"出租屋"入手，如设立社区出租屋管理员或房屋咨询中心或出租屋业主协会、推行"卡式管理"或"相册管理"或分类分层管理、建立"社区化管理"工作模式或"流动人口自助服务管理"模式等。而在全国各大城市的流动人口管理体制中,广州的管理体制最为突出"出租屋管理"这一特点。

有调查数据显示,广州每年抓获的犯罪嫌疑人中,有超过八成是外来流动人员,其中,又有高达八成以上落网前以出租屋为据点。因此,"出租屋""流动人口""广州治安"三者间有着密不可分的重要联系,广州市民和决策者们都普遍认为,"管好出租屋,就管好了广州治安"。基于此,广州早在2003年制定的《关于加强我市出租屋管理工作的意见》中,就已经提出要把工作重点由管理非本市户籍人员转移到加强出租屋管理上,又强调把出租屋管理作为社会治安的基础性工作来抓。这以后,广州市政府依照意见的要求,先后出台了包括《广州市出租屋管理员管理办法》《广州市出租屋档案管理办法》《关于加强全市党员、干部出租房屋监督管理的意见》《广州市出租屋管理年度考核办法》《广州市出租屋管理领导小组成员单位工作职责》《出租屋管理服务中心工作职责》在内的多部制度规定。到了2005年,市政府在修订完善《广州市房屋租赁管理办法》(1995)的基础上,正式实施了《广州市房屋租赁管理规定》,并在规定中首次明确了基层管理中心作为日常辖区范围内房屋租赁合同登记备案、户口或暂住证登记、计划生育等相关工作的代办机构的定位,使管理机构及工作有了制度化与法制化的依托。2005年以后,广州市政府一直致力于出租屋的规管,陆续出台了《广东省城镇房屋租赁条例》《广东省租赁房屋治安管理规定》《广州市区分所有建筑物消防安全管理规定》《广州市个人出租房屋税收管理办法》《广州市违法建设查处条例》等多部规章。

其实,广州市着意将流动人口管理与出租屋管理紧密结合在一起,建立"以屋管人"的管理体制,主要是想把出租屋视为一个"抓手",通过不同的管理模式(即"旅业式"管理模式、"物业式"管理模式、"社区捆绑式"管理模式、"星级动态"管理模式等)以静制动,达到对流动人员信息采集、进入管理、治安防范与控制的效果。

三、"以业控人"的产业升级与转移

产业决定就业，就业决定人口。产业结构调整是从根本上调控外来流动人口过快增长，实现人口结构优化的有力措施。这些年来，全国各地在产业升级与转移方面的做法主要有：发展卫星城，促进部分产业迁移；出租土地，招商引资，实现产业转移。

近年来，广州市人口调控不断强化产业发展对人口发展的带动作用。具体措施包括：加快建设现代化经济体系，走在全国前列，坚持产业高端化、集群化、智能化、低碳化、国际化发展方向，推动人力资源创新发展；围绕城市功能布局规划，优化产业布局，带动人口合理分布；研究建立企业综合评价指标体系，推动劳动密集型和资源消耗型企业有序转移，带动就业人口同步转移。

第七节 广州市流动人口调控措施效果分析

尽管广州市流动人口调控取得了不小成绩，但是，从总体结果上来看，调控效果未能尽如预期。近十年来，以北上广深为代表的不少特大城市还面临着越调越涨的尴尬困局。流动人口调控之所以失灵，背后原因较为复杂，如经济持续高速增长导致人口拉力不断增强、城镇化进程的加速导致人口向少数大城市快速集中、国家户籍制度和居住证改革措施便利了流动人口迁移入户及就地融入、粤港澳大湾区等发展规划吸引高层次人才向珠三角地区聚集等，都部分抵消了人口调控的效果。

改革开放40年以来，人口调控都是政策着力的重点，各特大城市采用了各式各样的控制手段，然而调控效果却始终未及预期。这需要我们不断反思和总结人口调控过程中的经验教训，从中找到整治特大城市

人口问题的可行之法。总的来看，各特大城市人口规模调控屡屡失效的原因主要包括如下几点。

第一，现行的人口调控政策普遍以行政手段为主，缺乏市场手段的运用。目前，特大城市的人口调控方式主要是通过有效的制度安排，对人口行为进行有效的引导、调控和干预，因此，有了清理"三无"人员、城市增容费、"以证管人""以屋管人""以业控人"等调控措施的推行和实施。由此可见，政府在人口问题的处理上显然过度依赖行政手段，且当前的调控政策均带有浓厚行政色彩。短期而言，行政措施的出台确实会取得一定的成效，然而，副作用和新矛盾亦随之而至。加上未来我国人口流动将更趋于自主化，流动人口的自由度将进一步提高，户籍等一系列现行的政策和制度将渐渐失去对其的行政约束力。故此，人口调控应更加重视市场手段的运用。例如，在处理流动人口劳动力的问题上，除了《广东省流动人员劳动就业管理条例》《广州市劳动用工备案和就业失业登记办法》等法规管理外，可以尝试加强外来劳动力的培训，提高他们的技能和素质。在合适时间和相关政策的支持下，将流动人口劳动力作为资本进行劳动输出，实现流动人口"劳动力流入—技能培训提升—劳动力输出"的二次转移循环机制。总之，人口调控不能再囿于单一的人口政策变革，必须站在更宏观的层面加以看待，形成人口调控、经济增长、社会和市场发展多维度配合的框架体系，达到引导和疏散人口的最终目的。

第二，现行人口调控政策的实行缺乏相关监管机制。以广州的人口登记管理为例，自20世纪80年代起，外来人口管理工作就主要集中在治安管理部门，对外来人口的登记管理主要依靠外来人口的自觉，缺乏必要的约束和监管机制。随着时间的推移，市法制体系不断完善，外来人口工作规范不断细化，暂住证制度不断成熟，流动人口的登记管理虽然越来越严格，但仍然存在缺登、漏登的情况。流动人口数量非常大，想要尽数登记在册确非易事，但这也从侧面反映了监管不力的问题。

第三，现行的人口调控政策主要以大城市为中心，忽略了与周边城市的联动治理。主要表现在两个方面。（1）长期以来，北上广深等特大城市聚集了众多其他城市难以企及的优质资源，经济社会发展一枝独秀，外来人口被吸引大量流入本就无可厚非。但问题在于"摊大饼"的做法。面对流动人口的大规模拥入，地方政府选择了面积外扩、人口扩容的做法，通过不断地向外划地，扩大城市的总体面积，来"消化"流动人口。显然，这是一种消极的接受，也是一种沉默的支持。试想，这样的情况下，想要阻止流动人口迁入是十分困难的。（2）特大城市的产业聚集效应和城市功能重复叠加，使得中心城区人口过于集中，加重了人口调控和管理的难度，因此，有了"卫星城"概念的出现。可是，多年来"卫星城"却迟迟未见成真。一方面是因为产业布局没有围绕调控目标做出有效的调整，中心城市与卫星城之间的交通枢纽等基础设施未尽完善，导致主要的就业机会、基础和公共设施仍大量集中在城市中心区域；另一方面是因为中心城市向周边卫星城的过渡需要一定的时间；更多的是因为大城市始终怀有地方保护的"利己"心结，"不舍得"真正拆分城市的核心功能，将部分产业转移至周边基础设施完善的城市，加强与周边城市的分工协作、联动治理。正因这样，至今仍未形成"以特大城市为辐射中心，周边城市为吸收层"的流动人口区块管理机制，无法减轻市内人口膨胀的压力。

第四，现行的人口调控政策重"管治"，轻"引导"。当前的人口调控政策主要偏向人口的"治"和"堵"，对于如何"疏通""引导"存在政策空白。这里所说的"疏通"分为硬件疏通和软件疏通两方面。所谓的"硬件疏通"是指分散优质资源、疏解城市核心功能、建设卫星城等一系列实质性的工作；而"软件疏通"则是指对流动人口的思想疏导，做通他们"大城市就是好"的惯性思维，通过人才输送等引导政策鼓励他们"走出去"，从而达到为中心城区减压、减负的目的。

要切实解决人口问题，标本兼治才是根本之策。限人限入限流动，仅是流动人口调控的无奈之举，绝非上策。想要摆脱"屡战屡败，屡败屡战"的局面，且见长效，必须软硬兼施、长短兼顾、统筹推进。

第八节　广州市流动人口调控的对策建议

为实现"1+3"配套文件提出的广州市人口调控和服务管理工作的工作目标，下文从广州流动人口的规模、分布、结构三方面提出调控对策建议。

一、规模调控

从流动人口规模调控的目标出发，要实现2015年、2020年广州流动人口规模分别较2013年下降200万、90万的目标，应遵循"控增、去存、扩容"策略，综合采取法律、行政、经济、规划、教育等手段，对市中心区及其他流动人口密集地区进行调控，力求削减流动人口数量规模。

控增，即控制新增流动人口的大量进入。主要措施包括以下几种。第一，以业控人。通过产业政策和就业政策来控制新增流动人口数量。第二，以住所控人。加强出租屋治理，控制和逐步拆除违章搭建，大力治理"房中房"等群租行为，帮助流动人口在城市"体面生存"。第三，以价控人。充分发挥财税、价格、经济等手段，提高人口密集区生活与生产成本。第四，以户控人。完善基于户籍差别的限购、限贷、限牌、限行等政策。第五，以考核控人。调整人口密集区基层政府的考核标准，将流动人口零增长或负增长作为党政主要领导政绩考核的重要指标，必要时可实行"以经济换人口"政策，对流动人口数量增长控制不力的地区予以一票否决。

去存，即降低存量流动人口的数量。主要措施包括以下几种。第一,削减城市功能。重新定位城市功能,放弃摊大饼的发展方式,不求大而全,但求小而精。第二,产业与劳动力双转移。继续实施"腾笼换鸟"政策,推动产业结构升级,以产业升级推动劳动力转移。第三,城中村等低成本生活区的改造治理。继续推动城中村改造治理,中心城区逐步减少城中村等生活成本低、密度大的流动人口聚居区。第四,教育医疗等基本公共服务机构外移。推动人口密集区内教育医疗等基本公共服务机构外移,方便流动人口就近入学就医。第五,关停迁转"五小"企业、"六小"场所、批发市场等劳动力密集场所。淘汰一批低端产业和劳动密集型产业,对吸附大量流动人口的"五小"企业、"六小"场所、批发市场等实行限期退出机制。第六,压缩"灰黑色经济"生存空间。针对流动人口非法经营活动及违法犯罪活动较为突出的现象,重点清理打击黑车运营、黑诊所、黑中介、非法办学、地下食品加工、无照废品收购等活动,加大对各类违法犯罪活动的打击,净化娱乐场所等"黄赌毒"违法行为突出场所。

扩容,即增加城市人口承载力的上限。人口承载力非固定不变的定量,会随着开放性的增强、科技进步、管理优化等因素而提升。当前制约广州人口承载力的主要因素是资源环境因素,在经济承载力方面,广州远未达到饱和状态,尚有巨大空间。第一,提高城市稀缺资源的利用效率。提高土地、水、电、交通、空气等城市稀缺资源和短板因素的利用效率。第二,提升城市治理水平。通过加强环境管理、市政建设、产业结构调整、突出问题整治、政府职能转变等方式,有效提升城市治理水平,优化城市资源的配置效率,消除制约城市人口承载力的短板因素,提高人口承载力。

二、分布调控

当前,广州中心城区人口密度过大,部分新城区和县级市的人口密度却较小,人口分布很不均衡。匡耀求(2014)关于珠三角"人口超载地图"的研究表明，广州市越秀区平地（不包含水域）人口密度达到52834人/平方千米，在全球平地地区中排名第四。在假设流动人口规模总量不变的情况下，可以通过调节其分布格局来缓解人口与资源环境的矛盾。

通过政策引导来实现流动人口的分布转移与合理布局，主要是做好城市布局合理规划及实施工作，在前述"控增、去存、扩容"规模控制策略的基础上，实施"削峰填谷"策略，降低人口密集区的人口密度，转移出的人口由人口非密集区按需吸纳。以下为主要措施。

第一，构建多中心城市规划。"单中心"结构特征是广州人口分布失衡的主要症结。解决这一问题的通常思路有二："中心—边缘模式"与"多中心模式"。"中心—边缘模式"的主要思路是将人口从中心城区向外转移，中心去峰，边缘填凹，实现人口密度梯度递减分布。"多中心模式"是在原有城区中心之外构建多个不同层次的副城或卫星城，形成"中心区—副中心—周边新城—临县中心"的多元差序中心分布格局。第二，建设大都市圈。建设以广州为核心之一的大都市圈，构建从都会区到两个新城区、三个副中心，以及广州到珠三角其他城市的1小时生活圈，让人口就近工作生活。第三，行政、企事业中心外迁。鼓励行政机构、事业单位外迁，严格抑制中心城区的开发冲动。第四，人流、物流中心外迁。将一些人流量大的交通枢纽中心及物流中心，从中心城区向外转移，以削减中心城区人流数量。第五，缩小中心区与周边地区的发展差距。消除城乡差距、东西差距、区域差距等区域发展不平衡现象，通过增强流出地"拉力"来抵消人口向大城市集中的动力。

三、结构调控

人口结构亦称人口组成，从人口学角度来看，重要的人口结构种类包括年龄结构、性别结构、教育结构、职业结构、婚姻结构、健康结构、籍贯结构、种族结构及宗教结构等。其中，在诸多人口结构种类中，年龄、性别、教育是较为重要的结构类型，应围绕这三个方面来优化流动人口结构。

从年龄结构来看，当前广州流动人口群体平均年龄较低，扶养率较低，人口金字塔呈中间大、两头小的"纺锤形"形态，对经济发展较为有利。然而，青壮年人口比例较大，容易出现较高的违法犯罪率，社会治安及社会管理压力较大。同时，生育年龄段女性数量较大，会导致未来广州流动人口家庭的新生婴儿数量巨大，不利于人口规模控制。因此，既要发挥流动人口群体对经济发展有利的作用，又要高度重视其给社会治安和社会管理造成的压力，采取有效措施预防人口膨胀。

从性别结构来看，当前广州流动人口男女性别比失衡现象较为严重，会给青壮年流动人口群体造成很多不稳定因素。因此，政府需对流动人口性别比例失衡问题高度重视，实施较户籍居民更加严格的管理措施，如加大对生育选择的监控，加大流动人口计生管理力度，强化妇女权益保护，消除就业中的性别歧视，加大对涉性违法犯罪的预防打击力度，关注流动人口的婚恋问题等。

从教育结构来看，目前广州流动人口整体文化素质偏低，导致广州流动人口择业面较窄，就业领域呈现低层次、低水平、兼职性和非正规性的特点，部分人员被城市生活边缘化，一旦失去生活来源，极易走上违法犯罪道路或受到侵害。因此，需以"存量提升"和"增量优化"为主要方式，提升广州流动人口的整体素质。

第六章

新时代南粤流动人口安全管理探索
——人口管理

流动人口问题是与我国城镇化进程相伴而生的全国性问题。改革开放之后,我国进入城镇化发展加速的时期,自20世纪80年代末以来,流动人口逐步从局部地区的小众问题演变为全国范围内的大众问题,从单纯的管理问题发展为覆盖管理、服务、权益保障、体制改革、机制创新等众多领域的社会问题。

尤其是2000年之后,我国流动人口形势进入了转型探索期,流动人口服务管理面临的背景发生了许多变化。当下,在流动人口数量占我国人口数量达1/6、占广东省人口数量达1/3的常态背景下,政府流动人口治理现代化之路向何处转型是我国流动人口治理领域的重要议题。

第一节 广东省流动人口管理断代分期分析

一、流动人口管理断代分析法研究述评

断代分析法(Cohort analysis)是历史研究的基本方法,也称历史分期法,科学的断代分析有助于厘清同一事物的不同发展阶段及标志特征,为开展比较研究、趋势分析提供基础。我国古代史断代分析法始于

班固《汉书》"断汉为史"。新中国成立以来尤其是改革开放之后，人口流动成为一种重要社会现象，流动人口问题也成为现实与历史相互交织的复杂课题，断代分析法在该问题研究中被广泛应用。

尽管断代分析法被学界广泛采用，但对如何分期，不同研究者却见仁见智，思路、节点与结果各不相同。对新中国成立后流动人口问题断代分期的研究，根据中国学术期刊网近年文献数据，整理后概况见表6-1。

表6-1 中国流动人口管理断代分期研究概况表

分期视角	关键词	典型研究	研究对象	分期数量	分期结果	层次化分期
主体视角	流动人口、农民工等	司徒尚纪、许桂灵（2007）	广东	4	活跃时期（1950—1960）、停滞时期（1960—1977）、松动复兴时期（1978—1984）、迅猛发展时期（1985—）	否
		张百新（2008）	广州	4	较快增长阶段（1979—1986）、迅猛增长时期（1986—1988）、下降后又小幅反弹（1989—1990年代末期）、再次较快增长时期（2000—）	否
		王箐（2014）	中国	6	严格受限阶段（1949—1977）、过渡时期（1978—1983）、大规模流动时期（1984—1991）、全方位流动时期（1992—1996）、新生代流动人口进入劳动大军初期（1997—2002）、"民工荒"与新生代流动人口时期（2003—）	是（老一代和新生代）

续表

分期视角	关键词	典型研究	研究对象	分期数量	分期结果	层次化分期
背景视角	城镇化等	毛哲山（2011）	中国	4	职业城镇化（1978年之前）及1978年之后的地域城镇化、身份城镇化、人的城镇化	否
		李浩、王婷琳（2012）	中国	4	1949—1957年、1958—1977年、1978—1994年、1995—	是（时期-阶段-亚阶段）
		古杰、岳隽、陈小祥（2015）	中国	5	短暂发展阶段（1949—1957）、波动发展阶段（1958—1963）、停滞阶段（1964—1978）、快速发展阶段（1979—1995）、极速发展阶段（1996—）	否
政策视角	政策导向	刘小年（2006）	中国	4	松绑阶段（1978—1988）、控制阶段（1989—1991）、引导阶段（1992—2001）、扶持阶段（2002—）	否
		陈勇、秦宏宇（2015）	北京	5	相对自由时期（1949—1957）、户籍管控时期（1958—1984）、快速发展时期（1985—1994）、管理控制时期（1995—2002）、调整转型时期（2003—）	否
		谭崇台、马绵远（2016）	中国	4	限制初步放开时期（1970年代末—1991）、规范管理时期（1992—2002）、权益保护时期（2003—2012）、逐步市民化时期（2013—）	否

续表

分期视角	关键词	典型研究	研究对象	分期数量	分期结果	层次化分期
个案视角	流动人口聚居区	项飚（1996）	北京	5	地下的小群体流动（1970—1980）、公开的小群体流动（1980—1982）、完全进入市场的小群体流动（1982—1984）、连锁流动（1984—1986）、集体流动（1987—）	否

来源：根据中国知网近年文献数据整理

前述研究文献的共性、差异与不足概况如下。

研究共性可概括为：总体同步、特点鲜明。第一，尽管分析角度各不相同，但总体分期结果与我国政治经济社会发展的历史脉络总体一致、基本同步。尤其是1978年成为新旧发展阶段的重要分界点，这一看法被广泛认同。第二，"长期看经济、短期看政策"的分期特点鲜明。长期来看，流动人口现象受经济发展、城镇化等宏观因素影响决定；短期来看，中央及地方的政策变迁等微观因素对流动人口发展趋势有较大影响。

研究差异可概括为：视角各异、层次有别、对象差异、结果不一。第一，研究视角差异较大，主要包括主体视角、背景视角、政策视角和个案视角等，没有一种视角占绝对主流。第二，分期层次存在差异。既有着眼宏观、分期较少的结果，也有视角深入、分期较多的结果，甚至出现"时期—阶段—亚阶段"的层次性细化分期结果。如李浩、王婷琳（2012）提出"248"的历史分期方案，将中国城镇化发展历史划分为计划经济和改革开放两个时期，1949—1957年、1958—1977年、1978—1994年、1995—2012年共四个主要发展阶段，以及进一步再细分产生的8个亚阶段。第三，研究对象不尽统一。既有全国研究，也有北京、广东、广州等地方研究。第四，分期结果不一。断代分期的阶段数量、分界年份、划分标准或依据、认识较难统一。

研究不足可概括为：质量不足、碰撞较少、方法简单、理论薄弱、略显主观。第一，研究的量与质都不足。不少为附带性研究，专门性研究较少。第二，阐述说明的陈述性研究多，质疑商榷的批判性研究较少。类似刘小年（2006）质疑胡鞍钢基于流动人口政策导向而形成的三阶段划分法（1950—1983年的红灯阶段、1984—1999年的黄灯阶段、2000—2005年的绿灯阶段）的商榷性研究，数量较少。第三，研究方法较为简单。时序分析法、逻辑分析法是主要方法。宏观研究居多，而微观研究罕见。第四，分期的理论依据较为薄弱，缺乏令人信服的理论支撑。第五，研究者习惯于将研究时所处时期作为新时期，以示与之前阶段区别，这种认识带有一定的主观性。

二、广东流动人口管理的断代方法及标志

在前述研究基础上，此处尝试引入新的分期视角——理论分析法，基于学术理论进行断代分期，主要依据现代管理科学理论，参照传统管理与科学管理（细分为规范化、精细化、个性化三个阶段）的理论分期思路来划界，这种思路与前人研究主要基于时序、逻辑进行分期不同。

依据现代管理科学理论，在传统管理基础上衍生出的科学管理具有规范化、精细化、个性化等三个阶段。广东流动人口管理的演进逻辑，基本符合这一次序，从传统管理一步步走向科学管理的不同阶段。因此，本文基于科学管理理论，将新中国成立后广东流动人口管理分为四个时期：传统管理期（1949—2003）、规范管理期（2003—2009）、精细管理期（2010至今）、个性管理期（尚未进入）。这种断代分期方法与全国相比，既有统一性，又有特殊性。分期描述、分期年份、分期依据、分期标志等见图6-1。

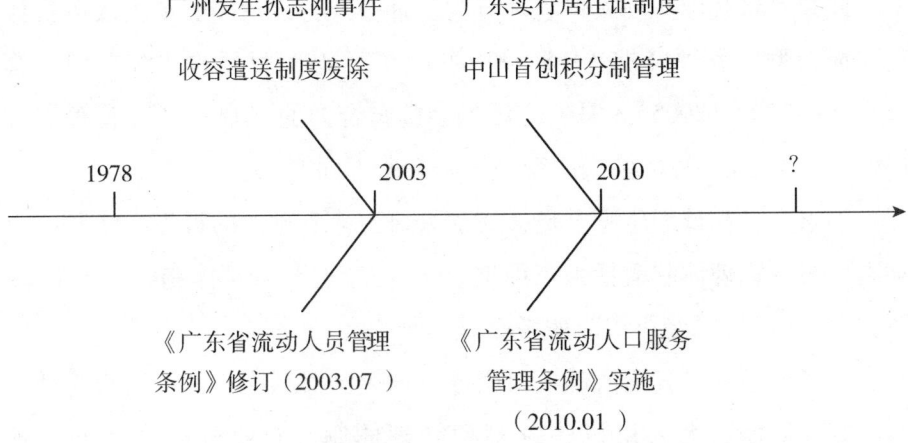

图6-1 广东省流动人口管理断代分期示意图

在前述断代分期时，存在两个标志性的时事节点：一是2003年的广州孙志刚事件，标志着流动人口传统管理阶段的终结，迎来科学管理的初级阶段——规范管理阶段。二是2010年中山市在全国率先探索流动人口积分制管理，标志着流动人口科学管理中级阶段——精细管理阶段的出现。当前广东流动人口管理还处于精细管理阶段，尚未整体进入科学管理的高级阶段——个性管理阶段。

第二节 广东省流动人口管理体制分析

一、我国流动人口管理体制模式

从管理学角度来说，"体制"是指国家机关、企事业单位的机构设置和管理权限划分及相应关系的制度。从改革开放尤其是20世纪80年代末以来，流动人口逐步成为受到关注的社会问题，各地陆续探索形成了不同类型的多种体制。

傅崇辉将我国流动人口管理分为三种模式：以治安防范为政策目标的"防范型"管理模式（1984—1999），多元政策目标的"综合型"管理模式（2000—2005），具有广泛社会整合合力的"福利型"管理模式（2006年至今），每种模式的管理体制有所不同①。

国家人口和计划生育委员会流动人口服务管理司的报告，将我国流动人口服务管理体制概括为三种类型："防范型"管理体制，"统筹型"服务管理体制，"专业型"服务管理体制②。

苏杨等学者将我国流动人口服务管理体制概括为三种：治安管理拓展型管理体制，大人口机构统筹型管理体制，专业机构协调型管理体制③。

在综合前述研究的基础上，笔者认为，从20世纪80年代末至今，按照领导机关和负责机关的不同，我国流动人口服务管理体制出现了六种典型形式，可将其概括为"公安主导型""多头管理型""党委牵头型""政府负责型""专设机构型"和"大人口机构统筹型"。其中，"公安主导型"和"多头管理型"是早期形式，目前主流形式为"党委牵头型"和"政府负责型"，部分地方探索实行"专设机构型"和"大人口机构统筹型"体制。

"公安主导型"俗称公安一家独大体制，是指在流动人口相关职能部门中，公安机关作为最主要的职能部门，主导了流动人口管理的进程。该体制以流动人口治安防范和秩序管理作为主要工作目标，对流动人口服务和权益保障关注不足，以检查、惩罚、收容遣送等强制性色彩

---

① 傅崇辉. 流动人口管理模式的回顾与思考——以深圳市为例 [J]. 中国人口科学, 2008 (5).
② 国家人口和计划生育委员会流动人口服务管理司. 流动人口理论与政策综述报告 [M]. 北京：中国人口出版社, 2010.
③ 苏杨, 肖周燕, 尹德挺. 中国流动人口管理报告 [M]. 北京：企业管理出版社, 2010：22-28.

浓厚的手段作为主要治理措施，管理方式比较简单、粗暴，客观上容易加剧主客体之间的排斥、对立和冲突。2003年6月孙志刚事件发生后，国务院废止了《城市流浪乞讨人员收容遣送办法》，公安机关权力进入收缩和规范阶段，宣告了这一体制的终结。

"多头管理型"系"公安主导型"体制解体之后短期内存在的一种体制，此时公安机关不再占据流动人口管理的主导地位，而是由各职能部门依照职能分别负责不同业务的管理。在这种管理体制中，公安、劳动、卫生、人事、教育、计生、民政等都是相应的职能部门，但在实践中的表现往往是多头管理、各自为政、群龙无首、相互脱节，该体制的最大问题是缺乏统一的牵头领导和具体协调单位，管理效果不如人意。

"党委牵头型"和"政府负责型"均是在"多头管理型"基础上发展而来的体制，旨在解决后者由于缺乏牵头领导和具体协调主体而导致的问题。"党委牵头型"体制中，流动人口服务管理工作由党委综治委或政法委牵头，主要办事机构设在政法委或公安机关，公安、劳动、卫生、人事、教育、计生、民政等十多个部门为成员单位，领导机关通过经常性的召集会议或形成工作纪要的方式进行领导，这种体制于1995年之后被中央采用。1995年7月，中央社会治安综合治理委员会等部门形成了《中央社会治安综合治理委员会关于加强流动人口管理工作的意见》，1997年4月，中央综治委专门成立了流动人口治安管理工作领导小组，以加强对这项工作的领导。在地方，北京、湖北、青海、甘肃、西藏、海南等地曾经或正在实行这种体制。这种体制是党委的统一领导下的"自上而下的各部门协调"制度，强调对流动人口的综合治理。然而，这种体制依然是以治安防范或管理为导向的体制，对流动人口的服务和权益保障关注不足。同时，由于党委综治委或政法委并不具有国家行政管理的具体权力，无法做出有法律效力的社会管理规定，需要各成员单位具体落实，因而领导机关的权威具有间接性。

"政府负责型"与"党委牵头型"特点相似，只不过流动人口牵头领导机关由党委综治委或政法委转变为地方政府,主要办事机构也从政法委或公安机关转变为跨部门的协调机构。广东、重庆等地曾经或正在实行这种体制。

与"党委牵头型"体制相比,"政府负责型"体制有利于解决党委部门欠缺行政管理权力的问题,同时,具体办事机构不再设在政法公安机关内部,有利于矫正之前管理体制的治安管理防范导向,更加强调服务与权益保障优先地位以及跨部门协调合作关系。"政府负责型"体制下的"流动人口服务管理协调机构"主要是指流动人口服务管理工作领导小组办公室及其各级下设机构(包括基层流动人口服务管理中心),然而,对具体办事机构"流动人口服务管理协调机构"的模糊规定,也为一些地区创新改革提供了法律空间,"专设机构型"体制应运而生。

江苏张家港、浙江嘉兴和广东东莞是"专设机构型"体制的代表。这种体制的典型特点是,流动人口服务管理具体职能由一个全新成立的专门行政部门负责。如张家港市设立暂住人口管理服务中心,为市委、市政府直接领导下的正局级建制单位,全市8镇1区成立暂住人口管理服务分中心,实行集中办公。嘉兴市在市、县成立新居民(流动人口)事务局,在镇街建立新居民事务所,村、社区、规模以上企业建立新居民事务站,其中市级新居民事务局为市政府直属的监督管理类事业单位①。2008年11月6日,东莞市新莞人服务管理局正式挂牌,成为国内地级市首个为外来人口而设的专职行政机构。目前新莞人服务管理局共有行政编制23名,后勤服务事业编制5名,内设办公室、出租屋业务管理科、服务协调科、宣传信息科、积分管理科五个部门,同时在各镇街设立新莞人服务管理中心。"专设机构型"体制是对"政府负责

---

① 苏杨,肖周燕,尹德挺. 中国流动人口管理报告 [M]. 北京:企业管理出版社,2010:24-28.

型"体制的进一步深化,具有鲜明的前瞻价值。

然而,从当前"专设机构型"体制的运行情况来看,其本质未能脱离"流动人口服务管理协调机构"的定位,现有机构仍然是一个协调机构而非职能机关。从东莞新莞人服务管理局的主要职责来看,除"贯彻、统筹、规划、建立、搜集、承办"政策法规、工作规划、服务体系、信息数据、其他事项等职能外,其与同级相关职能部门及镇街新莞人服务管理中心的关系仍然是"协助、协调指导",不具有直接的业务管辖权力[1]。因而,这种"专设机构"尽管称之为"局",本质上依然属于2010年1月1日起施行的《广东省流动人口服务管理条例》所界定的"流动人口服务管理协调机构",非根本性的体制创新。正如广州市流动人员和出租屋管理处处长郭光前所言,地市级流动人口服务管理部门的设置五花八门,但却有一个共同的特征——没有统一的"上级"[2]。由于缺乏全国统一的流动人员服务管理法律法规的授权,流动人口服务管理协调机构在与同级以及基层相关部门协调时存在法律身份的缺失尴尬,无法解决"无权无势"的弱势问题,只能充当"二传手""传声筒""窗口单位"或"一站式服务平台"等角色,不具有本质上的行政管理决策和执行权力,也没有能顺畅指挥基层相关部门的法律权力。

"大人口机构统筹型"体制是也是"政府负责型"体制的一种特殊形式,主要区别在于办事机构依托单位不同,既非政法公安机关,也非新莞人服务管理局等专设机构,而是发改委或人口计生委。上海、深圳、无锡等地曾经或正在实行这种体制,其中上海、深圳的办事机构设

---

[1] 新莞人服务管理局. 东莞市新莞人服务管理局主要职责 [EB/OL]. 新莞人服务管理局官网, 2013-11-01.
[2] 新莞人服务管理局. 珠三角流动人口服务管理变局 [EB/OL]. 新莞人服务管理局官网, 2013-11-01.

在发改委，无锡设在人口计生委①。如无锡市按照"大人口"观念，强化市人口计生委的人口服务管理规划指导职能，在市、区人口计生委增挂"人口管理服务委员会"牌子，增设综合协调处和信息管理处，承担相关综合协调职能。与前述体制相比，该体制较为彻底地消除了流动人口治安防范管理导向所带来的问题，更加有利于流动人口服务及权益保障工作，是服务型政府转型的重要尝试。然而，该体制的本质问题与"专设机构型"体制类似，即缺乏高层次法律法规赋权，所谓"大人口机构"不过是另一种形式的"流动人口服务管理协调机构"，问题依旧。并且，从实际运作来看，该"大人口机构"的协调作用，或会弱于其他形式的协调机构，在基层执行力方面更加薄弱。

从前述分析可见，从20世纪80年代末至今，我国流动人口服务管理体制经历了多重变革。目前中央层面为"党委牵头型"体制，而在地方，"党委牵头型"和"政府负责型"体制各有实行。一些地方探索实行的"专设机构型"和"大人口机构统筹型"体制，均是在"政府负责型"体制基础上进行的深化改革。由此可见，较"党委牵头型"体制而言，"政府负责型"体制或更符合现实及今后发展趋势。未来流动人口服务管理体制改革，应立足"政府负责型"体制，对不同形式办事部门的绩效结果进行试验比较，推动"政府负责型"体制的不断优化、完善和创新。

二、广东省流动人口管理体制特征

近年来，广东省各地结合本地情况，主要形成"党委牵头型""政府协调型""专设机构型""公安主导型"四种体制机构模式。目前，省级层面及深圳市属于"党委牵头型"，佛山市与中山市属于"政府协

---

① 苏杨，肖周燕，尹德挺. 中国流动人口管理报告 [M]. 北京：企业管理出版社，2010：23-28.

调型",广州市属于"专设机构型",除前述广州、深圳、佛山、中山4市外,全省其他地市均属于"公安主导型"。因此,在机构模式方面呈现出公安为主,多样化并存的特点。

(一)"党委牵头型"

"党委牵头型"即由党委(政法综治部门)牵头成立流动人口服务管理协调机构,统筹协调开展流动人口服务管理工作。其中,公安机关是主力军,流动人口服务管理很多具体工作由公安机关负责。目前,广东省级层面(2013年至今)及深圳市属于此类模式。

2013年5月,根据《关于成立省综治委8个专项组的通知》文件,参照中央综治委下设8个专项组的做法,广东省综治委决定正式成立8个专项组。其中,实有人口专项组的首要工作职责为统筹研究提出进一步加强和创新流动人口服务管理的政策意见,属于临时协调机构,由省公安厅担任牵头单位,成员单位包括省发改委等17家,省公安厅三位主要领导分别担任组长、副组长,办公室设在省公安厅治安管理局,由其局长担任办公室主任。随后,各地市综治委也相应成立实有人口专项组,也属于临时协调机构。

2003年年底,为解决公安机关管人与国土房产部门管房工作相脱节的弊端,深圳市决定按照"房户合一、以房管人"的模式,对原公安暂住人口户管员和房屋租赁管理队伍进行整合,重新设立了隶属综治部门的市、区、街道、社区四级流动人口和出租屋综合管理机构——流动人口和出租屋综合管理办公室,其中市流动人口和出租屋综合管理办公室为市综治办下属正处级事业单位,建立了完善的管理服务网络体系。同时,按照流动人口的一定比例,组建了一支1.6万余人的出租屋管理员队伍,专门从事流动人口和出租屋管理服务工作。在此基础上,市委市政府专门下发文件,对相关职能部门在流动人口和出租屋管理服务方面的职责任务做了明确分工,并由各级综治部门牵头,层层建立了流动人口和出租屋管理服务工作协作配合制度，为流动人口和出租屋管理服务工作顺利开展奠定了坚实基础。

党委牵头型模式的主要优缺点是：党委政法委或综治部门指导，指挥政法机关力度大，在流动人口治安防控与社会管理方面作用明显，但其统筹协调政府其他有关部门的力度不够，因而在推进流动人口基本公共服务等方面作用不够明显。

（二）"政府协调型"

"政府协调型"即由政府成立流动人口服务管理协调机构，统筹协调开展流动人口服务管理工作。其中，公安机关是重要管理部门，主要负责流动人口和出租屋治安管控等工作。目前广东省属于此类型的有：1999—2012年期间的广东省级层面、佛山市和中山市。

1999—2012年间，广东省级层面流动人口管理体制为"政府协调型"，2013年之后转为"党委牵头型"。1999年3月1日广东省人大常委会通过实施的《广东省流动人员管理条例》第三条规定，"各级人民政府可根据实际需要成立流动人员管理协调机构，组织、协调、指导、督促各有关部门的流动人员管理工作。公安、劳动、工商、计划生育、民政、卫生、建设等有关部门按职责分工做好流动人员管理工作"。2010年1月1日起施行的《广东省流动人口服务管理条例》第五条规定，"各级人民政府负责本行政区域内流动人口的服务管理和权益保障工作"；第六条规定，"县级以上人民政府可以根据实际需要成立流动人口服务管理协调机构，组织、协调、指导、督促各有关部门的流动人口服务管理工作。公安、发展和改革、人力资源和社会保障、工商、人口和计划生育、民政、卫生、建设、司法行政、财政、教育等有关部门按照职责分工开展流动人口服务管理工作。工会、共青团、妇联等人民团体和居民委员会、村民委员会等群众性自治组织应当协助开展流动人口服务管理工作"。在组织架构上，成立了以副省长为组长，省政府副秘书长、省委政法委副秘书长、省公安厅副厅长为副组长，相关部门领导为成员的省综合治理委员会流动人口治安管理工作领导小组。

佛山市流动人口管理体制在2006年、2010年、2013年经历多次变更，目前定格为"政府协调型"。2006年，佛山市对流动人口服务管理工作进行全面改革，建立了"党委政府领导、部门参与、保障有力、综合治理"的管理体制，逐步形成了两级政府、三级管理、四级网络的管理服务体系。市、区和镇（街道）设立流动人员和出租屋管理服务工作领导小组，领导小组下设办公室，为流动人员和出租屋管理服务工作领导小组的常设办事机构。市流动人员和出租屋管理服务工作领导小组办公室（简称市流管办）是市流动人员和出租屋管理服务工作领导小组的日常工作机构，与市综治办合署办公，内设流动人口服务管理工作科（简称流管工作科）。市、区、镇（街）流管办都配备了专职领导和工作人员开展工作。在流动人口达到2000人以上的村（居）委会设立流动人员和出租屋管理服务站，由村（居）委会主任兼任站长，治保主任、计生办主任、社区民警兼任副站长，建成流管服务站616个，配备流管协管员近4000名。2010年全市机构改革后，市流管办并入市社工委，各区流管工作机构有所削弱，相当部分镇（街）流管机构被撤并，流管工作人员出现流失或身兼数职现象。2013年，佛山市流动人口服务管理工作领导小组办公室从市社工委改挂靠在市政府办公室，其后加挂佛山市新市民事务办公室的牌子，由市政府副秘书长兼任主任，公安局副局长兼任副主任，并设一名专职副主任，体制类型转化为政府协调型。

中山市自2004年开始，落实省委、省政府关于建立"政府领导、部门参与、保障有力、综合治理"的流动人口管理工作格局精神，不断创新机制，先后搭建了"两级政府、三级网络"的工作架构。于2005年4月挂牌成立了正处级的流动人口和出租屋专职管理机构——中山市流动人口管理办公室，挂靠市政府办公室，全市24镇区均成立流动人口办公室（大部制改革后，大部分镇区在镇区综治维稳办公室加挂流动人口办公室牌子）、流动人口和出租屋管理服务中心，在基层建立流动人口和出租屋管理服务站230多个。截至2016年底，全市专职综合协管员近2200人，专兼职协管员总人数达3900余人。其中，市流动人口管理办公室的主要职责包括：贯彻执行国家和省有关流动人口和出租屋管理的政策法规、方针政策，拟订全市流动人口和出租屋管理的政策、年度工作计划并组织实施，负责对全市各部门、各镇区流动人口和出租屋管理服务工作的监督检查和协调指导；定期收集全市流动人口和出租屋管理服务工作的情况和信息，研究、解决新问题；受理流动人口的投诉，督促有关部门、镇区及时办理，切实维护流动人口的合法权益；开发、管理"中山市流动人口和出租屋综合管理信息系统"，具体实施流动人员积分制管理工作；承担市流动人口管理领导小组日常工作；承办上级交办的其他事项。

"政府协调型"模式的主要优缺点是：与党委牵头型模式相比，统筹协调政府相关部门开展流动人口服务管理工作力度有所增强，但其属于政府办公室下属的议事协调机构，主要负责协调工作，其职能设置一般较虚，难以有效整合相关部门职能和资源推进流动人口服务管理工作。

（三）"专设机构型"

"专设机构型"即政府下设专门职能部门负责统筹组织开展流动人口服务管理工作。公安机关与此类流管部门同属政府序列内并行的职能部门，按照机构职能规定分工负责、密切配合共同开展流动人口服务管理工作，其中公安机关主要负责流动人口和出租屋治安管控、居住证证件管理等工作。目前全省属于此类型的有：2014年之后的广州市，2008—2014年的东莞市，以及2009—2013年的惠州市。

2004年4月，广州市在全国率先在市政府办公厅设立出租屋管理处，相应地在区、县级市的政府办公室设出租屋管理科（办），把出租屋管理工作归口政府办公室（后将机构划归综治办）。同时，全市各街（镇）相应成立专职出租屋管理的工作机构——出租屋管理服务中心（取代原来设立的外来人口管理中心），各街（镇）出租屋管理服务中心（以下简称"出管中心"）为事业单位，配专职事业编工作员。加上在各社区成立流动人员及出租屋管理工作服务站，建立了"三级管理、四级网络"的管理模式。在此基础上，广州市建立了专职管理员队伍。目前全市各街（镇）出管中心按180～250套出租屋配1名管理员的标准和"五个统一"（统一招聘、统一培训、统一职责、统一服装、统一持证上岗）的原则，建立起了1支有10000多名出租屋管理员的专门队伍。这支队伍专职负责出租屋租住信息采集、日常巡查，有效提升了出租屋治安管理成效。

2014年1月28日，广州市挂牌成立了广州市来穗人员服务管理局，作为市政府工作部门，正局级单位，原涉及15个部门的来穗人员服务管理工作，将由该局统一统筹协调，并建立市、区、街（镇）、村（居）四级管理机构。据悉，广州是国内最先设立流动人口服务管理专设机构的副省级省会城市。来穗人员服务管理局职能主要包括：负责统筹全市来穗人员和出租屋服务管理工作，拟定来穗人员和出租屋服务管理的政策、规定和标准，建立监督检查和考核评估机制并组织实施；协调督促有关部门做好来穗人员的服务、培训和维权工作，负责界定来穗人员享受积分入户、子女入学等优惠服务的资格，负责来穗人员在行业评优推先的组织协调工作；协助有关职能部门做好房屋租赁登记备案、出租房屋税收征管、计划生育、人员信息登记、居住证发放、出租房屋管理整治、日常巡查、社会治安综合整治等工作；受理来穗人员咨询投诉并督促相关职能部门调查处理；收集、登记统计和分析来穗人员有关信息，为市委、市政府提供有关决策依据及建议，并向有关职能部门提供相关数据信息；协调指导区、县级市来穗人员和出租屋服务管理部门工作；经市政府授权，承担相关社会管理工作。

2008年11月6日，东莞市新莞人服务管理局正式挂牌，成为国内地级市首个为外来人口而设的专职行政机构。内设办公室、出租屋业务管理科、服务协调科、宣传信息科、积分管理科五个部门，同时在各镇街设立新莞人服务管理中心。东莞市公安局相关资料显示，东莞市实行流动人口办理居住证和出租屋办理租赁证相结合的管理办法，由公安部门负责流动人口居住登记和居住证办理工作，由新莞人服务管理部门负责办理出租屋租赁登记备案证明。截至2013年11月，公安部门形成"市局、分局、派出所（警务区）、社区警务室"四级管理模式，共有专司流动人口治安管理民警800多人、治安员4800多人。各镇街设立32个新莞人服务管理中心、村（社区）设立600多个新莞人服务管理站，并按100~150户或200~300名租住人员配备1名管理员的比例，共招聘专职户管员4000多人。

然而，作为当时国内影响较大的探索改革，新莞人服务管理局在运行6年之后，最终于2014年被撤并。主要原因在于，其职能和其他部门有不少重合的地方，其当初设置的职能和权限也有逐步削弱的趋势。2014年9月，按照《关于印发东莞市人力资源局主要职责内设机构和人员编制规定的通知》要求，原东莞市新莞人服务管理局职责划入市人力资源局，东莞市人力资源局加挂东莞市新莞人服务管理局牌子，部分科室职责做了调整合并。调整之后，原人力资源局内设科室（单位）不变。原新莞人服务管理局服务协调科调整为新莞人服务管理协调科（加挂市农民工工作领导小组办公室牌子），将原人力资源局负责的农民工工作与新莞人服务管理工作整合为一个科室负责。原出租屋管理科调整为出租屋业务协调科，相关职能不变。原积分管理科整合为人才入户与积分管理科，将原来由市人力资源局负责的条件准入类人才入户工作和原新莞人服务管理局负责的积分制入户工作整合为一个科室负责。宣传信息科调整为宣传科，主要职责是负责统筹人力资源和新莞人服务管理工作的对外宣传、新闻发布等。

与东莞市类似，惠州市也经历了流动人口专设机构成立与撤销的历程。2009年8月，惠州市流动人口管理局举行成立挂牌仪式，在此基础上惠州市建立了流动人口"三级政府、四级网络"服务管理新体系，承担全市常住人口1/3数量的100万流动人口的服务管理工作。市流动人口管理局是协助市政府协调各职能部门，对外来人口进行管理而专门设立的管理机构，为市政府直属事业单位，副处级建制。主要负责拟定全市流动人口和出租屋管理政策、措施以及中长期发展规划、年度工作计划并组织实施；负责对各职能部门、各县（区）流动人口和出租屋管理服务工作的监督检查；督促、协调、指导各县（区）开展流动人口服务管理工作。此外，该局还将定期收集全市流动人口和出租屋管理服务工作的情况和信息，研究、解决新问题；受理流动人口的投诉，监督有关部门及时办理，维护流动人口的合法权益。

然而，惠州市流动人口管理局在运行过程中也发现了一些问题。为加强流动人口管理力度，整合流动人口管理资源，经2013年12月27日惠州市编委会研究，并报2014年1月14日市委常委会议研究决定，将市政府办公室管理的惠州市流动人口管理局更名为惠州市流动人口服务局，为市公安下属的公益一类事业单位，保留副处级，内设综合科、协调管理科、信息技术科3个正科级机构。至此，惠州市流动人口管理机构体制改为了"公安主导型"。

"专设机构型"模式的主要优缺点是：政府设立专门职能部门，整合、赋予其一定流动人口服务管理具体职能，在推进流动人口服务管理特别是公共服务均等化等方面作用比较明显，但需要明确并合理界定其具体职能及与其他职能部门特别是公安机关的职责分工，否则容易出现部门间扯皮推诿，甚至专设机构名存实亡的问题。

（四）"公安主导型"

"公安主导型"即在公安机关内设流管机构，承担流动人口服务管理和相关协调工作。目前，除广州、深圳、佛山、中山等4市外，全省其他地市均属于此模式。惠州、东莞市曾在市政府专设流动人口管理局、新莞人服务管理局，原属于"专设机构型"模式，但由于机构职能不清、定位不准、运作低效，没有发挥应有作用，于2014年进行了撤并。惠州市流动人口管理局更名为流动人口服务局，改为市公安局下属事业单位；东莞市新莞人服务管理局变为在市人社局下加挂牌子，机构名存实亡。因此，目前惠州、东莞市也属于"公安主导型"模式。

"公安主导型"模式的主要优缺点是：公安机关在治安防控和打击犯罪方面具有资源优势，由公安机关牵头主导流动人口服务管理工作，在流动人口治安防控与社会管理方面效果比较明显，但公安机关难以协调、指导政府其他部门，难以有效统筹推进流动人口服务管理特别是基本公共服务均等化工作，容易出现公安机关"单打独斗"现象。

第三节　广东省流动人口管理机制分析

管理机制，是指管理系统的结构及其运行机理，其本质上是管理系统的内在联系、功能及运行原理，是决定管理功效的核心问题。在不同的流动人口管理体制下，不同时期、地区，流动人口服务管理的各主体之间的相互作用会有不同的过程及方式，形成了不同的工作机制。

苏杨等学者将我国流动人口服务管理机制概括为五种："以房管人"型工作机制、多证合一型工作机制、"以证服务"型工作机制、网格化管理型工作机制和区域联动型工作机制[①]。国家人口和计划生育委员会流动人口服务管理司的报告，将我国流动人口服务管理工作机制概

---

① 苏杨，肖周燕，尹德挺. 中国流动人口管理报告[M]. 北京：企业管理出版社，2010：29-35.

括为联席会议工作机制、数字管理机制、访视排查机制、双向管理机制、多部门联动机制、目标责任机制、以房管人机制、以证服务机制、一站式服务机制、"以外管外"机制、互助互帮机制和分类管理机制等①。

从依托基础、内外合作、勤务手段等三个方面,笔者将目前国内流动人口服务管理机制概括为三大类,分别是:第一,侧重依托基础的机制,包括"以屋管人"机制、"以证管人"机制、"以业管人"机制、信息化管理机制等。第二,侧重内外合作的机制,包括联席会议工作机制、多部门联动机制、双向管理机制、"以外管外"机制、互助互帮机制等。第三,侧重勤务手段的机制,包括网格化管理机制、访视排查机制、分类管理机制、目标责任机制、一站式服务机制等。广东省流动人口管理机制与全国类似,近年来,种种探索推行"以屋管人、以证管人、以业管人"的侧重依托基础的工作机制。

一、侧重依托基础的工作机制

"以屋管人"机制是目前各地通用的工作机制,其针对对象为居住在出租屋内的流动人口,即通过管理流动人口的主要居住场所——出租屋来加强流动人口服务管理,实行"管人"与"管屋"相结合的属地化管理。按照广东省流动人口管理机关数据统计,截至2012年年底,全省63%以上的流动人口居住在出租屋,在一些城市,这一比例会达到七成以上,不难理解"以屋管人"机制在各地普遍通用的缘由。

"以证管人"机制是指以流动人口持有的各类证件作为管理依托,基于"人证合一"前提的管理方式,其针对对象为持有各类证件的流动人口。这些证件通常包括身份证、暂住证、居住证、计生证等,当前

---

① 国家人口和计划生育委员会流动人口服务管理司. 流动人口理论与政策综述报告[M]. 北京:中国人口出版社,2010.

不做特别说明情况下，该证件一般是指居住证。"以证管人"主要是指以居住登记、居住证办理、居住证一证通功能整合、增加居住证公共服务含金量等方式为特征的工作机制。按照2010年广东省流动人口居住证办证率目标，流动人口有效居住证持证率应达90%以上，否则省综治委将实现一票否决。假若实际持证率达到预期目标，则"以证管人"机制将成为管理覆盖面极广的工作机制。

"以业管人"机制是广东等地探索的全新工作机制，通过流动人口工作场所的协助配合，实现对流动人口的服务管理，其针对对象为处于就业状态的流动人口。按照广东省流动人口管理机关数据统计，截至2012年年底，全省各类单位务工的流动人口有2306万人，占全部流动人口的74.5%。这一比例超过了流动人口在出租屋的居住比例（63%），这意味着，假若政府服务管理触角可以延伸到全省各类务工单位，则"以业管人"机制的管理覆盖面将超越"以屋管人"机制。

信息化管理机制是指采用信息化手段来实现流动人口的信息管理，其针对对象为所有能够采集到信息的流动人口，这些信息包括个人自然特征信息及社会特征信息。从信息论角度而言，信息是管理的核心要素，管理就是"信息输入——信息处理——信息输出"的循环过程。其常见方式为建立统一的流动人口信息系统平台，最大程度采集基础信息，实现信息上网、数据共享、动态管理。信息化管理机制是"大数据时代"人口管理的核心机制，也是未来服务管理的主要发展方向。信息化管理机制的效果，主要取决于信息采集率的高低，同时受采集信息含金量、信息挖掘能力、信息研判水平等多个因素制约。

二、侧重内外合作的工作机制

联席会议工作机制是指与流动人口相关的各业务部门之间建立的定期的会议工作制度，是一种政府部门内部的协调工作机制，其运作方式与"委员会制"类似，由固定或轮值的成员单位负责召集和主持，研讨近期主要问题，并协调各部门之间的关系。联席会议工作机制多见于"党委牵头型"和"政府负责型"的流动人口服务管理体制中，成员主体具有平等性，针对对象为共同管辖的流动人口。

多部门联动机制是指流动人口相关部门在上级部门的领导下，相互协调与合作，发挥多方力量完成流动人口服务管理工作。多部门联动机制与联席会议工作机制类似，也是平等成员主体之间的内部合作机制，针对对象为共同管辖的流动人口，不过前者偏向于执行和务实，后者偏向于决策和务虚。

双向管理机制，又称区域联动机制，指流动人口的流出地与流入地的政府部门之间的合作机制。流动人口人户分离的性质造成流出地"知其史不知其时"、流入地"知其时不知其史"的问题，导致管理服务工作"两头不到位"，而双向管理机制有助于建立一套"知其史且知其时"的管理格局，解决流动人口人户分离带来的难题。双向管理机制针对对象为离开流出地到流入地居住工作的流动人口。广东近年来推进成立的在粤异地务工人员服务协会，即是这一工作机制思路的体现。

"以外管外"机制是指利用流动人口管理流动人口的机制，强调流动人口的自我管理，带有一定的自治意味，针对对象主要为来自同一背景的流动人口人群。一些在流动人口群体中具有较高威望、号召力、影响力的非户籍人口，认同当地政府政策，愿意参与公共服务管理组织工作，可吸收成为流动人口服务管理的全职或兼职人员。相对于本地人管理外地人的"以内管外"情况，"以外管外"方式在同民族、亲缘、地缘、业缘流动人口聚居区内，效果更为明显。

互助互帮机制旨在建立流动人口互助救济的保障帮扶机制，解决流动人口个体成员的急难问题，维持其基本生活，并实现个人发展，其针对对象主要为流动人口中的弱势群体。在流动人口社会保障体系尚未健全的情况下，互助互帮机制在一定程度、范围内有助于解决流动人口弱势群体的急难问题，是一种小范围、临时性的外部保障机制。

三、侧重勤务手段的工作机制

网格化管理机制是流动人口服务管理中的一种精细化分工和责任明确机制,一般根据流动人口服务管理工作业务量大小,将流动人口居住工作区域划分为若干个小的片区,对每个片区实行分人分片包干管理的方式。网格化管理机制是基于属地管理原则,对"以屋管人"思路的进一步细化,通过责权利属地分配来提高管理效率,其针对对象为居住在辖区各网格内的流动人口。

访视排查机制是指通过调查、走访、排查、梳理的工作方法,掌握辖区内的流动人口的基本情况、现实动态和问题取向,据此及时做出反应,是一种主动的动态调查处理工作机制。访视排查机制既是一种常规工作方法,也是特定时期、特定区域内针对流动人口的重点工作方法。

分类管理机制是流动人口服务管理的常用工作方法,针对对象为居住在辖区内的流动人口。按照流动人口的不同情况,将流动人口分为两类、三类或多类,对不同类型的流动人口由不同主体实行控制强度不同的管理手段。如广州亚运会期间对流动人口实行"一般管理""跟踪管理"和"高危人群管理"三种管理方式①。

目标责任机制是指流动人口服务管理部门签订责任书,或将责任落实到人,将任务进行分解,从而加强管理人员的主动性和责任心的机制。目标责任机制是当前政府绩效管理和考核评价的重要手段,其针对对象为流动人口服务管理部门或工作人员,而非流动人口,这是与其他工作机制的最大不同。

一站式服务机制是为解决流动人口服务管理政出多门、办事需辗转于各部门的问题而探索出的工作机制,其针对对象主要是同时具有多部

---

① 徐艳. 广州决定对流动人口分类管理 没固定工作与住址视为高危人群 [EB/OL]. 凤凰网, 2009-02-21.

门办事需求的流动人口。其常见载体为流动人口基层服务管理中心或流动人口综合业务办事大厅等窗口部门，一些地区探索的"专门机构型"服务管理体制的载体——如新莞人服务管理局，也属于这种机制类型。一站式服务机制是行政服务中心实践在流动人口领域内的体现，有助于降低流动人口办事成本，提高管理服务效率。

第四节 当前流动人口管理体制机制的适应性分析

一、当前流动人口管理体制机制的适应性标准

流动人口管理体制机制能否适应流动人口现实要求与未来发展需要，是判定该体制机制类型是否合理有效的首要标准。人口是经济和社会发展的基本要素，流动人口是推动流入地经济社会发展的重要引擎，根据有关专家测算，流动人口对广东经济增长的贡献率达到20%以上[1]。此外，流动人口管理体制机制是否有助于改善人民群众的福祉，尤其是流动人口群体本身的福利状况，也是评价其是否合理有效的重要标准。只强调流动人口的贡献而不注重流动人口的福利，采取绕开人口系统福利"抄近路"的发展方式，将会出现缪尔达尔循环累计理论视野下的社会融合之"过程断裂"，无法实现可持续发展[2]。

因此，是否适应经济社会发展的现实和未来需要，是否有利于提高包括流动人口在内的全体人群的福利水平，是判定流动人口管理体制机制是否有效的根本标准。在此原则下，在对苏杨等学者提出的标准进行

---

[1] 中国网. 广东流动人口对经济增长贡献率达20%以上 [EB/OL]. 中国网，2011-08-03.

[2] 苏杨，肖周燕，尹德挺. 中国流动人口管理报告 [M]. 北京：企业管理出版社，2010：148-150.

适度修正的基础上①，笔者提出评价流动人口管理体制机制的具体标准：是否有利于与主体功能区相衔接，是否有利于基本公共服务均等化，是否有利于行政管理体制改革，是否有利于治安防控与社会管理。

二、当前流动人口管理体制的适应性评价

介于"公安主导型"和"多头管理型"两种早期体制形式已经基本退出历史舞台，此处主要对"党委牵头型""政府负责型""专设机构型"和"大人口机构统筹型"四种体制，依照前述根本标准及具体指标，从"不利、比较不利、中性、比较有利、有利"五个维度进行适应性评价。评价结果如表6-2所示。

表6-2 当前流动人口管理主流体制适应性评价

标准类型	衡量指标	体制类型			
		党委牵头型	政府负责型	专设机构型	大人口机构统筹型
根本标准	是否有利于经济社会发展	中性	比较有利	有利	比较有利
	是否有利于提高人口福利	中性	比较有利	有利	比较有利
具体标准	是否有利于与主体功能区相衔接	中性	比较有利	有利	有利
	是否有利于基本公共服务均等化	中性	比较有利	有利	有利

---

① 苏杨，肖周燕，尹德挺．中国流动人口管理报告［M］．北京：企业管理出版社，2010：72-81．

续表

标准类型	衡量指标	体制类型			
		党委牵头型	政府负责型	专设机构型	大人口机构统筹型
具体标准	是否有利于行政管理体制改革	中性	比较有利	有利	有利
	是否有利于治安防控与社会管理	有利	有利	有利	中性

从上表比较结果来看,"党委牵头型"体制在流动人口治安防控与社会管理方面作用显著,而在其他方面作用不太明显。"政府负责型"体制在保留"党委牵头型"体制优势的前提下,在其他方面效果均有所改进。而"专设机构型"体制在适应性评价的各个方面均具有明显优势。"大人口机构统筹型"在服务与权益保障方面效果显著,但在治安防控与社会管理方面优势不足。

三、当前流动人口管理机制的适应性评价

依照前述适应性标准,对当前三大类十四种流动人口管理机制的适应性进行分析,结果如表6-3所示。

表6-3 当前流动人口管理机制适应性评价

类型	机制	根本标准		具体标准			
		是否有利于经济社会发展	是否有利于提高人口福利	是否有利于与主体功能区相衔接	是否有利于基本公共服务均等化	是否有利于行政管理体制改革	是否有利于治安防控与社会管理
依托基础	以屋管人	中性	中性	中性	中性	中性	有利
	以证管人	有利	有利	有利	有利	有利	有利
	以业管人	中性	中性	中性	中性	中性	有利
	信息化管理	比较有利	中性	比较有利	中性	有利	有利

续表

类型	机制	根本标准		具体标准			
		是否有利于经济社会发展	是否有利于提高人口福利	是否有利于与主体功能区相衔接	是否有利于基本公共服务均等化	是否有利于行政管理体制改革	是否有利于治安防控与社会管理
内外合作	联席会议工作	比较有利	中性	比较有利	比较有利	有利	有利
	多部门联动	比较有利	中性	比较有利	比较有利	有利	有利
	双向管理	比较有利	中性	有利	有利	比较有利	有利
	以外管外	中性	中性	中性	中性	中性	有利
	互助互帮	比较有利	有利	中性	有利	中性	中性
勤务手段	网格化管理	中性	中性	中性	中性	比较有利	有利
	访视排查	中性	中性	中性	中性	中性	有利
	分类管理	中性	中性	中性	中性	比较有利	有利
	目标责任	中性	中性	中性	中性	有利	有利
	一站式服务	比较有利	有利	中性	有利	有利	中性

由上表可见，除互助互帮、一站式服务等少数工作机制外，绝大多数工作机制的目的旨在增进治安防控与社会管理效果，且均有助于实现目标。其中，"以屋管人""以业管人""以外管外"、访视排查等工作机制更倾向于为纯粹的管理工具，除有助于实现管理效果外，对各方面的影响均较为中性。网格化管理、分类管理、目标责任等工作机制，在具备纯粹工具性质的同时，还在行政管理体制改革方面具有一定的创新价值。信息化管理、联席会议工作、多部门联动、双向管理等工作机制，有助于流动人口信息系统的共建共享，有利于流出地与流入地之间的紧密合作以及流入地各职能部门的沟通协作，对加强流动人口服务管理体制改革、促进主体功能区相衔接、提升公共服务均等化水平从而促

进经济社会发展均有积极作用。

作为比较典型的例外，互助互帮与一站式服务工作机制是少数无法直接增进治安防控与社会管理效果的工作机制，其作用在于改善流动人口服务与权益保障，提升流动人口福利和公共服务均等化水平，有利于经济和社会长远可持续发展。一站式服务还是流动人口行政管理改革的发展方向之一。

"以证管人"（蕴含"以证服务"内涵）工作机制是唯一一个符合各项标准要求的工作机制。这表明，以居住证为代表的流动人口证件，不仅能有效履行其管理手段职能，随着"居住证一证通"工作成效的日益显著，其在服务、权益保障、公共服务均等化等方面的载体职能也备受认可。以证管人是一种同时满足服务与管理目标要求、符合主体功能区规划需要、具有行政管理体制改革创新性、有利于提高流动人口福利、最终有利于经济和社会长远可持续发展的工作机制。今后宜继续坚定不移地推进居住证服务管理改革深化工作，不断提高居住证的含金量与覆盖面，将居住证建设为流动人口服务管理的关键载体、流动人口城市融入过程中公共服务均等化的享有凭证，逐步缩减流动人口与户籍人口之间的身份差别，构建不分城乡差别、户籍差别的一体化社会形态。

第五节 创新流动人口管理体制机制的对策建议

一、创新流动人口管理体制的对策建议

第一，完善宪法赋权和专门法立法。

从20世纪80年代末至今，我国流动人口服务管理体制经历多重变革后，形成了目前局面：中央实行"党委牵头型"体制，省级层面"党委牵头型"和"政府负责型"两种体制各有市场；一些地市探索实行"专设机构型"和"大人口机构统筹型"体制。（均是在"政府负责型"体制基础上进行的深化改革）。目前四种主流体制的共同问题在于，国家层面上位法的法律依据不足，无法可依或法律权威性不足，对流动人口问题缺乏专门法律规定。

我国1954年宪法曾确立过的中国公民具有"居住和迁徙自由"的权利，自1975年宪法取消相关条款后，至今未能明确恢复。同时，我国缺乏一部类似于国内移民法的基本法律，对处于流动状态中的公民的权利义务缺乏专门规定，也没有对流动人口服务管理的体制、机制、机构设置、职能划分、执法权力、协作关系等问题做出明确规定。据基层流动人口服务管理部门负责人反映，现行政策规章多是地方性法规或政府规章，部分政策法规或过于笼统，缺乏操作细则，或覆盖面不够造成一些工作难以开展。目前仍没有全国统一的流动人口管理法律，造成全国统一的流动人员社会保险跨地区转移、教育资源根据实有人口需求配置等政策难以出台，无法根本解决流动人口的后顾之忧。

因此，流动人口体制问题的根本解决，有赖于国家层面上位法缺失问题的解决，"宪法赋权"和"专门法立法"是解决流动人口法律空白问题的有效途径。国家应在宪法中恢复中国公民具有居住和迁徙自由权利的规定，以适应1/6数量的中国公民处于流动状态的社会现实，从宪法层面为破除二元结构社会体系奠定基础。同时，我国还应参照部分国家关于国内移民法的规定，尽快开展流动人口基本法律立法，通过"流动人口权利法案"的形式对处于流动状态的中国公民的权利义务进行专门规定，明确权利保障条款和基本公共服务享有水平，确保公民基本权利和权益不因人、因时、因地而改变，建立"公共支出随人走"的全国统筹财政支出格局。在流动人口体制和机制方面，基本法律应确立以服务、权益保障和公共服务均等化为导向的流动人口服务管理原则，明确流动人口服务管理体制和机制形式，建立流动人口服务管理的专门负责机构，厘清其职能范围、法律职责及权力边界，理清专门负责机构与现有相关机构的职能交接与业务协作关系，赋予专门负责机构明确的法律身份与专门的执法权限，解决当前流动人口服务管理主体"主体不清、效率不高、信息不明、队伍不足"的问题。

第二，实现管理主体机构"去虚就实"。

目前我国流动人口服务管理体制，中央层面为"党委牵头型"体制，而在地方，"党委牵头型"和"政府负责型"体制各有市场。从广东省来看，1999—2012年期间的体制类型以"政府负责型"为主，2013年5月转变为"党委牵头型"，重新向中央层面体制形式靠拢。

从前述流动人口服务管理体制的适应性分析可以看出，除在"治安防控与社会管理"方面两种体制均表现良好之外，在"经济社会发展、提高人口福利、与主体功能区相衔接、基本公共服务均等化、行政管理体制改革"等多个评价标准方面，"政府负责型"体制都较"党委牵头型"体制更有优势。因此，从宏观角度而言，2013年广东省流动人口服务管理体制的转型效果，尚待观察。

然而，不论是"政府负责型"还是"党委牵头型"体制，与"专设机构型"及"大人口机构统筹型"等地市层面创新探索的体制相比，在多方面表现出相当劣势。尤其是"专设机构型"机制，在前述每一项评价标准方面都表现优异，是目前最为先进的体制形式。这种体制形式与"政府负责型"体制本质相通，但将后者较为模糊的"流动人口服务管理协调机构"主体做了明确化和专门化界定，表现出强烈的从"协调机构"转化为"职能机构"的意向，这就为解决协调机构的种种根源性缺陷指明了方向。尽管从现实运行情况来看，由于上位法缺失等原因，这种"专设机构"貌似为职能机构，但本质上依然属于协调机构。但一旦上位法问题得到解决，这种"专设机构"能即时顺利变身为职能机构，成为类似"国内移民局"等全国性的实体职能机构，总揽流动人口服务管理的主要工作。

由于"专设机构型"体制属于"政府负责型"体制的具体化形式，

本质没有差异，因此从"政府负责型"体制向"专设机构型"体制转化不存在明显障碍，在这方面，广东1999—2012年期间实行的"政府负责型"体制较中央、其他省市以及广东2013年之后实行的"党委牵头型"体制而言，已经占据先机。未来，广东省级流动人口服务管理领导机关应以"专设机构型"体制为导向，实现治理体制的进一步优化，力争实现流动人口服务管理机构从"协调机构"向"职能机构"的转化，从省级层面进行体制改革探索，为全国下一步改革创造先行先试经验。

第三，关注"去警化"趋势改革方向。

从前述六种流动人口服务管理体制的演变进程来看，"去警化"趋势或是未来发展方向之一。在"公安主导型"和"多头管理型"体制下，公安机关具有流动人口管理的绝对主导或独立主导地位，在之后的"党委牵头型"和"政府负责型"体制下，公安机关虽丧失主导或独立地位，但仍属于党委、政府领导下的首要职能部门。然而在"专设机构型"和"大人口机构统筹型"体制下，由于流动人口服务管理专设机构的出现，公安机关的地位优势更加缩减，成为与其他职能部门同等地位的成员单位。在更加强调服务、权益保障和公共服务均等化导向的改革原则下，政法公安机关失去了治安防范与社会管理导向时代的主导地位，这或许预示着流动人口服务管理主体"去警化"趋势不可逆转。

与之相呼应的是，户籍人口服务管理也存在类似趋势，在未来，当前"户警合一"体制变为"户警分离"体制的可能性不断增加。"户警合一"体制已经完成了其在计划经济和城乡二元结构壁垒时代的社会控制使命，在人口自由流动和迁徙不可逆转的城市化背景下，更加适应时代的"户警分离"体制或将登上历史舞台。在当今世界存在户籍制度的国家和地区中，户政机关和警察机关相分离的"户警分离"体制占据绝对主流，中国台湾也于2004年修正的"户籍法"中正式放弃1968年开始采用的"户警合一"体制，实行户警分离。

由此可见，不论是户籍人口还是流动人口管理，当社会控制不再是人口管理的首要任务时，在更加强调服务、权益保障和公共服务均等化导向的背景下，由警察机关来履行服务管理职能，既无法有效履行职责，又是对有限警力资源的浪费。在这种情况下，由非武装型的行政机关来履行相关职责，或更符合历史和现实发展趋势要求。

第四，探索多元协同管理体制，实现共建共治共享格局。

当前我国流动人口服务管理主流体制中，流动人口服务管理职能主要由官方或半官方主体来履行。在党委政府的领导下，包括相关职能部门、基层政府等官方主体，基层村居流动人口服务管理站及其协管员等半官方主体，以及如《广东省流动人口服务管理条例》（2010）所确定的其他半官方主体（第六条规定，"工会、共青团、妇联等人民团体和居民委员会、村民委员会等群众性自治组织应当协助开展流动人口服务管理工作"），共同开展流动人口服务管理工作。上述多主体管理模式及在此基础上形成的内外合作工作机制，对于提升流动人口服务管理效果具有重要作用。

然而，上述多主体管理模式的不足在于，并未将非官方的社会力量纳入流动人口服务管理主体范围。如《广东省流动人口服务管理条例》（2010）仅在权益保障和公共服务方面要求相关社会组织提供便利（第二十四条第二款规定，"有关公共服务机构和商业服务组织应当为居住证的使用提供便利"），并未将这些社会组织作为服务管理主体之一予以考虑。中央政府关于本届政府届内财政供养人员只减不增的承诺堵塞了公务员编制增加的可能，而大量聘用流动人口协管员的做法又受地方财政水平硬性约束，在可预见的未来，全省流动人口数量将在3600万以上持续高位徘徊或有继续增加趋势，而管理主体及其工作人员数量却无法持续增加，管理主体和管理对象数量比例会更加紧张，流动人口社会管理或有再次失控的风险。

因此，改变官方或半官方机构一家独揽的局面，引入第三部门社会组织参与，探索多元主体协同管理服务模式，不仅符合西方新公共管理改革"多元善治"理念思潮，而且具有现实必要性和紧迫性。政府应在目前"以外管外""互助互帮"等符合多元协同管理要求的工作机制基础上，取消社会主体进入流动人口服务管理领域的门槛限制，培育专业化、社会化的政府职能转移承接主体，允许流动人口实行自治管理与服务，拓宽解决流动人口问题的主体渠道。在这方面，广东省目前推进的在粤异地务工人员服务协会建设、流动人员管理与党组织建设等工作探索，均符合多元协同管理思路方向。

第五，高度重视新生代农民工社会稳定风险。

当前广东流动人口主体发生了根本性变化，主要体现在两个方面：流动人口占比（流动人口占实有人口数量比例）超1/3，是全国平均水平的1倍，局部地区出现非户籍人口与户籍人口持平或倒挂的现象；新生代农民工成为全省农民工主体，比例达75%，高于全国平均水平（2009年全国为略低于50%的比例）。

新生代农民工占据流动人口的主体地位，在为促进广东经济社会发展提供了良好机遇的同时，也隐含着较大的社会稳定风险。从美国独立革命事件到近年来在广东持续发生的"土客纷争"群体性事件，无不蕴含着相通的道理，移民的代际转换若遭遇体制融入障碍，将导致激烈的暴力抗争，不能本地化、自治化，就会暴力化、分离化。相对于第一代移民而言，第二代、第三代移民的流出地意识逐步消失，本土意识更强，无法接受不能顺利融入本地和自治管理的现实。当主流体制排斥的新生代移民数量不断增加时，就会形成排他性的族群意识，对现有主流体制以及"非我族类"的本地人政府和当地居民产生排斥、仇恨、报复心理，在特定诱因下可能爆发成为反体制、反政府、反本地居民的暴力行动。

潮安古巷事件、增城新塘镇大敦村事件接连发生后，相关部门在总结教训时也注意到了这一点，"80后"新生代外来工已经成为广东省的用工主体，这个群体就业稳定性差、自我意识强、诉求多样，在社会建设某些领域不到位的情况下，容易放大对社会的不满情绪①。为消除上述风险，从体制机制角度而言，必须尽快消除排斥流动人口本地融入的根源，重视流动人口自治管理要求，提升新生代农民工群体社会稳定风险预警意识，使新生代农民工群体的社会稳定风险能够通过有序、合理的方式进行释放。增城事件后，广州市出台了一系列举措，如外来工可报考当地公务员、在流动人口聚居区探索社区自治、推广"以外管外"工作机制、夯实流动党员基层建设等，均在于消除导致新生代农民工暴力化、分离化的体制机制根源，防止新生代农民工社会稳定风险的集中释放。

二、创新流动人口服务管理的对策建议

相对于流动人口服务管理体制创新的复杂程度，流动人口服务管理机制创新不涉及"破"与"立"的重大难题，而主要表现为如何全面应用、继续创新和长效固化的问题。就当前四种主流体制来看，前述三大类十四种体制均可应用于每一种体制，不存在本质上的兼容问题。当前流动人口服务管理机制创新，可以围绕下述思路进行。

第一，强化以服务为导向的工作机制的探索力度。

在前述十四种工作机制中，除服务与管理并重的"以证管人"机制外，绝大多数工作机制（共十一种）以管理为导向，它们或是纯粹的管理工具，或是具有创新附加值的管理工具，或是以管理为首要导向的工具，仅互助互帮、一站式服务机制属于以服务为导向的工作机制，占比仅15%左右。由此可见，尽管近年来我国不断淡化流动人口服务管理体制机制的治安防范和社会管理导向，努力强化服务、权益保障和

---

① 金洋网. 广东抗议事件频发 流动人口管理三大疑问待解 [EB/OL]. 凤凰网，2011-08-02.

公共服务均等化导向，但仍然未能改变以往的"重管理、轻服务"的结构格局，根本性转变任重道远。因此，省级流动人口服务管理领导机关应研究制定强化服务机制的工作规划和激励考评措施，在未来数年内将以服务为导向的工作机制所占比重提高至50%，初步实现"管理与服务并重"，为未来真正实现"服务为主、管理为辅"的长远目标奠定基础。

第二，确立"以证管人"机制的核心地位，坚定不移地推进"居住证一证通"服务管理改革创新。

在前述十四种工作机制中，"以证管人"（蕴含"以证服务"内涵）是唯一一个能体现管理与服务并重、寓管理于服务的工作机制。而且，相对于其他同类机制的覆盖面（参见前文，2012年"以屋管人""以业管人"的流动人口覆盖率分别为63%、74.5%），"以证管人"高达90%的一票否决下限，是覆盖率最高的工作机制，也是信息化管理机制的最佳搭配。近年来居住证制度在全国的快速普及也表明这一机制正得到各地普遍认可，只要能真正用好居住证这一载体工具，将居住证变为真正受非户籍人口认可的身份证明、福利资格证明、信用证明、户籍融入证明，最大程度发挥这一工作机制的服务管理"抓手"作用，就一定能获得事半功倍的流动人口服务管理效果。在这方面，作为目前国内最先进的居住证制度设计，广州南沙新区"特殊居住证"政策创新具有重要的探索价值。

第三，进一步优化"以屋管人"机制。

出租屋管理是流动人口服务管理的重要抓手，"以屋管人"是流动人口服务管理最为常见、也最为有效的工作机制之一。近年来，伴随着《商品房屋租赁管理办法》（2011年2月1日起施行）和《广东省租赁房屋治安管理规定》（2012年10月1日起施行）等法规规章的陆续施行，广东省出租屋管理法律体系建设不断完善，管理手段不断创新，管理绩效不断提升，形成了许多"以屋管人"的典型经验，如：建立便利的信息自主申报系统；建立统一的数据库，实现信息共享；拓宽采集报送途径，丰富采集报送手段；明确社会组织和个人的报送义务，充分发挥社会力量的积极作用；推广技术应用，实施"门禁应用+视频监控"管理，探索将电子警务地图用于出租屋服务管理等。

在前述经验的基础上，为进一步优化"以屋管人"机制，课题组建议：第一，构建多元共建、共享的租赁房屋信息"大数据平台"及公开网站；第二，推广以时租房、短租房为代表的旅馆业信息报送模式；第三，鼓励基层受理部门实行弹性工作与区域联勤制；第四，强化"一证登记"和"两次办结"制度；第五，创新租赁房屋信息报送形式与服务机制；第六，加大对网上租赁信息的采集报送监管；第七，建立租赁信息主动公开披露的长效激励机制。

第四，大力推进"以业管人"机制建设。

"以业管人"是近年来广东省流动人口服务管理部门大力推行的一种有效工作机制。截至2012年底，在广东省各类企业单位务工的流动人口共有2306万人，占全部流动人口的74.5%，这一比例超过了同年"以屋管人"的对应比例（63%），可见流动人口与从业单位之间的密切关系。公安机关应以服务企业增强吸引力为前提，深入推广"流动人口自助申报系统""特种行业从业人员申报系统"并在重点要害单位安装应用移动采集终端，将流动人口基础信息采集触角延伸到各类企业单位，实现外网采集、内网享用，社会采集、公安享用，进一步加强流动人口就业轨迹动态管理。

第五，深化精细化治理机制建设。

当前流动人口群体内部分化加剧，呈现出明显的复杂性、多样性，主要表现在：老一代农民工与新生代农民工相互混杂；新生代农民工内部出现多元分化，学历、收入、来源差距加大，来源于其他城镇地区的流动人口比例提升，"城二代"与"农二代"混杂；新生代农民工诉求水平整体提升，诉求目标多元化；流动人口与流出地的紧密联系逐步消失,返乡难度大,"北漂""蚁族"等在城镇地区长期居留但难以融入的人群数量越来越多等。

因此,传统"一刀切"的治理机制无法适应复杂、多样的治理对象现实,现实对政府治理能力提出了更高的要求,要求政府实行更有针对性的精细化管理措施。现代管理学认为,科学化管理有三个层次,分别是规范化、精细化和个性化,逐级深入。对群体的管理较难做到个性化,但应在规范化的基础上,努力做到精细化。对流动人口治理实行精细化管理,应在把握流动人口群体整体特征的基础上,通过深入调查研究实现对流动人口的科学分级分类,准确把握每一类别流动人口的基本情况、诉求意愿、阶层地位、问题困难、发展趋势,实施对症下药的治理方式。分级分类管理和积分制管理,是近年来国内流动人口精细化管理的主要举措,其中积分制管理更加贴近精细化管理的本质与要求,且有利于实现个性化管理,应广泛应用于流动人口服务管理的各个方面,建立以积分制为基础的大众社会信用评价系统,以科学的积分体系评判流动人口个体,根据积分情况确定不同的管理方式、服务范围及权益水平,逐步实现对流动人口个体的个性化管理目标。

第六,增强现行治理机制的主动性。

流动人口治理机制滞后于现实变化,是我国流动人口服务管理中的普遍问题。在流动人口现实已经迈入新形势的背景下,我国当前国家层面的流动人口法规政策依然沿用老一代农民工时代的规定,而各省市流动人口治理机制的创新步伐也存在较大差别。流动人口法规政策、治理模式的转型相对滞后,这是造成当下流动人口服务管理种种问题的根本原因之一。

从行为特征角度而言,当前政府对流动人口问题的治理机制倾向于被动反应式,强调对现实问题的发现、研究和应对,实现治理目的的现实手段依然以人海战术、高强度劳动方式为主,被动应付、疲于奔命的特征明显,效果不佳。要转变这种被动局面,需要引入主动先发战略,在强调对现实问题发现、研究和应对的基础上，更要注重对流动人口整体环境的研判、预测与前瞻，将工作重点从体力劳动逐步转变至脑力劳动上来，提高治理工作的信息化、智能化和科技化水平。应以情报信息为先导，更加强调数据采集、研判、挖掘与研究，构建基于大数据和云计算的流动人口服务管理综合信息系统，实现治理手段的与时俱进。同时，应加快流动人口服务管理法规政策更新，建立适应新时代需求的流动人口法规政策体系，从法规政策、手段方法两个层面解决治理机制滞后于现实的突出问题，变被动反应为主动先发，才能抢占流动人口服务管理的战略高点，主导流动人口服务管理工作的发展进程。

第七，增强现行治理机制的长效性。

现有工作机制是全国各地相关部门多年经验的总结，具有普遍适用性，这些机制的全面应用有助于提升流动人口服务管理水平。目前全省各地对这些机制的应用程度存在差别，不少地区亟待加强。省级流动人口服务管理领导机关应研究制定推广应用这些机制的工作指引，对每种机制的适用条件、预期效果、问题指向、目标人群、优势不足等内容做出明确说明指导，建立目标责任、激励监督和考核评价方案，推动现有机制在全省各地的全面应用，继而推进相关工作机制的长效固化。

第七章

新时代南粤流动人口安全管理探索
——户籍迁移管理

户籍迁入是流动人口融入居住地的高级阶段。由于户籍迁移制度等客观因素的限制,大量流动人口无法入户居住地,人户分离现象对流动人口权益造成了影响,也不利于我国城镇化水平的提升。

为改变现状,加快推动农业转移人口的市民化,2014年3月,中共中央、国务院印发了《国家新型城镇化规划(2014—2020年)》,提出了积极稳妥扎实有序推进城镇化的要求和目标,到2020年,常住人口城镇化率达到60%左右,户籍人口城镇化率达到45%左右,户籍人口城镇化率与常住人口城镇化率差距缩小2个百分点左右,努力实现1亿左右农业转移人口和其他常住人口在城镇落户。之后,国务院又先后发布《国务院关于进一步推进户籍制度改革的意见》(国发〔2014〕25号)和《国务院关于深入推进新型城镇化建设的若干意见》(国发〔2016〕8号)等相关规定。2016年9月,国务院办公厅印发《推动1亿非户籍人口在城市落户方案》(国办发〔2016〕72号),对非户籍人口在城市落户的工作进行部署。

作为全国流动人口第一大省,广东省流动人口数量超过3000万,占全省总人口数量约1/3。如何制定科学的人口迁移准入办法,推动流动人口融入城镇,成为广东省流动人口安全管理的重大现实问题。

第一节 广东省人口迁移状况的历史与现实

一、1990—2012年广东省总体人口迁移情况分析

根据广东省户籍人口管理机关的数据统计，从1990年至2012年，广东省年末总人口数量持续增长，由1990年的6246万增加至2012年的8635万。年末总人口数量的增长曲线接近线性形态，年平均增长率为1.48%（见图7-1）。

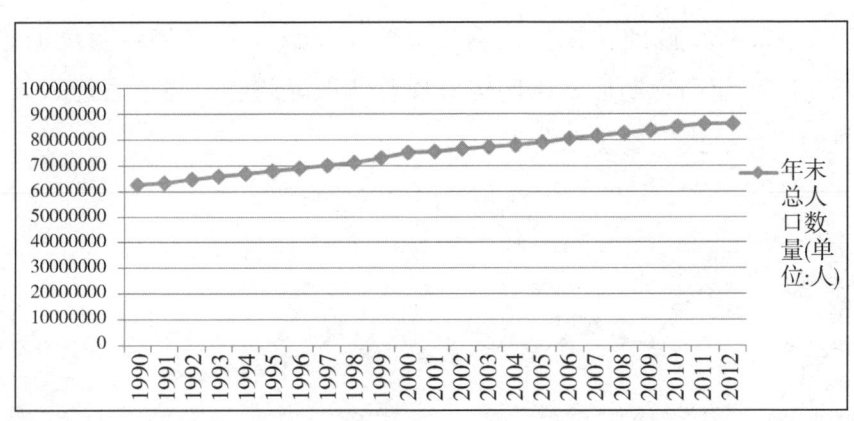

图7-1　1990—2012年广东省年末总人口数量

在年末总人口数量持续增长的同时，迁入人口（包含省内迁入人口与省外迁入人口）数量却未同比例增长，且呈总体减少趋势。近20多年来，全省迁入人口数量的高峰期定格于1992—1994年，之后除1997、2004、2006三年接近高峰期数据外，其余年份全省迁入人口数量均处于100万/年的水准。从趋势线角度来看，全省迁入人口数量自1994年后总体处于下降通道，且在近几年来（2009—2012年）降到二十多年来的最低水平（见图7-2）。

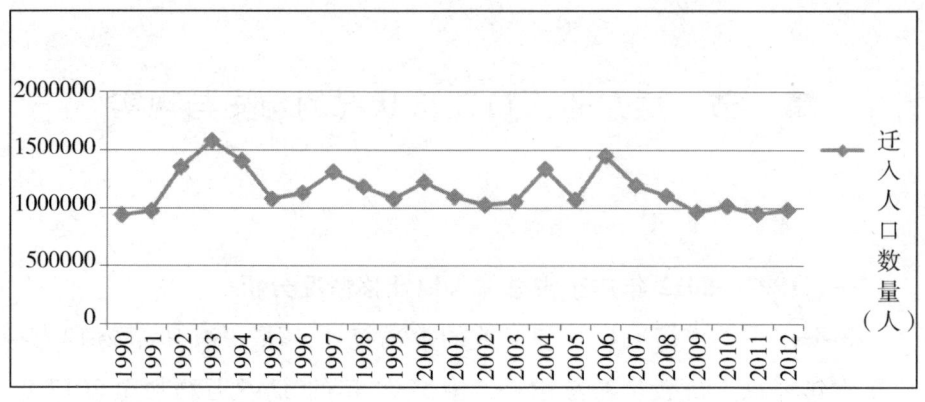

图 7-2　1990—2012 年广东省迁入人口数量

1990 年至 2012 年，全省迁入人口数量占年末总人口数量比例处于 1.09%~2.40% 区间范围，比例均值为 1.56%。从趋势线角度而言，1992—1994 年高峰期后，该比例呈现总体下降趋势，与全省迁入人口数量的变化趋势一致（见图 7-3）。

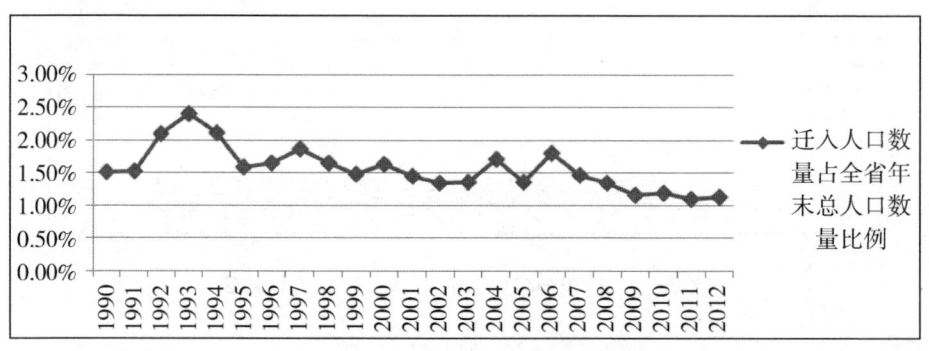

图 7-3　迁入人口数量占全省年末总人口数量比例（1990—2012）

从迁入人口数量结构来看，省内迁入人口数量一直占据全省迁入人口数量多数，1990—2012 年期间，省内迁入人口数量占全省迁入人口数量的比例位于 58.97%~86.06% 区间范围，与之相对应的是，省外迁入人口数量占全省迁入人口数量的比例位于 13.94%~41.03% 区间范围。其中,省内迁入人口数量的变化趋势,与全省迁入人口数量的变化趋势高度契合(见图7-4)。

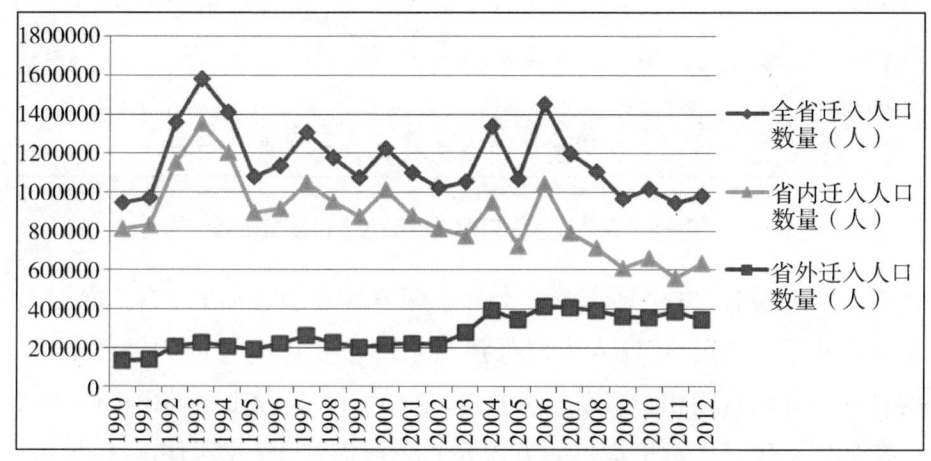

图7-4 1990—2012年广东省迁入人口数量

令人惊奇的是,1990—2012年期间,省外迁入人口数量的变化趋势却与全省迁入人口数量的变化趋势毫无相似之处。尽管在数量和比例上处于相对少数地位,然而,20余年来,省外迁入人口数量却实现了总体增长。1992—2002年间省外迁入人口数量保持在20万/年水平,2004—2012年一跃增加至40万/年水平(见图7-4)。

从省外迁入人口数量占全省迁入人口数量的比例来看,20余年来呈现总体增长态势,其变化趋势与省外迁入人口数量变化趋势相若。尤其是2004年以来,该比例稳步走高,2011年达到最高,为41.03%,说明近年来广东省迁入人口的来源结构发生较大变化(见图7-5)。

二、1990—2012年广东省各地市人口迁移情况分析

选择2012年作为横断面,对广东全省及21个地市的人口迁移情况做一分析后发现,从各地市迁入人口数量角度而言,2012年广东省11个地市年迁入人口总量在2万人左右,5个地市在4万人左右,2个地

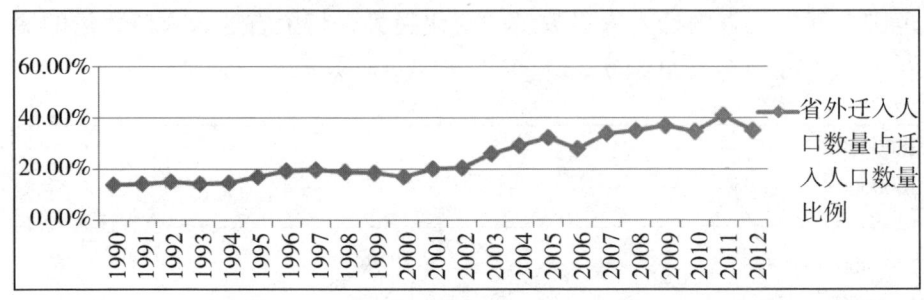

图7-5 省外迁入人口数量占迁入人口数量比例

市在6万人左右，2个地市（广州市、湛江市）在14万左右，深圳市最多，将近18万。年迁入人口数量与该地市在广东省内的经济地位、地理区位并无直接相关关系。珠海市、中山市、东莞市、佛山市四个珠三角地区，年迁入总量均仅2万人左右。而湛江市、揭阳市、梅州市、茂名市等非珠三角地区的年迁入人口总量，则遥遥领先于前述珠三角地市（见图7-6）。

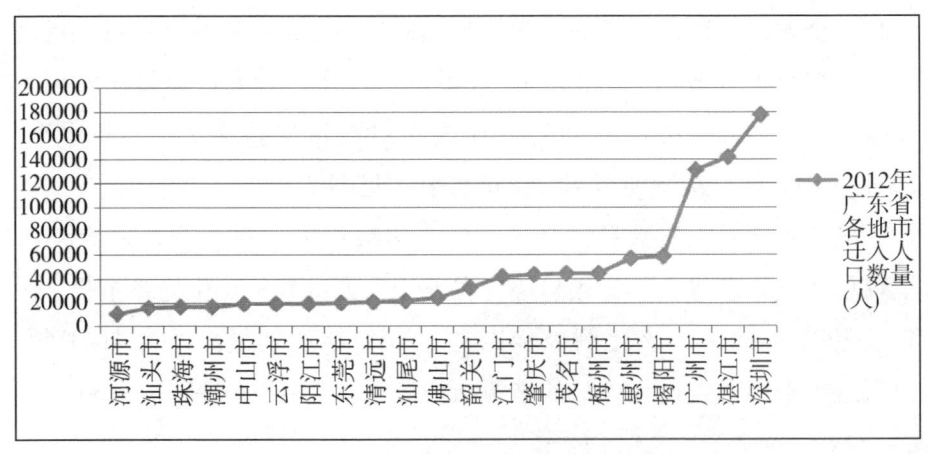

图7-6 2012年广东省各地市迁入人口数量

从各地市迁入人口占年末总人口数量比例来看，2012年广东省15个地市的比例低于全省1.13%的水平。仅中山市、珠海市、广州市、惠州市、湛江市、深圳市的比例高于全省平均水平，且依次升高，深圳市最高，达5.95%。除佛山市外，珠三角地区其余8市的比例较高，而非珠三角地区中，湛江市较为例外，所占比例仅次于深圳，居于第二位（见图7-7）。从迁入人口占年末总人口数量比例来看，经济发展水平、地理区位是重要影响因素。

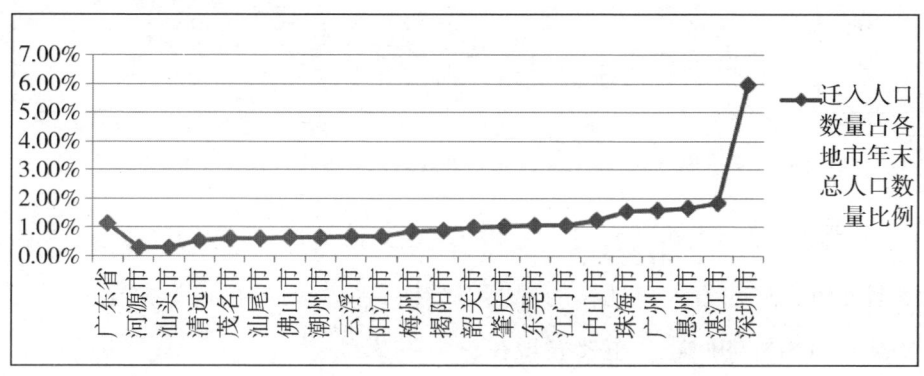

图7-7 2012年广东省各地市迁入人口占年末总人口数量比例

从各地市迁入人口的省内外来源来看，珠海市、深圳市、东莞市三个地市的迁入人口以省外人口为主，其余18个地市的迁入人口依旧以省内人口为主。尤其是2012年迁入人口总量排名全省第二的湛江市，93.73%的迁入人口来自省内。全省有8个地市省外迁入人口所占比例超过全省35.38%的平均水平，珠海市比例最高，达到69.01%。在前述超过全省平均水平的8个地市中，7个位于珠三角地区，仅河源市不属于珠三角地区（见图7-8）。由此可见，从吸引和容纳省外人口迁入比例角度来看，经济发展水平、地理区位是重要影响因素。

三、广东省人口迁移状况存在的问题

从推拉理论等人口迁移理论分析，广东作为全国经济发展水平最高的省份之一，其人口吸附能力应该与经济发展水平相称。然而，从前述

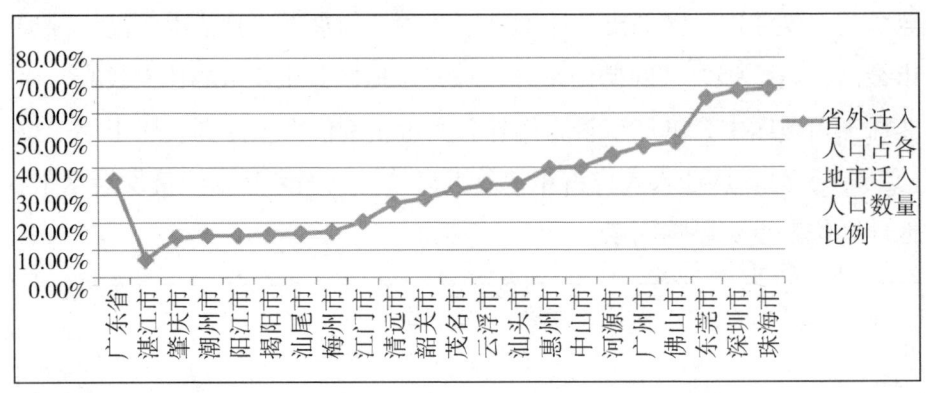

图7-8 2012年广东省各地市省外迁入人口占迁入人口数量比例

1990—2012年广东省人口迁移情况及2012年全省各地市人口迁移情况数据分析，广东省人口迁移的规模与结构有待完善，存在不少与经济社会发展不相称的问题。主要表现在：

第一，迁入人口数量未增反减。从1990—2012年，广东省年末总人口数量持续增长，实现与经济发展水平同步增长，然而，迁入人口数量变化却未呈现相同趋势，不符合常规理论。23年间，1992—1994年期间是迁入人口数量的最高峰，之后除1997、2004、2006等个别年份外，总体趋势逐步走低，近年来更接近或达到历史最低点，仅为100万人/年。

第二，迁入人口比例未升反降。与迁入人口数量变化趋势类似，从1990—2012年，全省迁入人口数量占年末总人口数量比例自1992—1994年期间达到历史高点外，之后除1997、2004、2006等个别年份外，总体趋势逐步走低，近年来更接近或达到历史最低点，仅为1%。

第三，省外人口迁入数量及比例偏低，显示出对全国人力资源的利用程度不高，全省人口资源总量提升效果不明显。1992—2002年间省外迁入人口数量保持在20万/年水平，2004—2012年一跃增加至40万/年水平。1990—2012年期间，省外迁入人口数量占全省迁入人口数量的比例位于13.94%~41.03%之间，尽管持续提升，但尚未接近或超过50%。

第四，多数地市迁入人口占年末总人口数量比例低于全省平均水平，对迁入人口蕴含的人力资源价值重视不足。2012年全省统计数据显示，从各地市迁入人口占年末总人口数量比例来看，21个地市中有15个地市的比例低于全省1.13%的水平。

第五，相比省内发达地区而言，省内欠发达地区迁入人口占年末总人口数量比例普遍偏低，更加缺乏对迁入人口蕴含的人力资源价值的重视。2012年全省统计数据显示，从各地市迁入人口占年末总人口数量比例来看，除佛山市外，珠三角地区其余8市的比例均较高，而非珠三角地区中，除湛江市比例较高外，其余地市比例均较低。

第六，省内发达地区省外人口迁入比例较高，对省外迁入人口的吸附能力更强，欠发达地区则普遍较弱。2012年全省统计数据显示，从各地市迁入人口的省内外来源来看，珠海市、深圳市、东莞市三个地市的迁入人口以省外人口为主，其余18个地市的迁入人口依旧以省内人口为主。尤其是2012年迁入人口总量排名全省第二的湛江市，93.73%的迁入人口来自省内。全省有8个地市省外迁入人口所占比例超过全省35.38%的平均水平，7个位于珠三角地区，仅河源市例外。

第二节 当前广东省人口迁移的规划与要点

一、当前广东省人口迁移的规划

近年来，为服从服务于广东经济社会发展，在贯彻国务院有关文件精神的基础上，省委省政府及人口迁移管理部门出台了若干政策及规划，为下一阶段广东省人口迁移工作的开展确立了目标及任务。

《珠江三角洲地区改革发展规划纲要（2008—2020年）》（2008）提出，到2012年，珠三角地区城镇化水平达到80%以上。为此需推进户籍管理制度改革，实行城乡居民户口统一登记管理制度。改革和调整户口迁移政策，逐步将外来人口纳入本地社会管理。推动流动人口服务和管理体制创新，放宽中小城市落户条件，使在城镇稳定就业和居住的农民有序转变为城镇居民。适应产业转型升级要求，完善中级以上技能流动就业人员户口准入政策。探索和完善流动人口积分制管理办法，引导流动人口融入所在城市。全面推行居住证及"一证通"制度，加强流动人口管理与服务。完善境外在粤人员登记管理制度。

《广东省中长期人才发展规划纲要（2010—2020年）》（2010）提出加快推进广东人才强省建设目标，中期目标为到2015年，全省人才总量达到1950万人，长期目标为到2020年，全省人才总量达到2260万人。为此，需开辟"一站式"服务专区和"绿色通道"，对紧缺急需的高层次人才和特殊岗位人才，放宽年龄、学历、资历限制，简化引进程序和手续。改革户籍管理制度和人事档案制度，完善居住证制度，消除人才流动中的区域、城乡、部门、行业、身份、所有制等限制。

《广东省国民经济和社会发展第十二个五年规划纲要》（2011）在"统筹城乡户籍管理"部分提到，建立城乡户口统一登记管理制度，加快与户籍制度相关的配套改革，加快消除城乡居民在教育、医疗、社保、就业、住房等方面不合理的政策限制。统筹优化城乡劳动力结构和人口布局，特大城市要控制人口规模、优化人口结构，大城市要加强和改进人口管理，中小城市和小城镇要根据实际放宽落户条件。全面开展农民工积分制入户城镇工作，引导农村人口有序向中小城市和小城镇聚集。

广东省委省政府《关于加强我省计生工作促进人口长期均衡发展的决定》（2011）提出全省人口长期均衡发展的主要目标之一是，到2015年全省常住人口总量控制在1.11亿人以内。

第七章 新时代南粤流动人口安全管理探索——户籍迁移管理

广东省委省政府《关于加强我省人口服务和管理的实施意见》（2011）提出，建立城乡统一的户口登记管理制度，积极稳妥推进户籍管理制度改革。进一步放宽中小城镇人口准入条件，逐步建立城乡统一的户口登记管理制度。完善农民工积分制入户政策。继续推进农民工积分制入户城镇工作，加快出台配套政策，着力解决农民工子女教育、住房保障、医疗卫生等公共服务难题。完善农民工积分制入户指标体系，积极探索将积分制入户范围扩大到各类外来常住人口，优先满足优秀农民工和技能型人才落户需求。

《广东省主体功能区规划》（2012）提出的目标是，到2020年，基本实现人口分布与经济布局、生态环境相协调，城乡和区域间基本公共服务均等化，主要城镇化地区集中全省75%左右的人口和90%左右的经济总量。具体如下。第一，优化开发区域。到2020年，开发区域总人口占全省比重由2010年的45.99%降至43%左右。在人口布局方面，控制广州、深圳、佛山、东莞和中山市的人口增长速度，适度增加珠海、江门和惠州市的人口集聚，引导人口均衡、集聚发展。逐步解决外来人口的社会保障问题，提高外来劳动力素质，加快外来人口本地化进程，推进本地农民向市民转化。第二，重点开发区域。到2020年，该区域总人口占全省比重由2010年的27.7%提升至35%左右。在人口布局方面，以产业集聚进一步带动人口集聚，适度增加珠三角外围片区、粤西沿海片区、山区点状片区等城镇化地区的人口集聚。适应工业化和城镇化的发展，加快推进本地农民向市民转化。第三，生态发展区域（重点生态功能区）。该区域2010年总人口占全省比重为10.54%，到2020年，人口总量减少，力争完成200万人的生态移民目标。引导超载人口逐步向重点开发区域有序转移。加强基础教育和技能培训，增强转移人口的就业能力，引导原住居民点"内聚外迁"，促进人口有序平稳转移，减轻人口压力。完善移民搬迁政策，对不能搬迁的村落或社区进行符合生态要求的改造。第四，生态发展区域（农产品主产区）。

2010年，该区域常住人口占全省比重为15.78%。规划并未为该区域设立2020年人口比重具体目标，只是笼统规定，农产品主产区县的城关镇、中心镇和省级重点产业转移园区，在严格保护生态环境的前提下，可以进行点状集约集中开发。第五，禁止开发区域。该区域的目标是，到2020年，区域内人口实现有序转移。

《广东省城镇化发展"十二五"规划》（2013）提出，深化户籍制度改革，加快异地务工人员市民化进程。逐步降低城镇在就业、教育、社保等方面的准入门槛，以县（市）城区、中心镇为重点，切实加大吸纳农业转移人口力度。全面实施异地务工人员入户城镇积分制，推进积分制入户管理工作信息化、网络化。同时，改革人才落户制度。对具有相应学历、专业技术职称的创新型人才、高技能人才、归国留学人员及海外高端人才，落实本人落户、培训就业、子女入学、居留签证等优惠政策，并相应放宽其父母、配偶及未成年子女的入户条件。

二、当前广东省人口迁移规划的要点

如前所述，当前广东省人口迁移规划的要点主要集中在：第一，落实国务院户籍制度改革要求，放宽中小城市落户条件；第二，提升广东城镇化发展水平，实现省内农民的市民化转变；第三，吸引人才及技能人员入户，满足优秀人才及技能人员落户需求；第四，推广农民工积分入户工作，探索将积分制入户范围扩大到各类外来常住人口；第五，贯彻广东省"十二五"规划、主体功能区规划、珠三角改革发展规划纲要要求，为全省经济社会转型升级提供保障。

对前述政策规划进行梳理可见，虽然相关规划也涉及一些具体数量指标，但总体而言较为零散，缺乏系统性，对全省人口迁移工作的指导性不足。如《关于加强我省计生工作促进人口长期均衡发展的决定》（2011）提出到2015年全省常住人口总量控制在1.11亿人以内。《广东省主体功能区规划》提出，到2020年，优化开发区域总人口占全省比

重降低3%左右（2010年的45.99%降至43%左右），重点开发区域总人口占全省比重提高7.3%左右（由2010年的27.7%提升至35%左右），生态发展区域（重点生态功能区）力争完成200万人的生态移民目标等。

三、十八届三中全会关于人口迁移的文件精神

十八届三中全会通过的《中共中央关于全面深化改革若干重大问题的决定》第六部分，提出"健全城乡发展一体化体制机制"的要求。文件提出，城乡二元结构是制约城乡发展一体化的主要障碍。必须健全体制机制，形成以工促农、以城带乡、工农互惠、城乡一体的新型工农城乡关系，让广大农民平等参与现代化进程、共同分享现代化成果。

文件提出，完善城镇化健康发展体制机制。坚持走中国特色新型城镇化道路，推进以人为核心的城镇化，推动大中小城市和小城镇协调发展、产业和城镇融合发展，促进城镇化和新农村建设协调推进。优化城市空间结构和管理格局，增强城市综合承载能力。

文件提出，推进农业转移人口市民化，逐步把符合条件的农业转移人口转为城镇居民。创新人口管理，加快户籍制度改革，全面放开建制镇和小城市落户限制，有序放开中等城市落户限制，合理确定大城市落户条件，严格控制特大城市人口规模。稳步推进城镇基本公共服务常住人口全覆盖，把进城落户农民完全纳入城镇住房和社会保障体系，在农村参加的养老保险和医疗保险规范接入城镇社保体系。建立财政转移支付同农业转移人口市民化挂钩机制，从严合理供给城市建设用地，提高城市土地利用率。

第三节 广东省人口迁移的目标与实现方式

一、广东省人口迁移的原则与目标

作为全国经济发展水平最高的省份之一，广东省人口吸附能力应该与经济发展水平相称。今后广东人口迁移政策的改革完善，应该紧密围绕广东省人口迁移状况的主要问题进行，即解决前述六个问题：迁入人口数量未增反减；迁入人口比例未升反降；省外人口迁入数量及比例偏低；全省多数地市迁入人口占年末总人口数量比例低于全省平均水平；省内欠发达地区迁入人口占年末总人口数量比例普遍偏低；全省对省外迁入人口的吸附能力不高，欠发达地区更弱。

据此提出广东人口迁移政策改革完善的基本原则：改变迁入人口数量递减趋势，改变迁入人口比例递减趋势，省外人口迁入数量及比例显著提升，改变全省半数地市迁入人口占年末总人口数量比例低于全省平均水平的现状，提升省内欠发达地区迁入人口占年末总人口数量的比例，提升省内欠发达地区省外人口迁入比例。

根据上述原则，根据对广东省人口迁移状况的历史与现实的问题分析，当前广东省人口迁移的规划与目标以及十八届三中全会关于人口迁移的最新文件精神，2020年之前广东人口迁移的具体目标。主要包括：

第一，到2020年，迁入人口数量从目前的人口100万/年的水准，逐步增加恢复到1992—1994年间的历史最高水平，即150万/年。

第二，到2020年，全省迁入人口数量占年末总人口数量比例从目前的1%，逐步增加恢复至1992—1994年间的历史最高水平，即2.40%左右。

第三，到2020年，省外人口迁入数量，从1992—2002年间的20

万/年水平、2004—2012 年间的 40 万/年水平，逐步增加至 70 万/年水平以上。同时，省外迁入人口数量占迁入人口数量比例，从目前的 40% 左右，提升至 50% 以上。

第四，到 2020 年，实现全省半数地市迁入人口占年末总人口数量比例不低于全省平均水平的目标。改变 2012 年 21 个地市中有 15 个地市的比例低于全省平均水平的状况。

第五，到 2020 年，省内欠发达地区迁入人口占年末总人口数量比例，从 2012 年普遍低于 1% 的情况，总体提升 0.5 个百分点。

第六，到 2020 年，省内欠发达地区省外人口迁入比例，从 2012 年普遍低于 35% 的情况，总体提升 10 个百分点。

二、广东省人口迁移目标的实现方式

1958 年《户口登记条例》确立了户口迁移审批制度，1977 年国务院批转公安部《关于处理户口迁移的规定》明确了户口迁移的三种原则，分别为从严控制、适当控制和理由正当不予控制，从制度原则上确立了城乡户口二元户籍体系，逐步形成了户口迁移管理由公安机关归口审批与公安机关协同审检两大类别，共几十种具体的人口迁移方式。

改革开放以来，经济社会发展不断冲击原有户籍迁移制度，中央及地方也在不断改革户籍迁移制度。20 世纪 90 年代后期开始，以 1997 年国务院小城镇户籍迁移制度试点改革为引领，我国各地城镇地区纷纷开展户籍迁移政策改革探索，形成了很多有代表性的户籍迁移政策改革经验。2011 年国务院通过了《关于积极稳妥推进户籍管理制度改革的通知》，要求落实放宽中小城市和小城镇落户条件的政策，在户籍迁徙实行的分类政策中，地级市落户首次得到放开，表明我国户籍迁移制度将会更加宽松。

在改革探索进程中，我国各地陆续形成了城镇户籍迁移政策的不同方式。如按照审批方式的不同，可以划分为指标制和准入制两大类。按照入户依据的不同，可以划分为政策型入户、投资纳税型入户、人才技能型入户等形式。按照城镇层次的不同，可以划分为小城镇（县级市）入户、地级市入户、副省级以上城市入户等。近年来一些地方又探索出不少户籍迁移的创新政策，其中以居住证制入户、积分制入户和以重庆为代表的"土地换户籍"入户方式为代表。

前述不同入户方式均是政府用以调控城镇户口进入的方法，相互之间并非完全独立互斥，只是每种方式的适用群体、政策导向、条件设置等方面存在差别。某一政府在设置户籍准入政策时，大多会同时运用这些方式，目前广东省人口迁移制度包括了前述绝大多数的迁移方式，未来改革人口迁移制度可以从提升前述人口迁移方式的运用水平入手，提升人口迁移的针对性及实际效用。

第四节 广东省人口迁移改革的路径与政策

一、2020年之前广东省人口迁移改革具体目标的实现路径

根据前述2020年之前广东人口迁移的具体目标，围绕七个具体指标（包括全省迁入人口数量等4个全省性指标，以及3个省内地区指标），下文以2012年数据为基础，依照线性规划的方法，以年均增长比例相同为前提，对2013—2020年每年七个具体指标的数值进行了测算，结果如表7-1所示。

表7-1 2020年之前广东省人口迁移改革具体目标的任务分解表

具体指标	2012年数据	2020年目标	年均增长比例	每年规划数值						
				2013	2014	2015	2016	2017	2018	2019
全省迁入人口数量（单位：万人）	100	150	5.2%	105.2	110.7	116.4	122.5	128.8	135.5	142.6
全省迁入人口数量占年末总人口比例	1.0%	2.4%	1.12%	1.1%	1.3%	1.4%	1.6%	1.8%	2.0%	2.2%
省外人口迁入数量（单位：万人）	40	70	7.2%	42.9	46.0	49.3	52.8	56.6	60.7	65.1
省外迁入人口数量占迁入人口数量比例	40.0%	50.0%	2.8%	41.1%	42.3%	43.5%	44.7%	45.9%	47.2%	48.5%
迁入人口占年末总人口比例不低于全省平均水平的地市数量（单位：个）	6	11	7.9%	6.5	7.0	7.5	8.1	8.8	9.5	10.2
省内欠发达地区迁入人口占年末总人口数量比例	低于1%	现有比例+0.5%	0.06%	现有比例+0.06%	现有比例+0.12%	现有比例+0.18%	现有比例+0.24%	现有比例+0.3%	现有比例+0.36%	现有比例+0.43%
省内欠发达地区省外人口迁入比例	低于35%	现有比例+10%	1.25%	现有比例+1.25%	现有比例+2.5%	现有比例+3.75%	现有比例+5%	现有比例+6.25%	现有比例+7.5%	现有比例+8.75%

由表7-1可见，要实现2020年之前广东人口迁移的目标，七个具体指标均需在现有数据的基础上实现持续增长。其中，全省迁入人口数量需年均增长5.2%，全省迁入人口数量占年末总人口数量比例需年均增加1.12%，省外人口迁入数量需年均增长7.2%，省外迁入人口数量占迁入人口数量比例需年均增长2.8%，迁入人口占年末总人口数量不低于全省平均水平的地市数量需年均增长7.9%，省内欠发达地区迁入人口占年末总人口数量比例需年均增长0.06%，省内欠发达地区省外人口迁入比例需年均增长1.25%。

二、2020年之前广东省人口迁移改革具体目标的实现政策

要实现2020年之前广东省人口迁移改革具体目标，更好地服务于广东经济社会发展需要，满足人民群众日益强烈的社会融入需求，决策部门需要同时从宏观和微观层面转变思路，创新政策。

第一，扭转人口迁移政策保守趋向。

改变渐趋保守的人口迁移政策导向，构建更具活力的开放社会，重塑小平南巡时期辉煌。

从1990—2012年广东省人口迁移历史来看，小平南巡后的1992—1994年期间，是广东人口迁入高峰期，之后多数指标逐步进入下降通道，日趋保守，近年来不少指标数值更是达到了1990年以来的最低水平。人口迁入是一个地区经济社会发展吸引力的重要标志，也是推动一个地区经济社会持续发展的重要基础。即便如香港这一人口密度如此之高的地区，都在设法考虑采用不同方法，维持香港人口增长。2013年11月30日，香港政务司司长林郑月娥表示，人口问题事关香港经济社会发展，不应该为人口设上限，否则不能保持经济增长①。

---

① 曹海阳. 香港政务司司长：需考虑用不同方法维持人口增长［EB/OL］. 人民网，2013-11-30.

第七章 新时代南粤流动人口安全管理探索——户籍迁移管理

1990年至今,广东人口迁移政策呈现明显的悖论:一方面,从政策尺度角度而言,人口迁移政策不断放宽;另一方面,从政策效果角度而言,人口迁移政策的效果渐趋保守。结合全省年末总人口数量和流动人口数量持续增长的状况,对前述悖论可做一解释,即广东入户门槛更高了,人口准入政策更趋保守。大量长期居住的流动人口游离于户籍门槛之外,无法享有与其贡献相匹配的身份认可,这种现象是广东省缺乏责任感的表现,若无法得到根本转变,将会对广东经济社会的长远发展造成严重影响。

为此,全省人口迁移政策需及时调整方向,改变迁入人口数量、迁入人口占年末总人口数量比例递减的趋势,变下降通道为上升通道,实现上述指标数值逐年回升,到2020年达到1992—1994年期间的水平,不断增强广东人口资源的集聚效应,构建更具流动性和活力的开放社会,为广东树立负责任的人口大省形象、重塑小平南巡时期的辉煌、实现经济社会长远发展奠定基础。

第二,省外求增量,省内调结构。

确立"省外求增量、省内调结构"的人口迁移政策导向,省内欠发达地区应变被动等待为主动揽才,实行更加积极的人力资源引进政策。

省内人口迁移是对人力资源的省内再分配,在一定程度上是对人力资源的优化配置,但其并不会增加全省人力资源总量。而省外迁入人口则会增加全省人力资源总量,对全省经济社会发展具有更大作用。1990年至今的广东人口迁移历史情况表明,省外迁入人口比例不高、省内不同地区人口迁移水平较不均衡,尤其是省内欠发达地区人口迁入水平较低的情形,是制约全省人口迁移效果的薄弱环节。

因此,今后广东人口迁移政策应首先着力于提升省外人口迁入数量及其在迁入人口总量中所占比例,逐步实现省外人口迁入数量从1992—2002年间的20万/年水平、2004—2012年间的40万/年水平、逐步增加至2020年的70万/年水平以上。同时，省外迁入人口数量占迁入人口数量比例，从目前的40%左右，逐步提升至50%以上。

其次，应重点改变当前省内发达地区与欠发达地区在人口迁入方面的巨大失衡格局，强化欠发达地区人口迁移政策的人力资源引进功能。大幅提升省内欠发达地区迁入人口占年末总人口数量比例，尤其是省外人口迁入比例，尽快扭转全省半数地市迁入人口占年末总人口数量比例低于全省平均水平的现状。在人力资源市场竞争处于劣势的背景下，省内欠发达地区应积极发挥政府能动作用，彻底改变被动的人口迁移政策，实行较省内发达地区更加积极的人口迁移政策，将人力资源引进工作放到与招商引资工作类似的地位，强化目标管理与监督考核，以大中专院校毕业生、专业技能人才、国内二三线城市人才等为重点，迈出步伐主动揽才，以适应本地经济社会发展需求，平衡全省人力资源发展格局。

第三，试点省内非户籍常住人口本地化改革。

准确把握十八届三中全会户籍改革精神，将人口迁移政策置于"健全城乡发展一体化体制机制"背景下进行考量，以消除人户分离现象为目标，开啃"全省非户籍常住人口本地化"的硬骨头，大胆探索人力资源自由流动改革。

十八届三中全会通过的《中共中央关于全面深化改革若干重大问题的决定》文件指出，城乡二元结构是制约城乡发展一体化的主要障碍，中国特色的城镇化是以人为核心的城镇化，推进农业转移人口市民化，逐步把符合条件的农业转移人口转为城镇居民，分类有序加快城镇地区落户制度改革。

当前，非户籍常住人口已经成为广东省常住人口的重要组成部分，全省常住人口中将近1/3为非户籍人口，部分地市还出现非户籍人口与户籍人口数量对等或倒挂现象。数千万非户籍常住人口无法顺利转变户籍身份，处于非自愿性的人户分离状态，无法有序融入城镇生活，顺利实现人的城镇化，这也是制约城乡发展一体化的重要因素。广东作为全国流动人口第一大省，这一问题尤为突出。

为此，为落实城镇化转型升级发展要求，实现"三个定位、两个率先"目标，政府应从消化当前全省非户籍常住人口存量入手，按照时间优先、人才优先、需要优先等排序原则，将全省非户籍常住人口本地化的工作，作为人口迁移政策改革的重中之重，切实纳入工作日程，制定详细规划，逐步建立以实际居住地为主的户口登记管理制度，使全省人力资源不分户籍、区籍差别，实现省内自由流动，进而逐步实现国内自由流动。

第四，直系亲属投靠零障碍。

把握人口迁移由"个人迁移"到"举家迁移"的趋势变化，彻底取消直系亲属投靠类别的条件限制，形成"直系亲属投靠零障碍"的人口迁移政策。

从人口流动特征来看，当前广东省人口迁移现象已经出现迁移论中"链式迁移"的核心特征，"反哺式迁移"和"接棒式迁移"的轨迹形式特征逐渐突出，迁移趋向已经从以往"个体流动"迈向如今"家庭式迁移"，融入意愿和融入能力大幅增强。通俗地讲，"举家迁移"已经成为迁移人口的重要选择。

我国人口迁移政策起源于"个人迁移"时代，具有浓厚的个人色彩，针对对象以申请人个人为主，对申请人的配偶、子女、父母等直系亲属的随迁申请往往附加各类限制条件，这些条件主要以婚龄、年龄、身边有无其他子女等为主。1998年国务院批转公安部《关于解决当前户口管理工作中几个突出问题的意见》的"四项改革"为解决这一问题迈出了重大步伐。然而，不少省市还不同程度地保留了对随迁直系亲属的条件限制，造成人口迁移政策与人口迁移趋势变化的脱节。

近年来，广东省在消除直系亲属投靠迁移政策障碍方面做出了重大探索，如2011年广东省人民政府办公厅《转发国务院办公厅关于积极稳妥推进户籍管理制度改革的通知》（粤府办〔2011〕40号）中提出，"坚持以人为本，切实解决配偶、未婚子女及父母的投靠入户问题。属配偶投靠的，不受婚龄、年龄的限制；属未婚子女投靠的，不受条件限制；属父母投靠的，在宏观调控总量控制的前提下逐步放宽"。2012年《广东省人民政府办公厅关于加快落实户籍管理制度改革有关政策的通知》（粤办函〔2012〕662号）中提出"加快落实直系亲属入户政策"要求，"2012年底前实现未婚子女投靠不受条件限制，2013年底前实现配偶投靠不受婚龄、年龄限制。各地在宏观调控总量控制的前提下逐步放宽父母投靠子女的条件"。由此可见，广东已在放宽直系亲属投靠迁移政策方面迈出了较大步伐，有效解决了配偶、未婚子女的投靠落户问题，然而，对父母的投靠问题，实行"宏观调控总量控制的前提下的逐步放宽"政策，对已婚子女的投靠问题则未做提及。

在"反哺式迁移"和"接棒式迁移"的迁移轨迹中，父母的投靠问题、已婚子女的投靠问题，均是投靠迁移不可或缺的部分。其中，已婚子女的投靠问题，在投靠迁移中的比重不大，即便彻底放宽也不会造成社会问题。而父母的投靠问题，关系到养老保障支出问题，一些地方政府对解决此问题不太主动。然而，随着养老保险全国统筹格局的逐步形成，制约父母投靠问题的最大障碍也将不复存在，彻底放开父母投靠条件限制的时机愈加接近，解决这一问题为时不远。

因此，广东彻底取消直系亲属投靠类别的条件限制，其困难并非难以承受。而率先形成"直系亲属投靠零障碍"的人口迁移政策导向，可以顺应"举家迁移"时代人口迁移趋势变化，有利于广东吸附集聚全国人口资源，为经济社会持续发展创造先机。

第五，实现积分制与居住证制的融合。

深化积分入户人口迁移方式，实现积分制与居住证的路径融合，启动普通居住证入户工作，实现人才类居住证与普通居住证的功能统一，构建人口迁移的全新渠道。

第七章 新时代南粤流动人口安全管理探索——户籍迁移管理

2009年12月中山市率先开启的农民工积分入户举措，是近年来国内人口迁移方式的重要创举。2010年6月，广东省正式在全省范围内推进和完善农民工积分入户改革，取得了良好的社会效果。相对于传统准入制非此即彼或选项式的条件筛选机制而言，积分制能将申请人的资格条件进行更加精确的量化测量，同时规避传统准入制硬性条件选项带来的一刀切、线上线下天壤之别等问题，因而是更加先进的精细管理手段。2013年最新实施的《上海市居住证管理办法》以及《上海市居住证积分管理试行办法》和实施细则等配套规定中，将居住证与积分制相融合，对居住证实行积分管理，同时发挥了居住证制和积分制的优势，对此二者制度均是重要深化，该做法为广东下一步深化积分入户改革提供了重要启示。

2010年《广东省流动人口服务管理条例》也对普通居住证入户方式做出了规定，持有居住证的流动人口在一定条件下享有"五年入学、七年入户"的权益（具体办法由地级市政府确定）。按照该条例第三十六条关于居住期限的追溯规定，"已经办理暂住证的流动人口办理居住证的，其居住期限连续计算"，理论上讲，自2010年该条例生效之日起，就应启动"五年入学、七年入户"工作，然而至今广东省尚未启动居住证入户的工作，不符合法规规定。因此，有关部门应尽快落实《广东省流动人口服务管理条例》规定，启动普通居住证入户工作，为连续持证满七年的流动人口提供入户申请资格。

除普通居住证外，我国不少地区还存在一种人才类居住证，如广东省"人才居住证"、北京市"工作居住证"等。两类居住证在发放对象、发放依据、外观式样、登记项目、办理程序、持证人待遇等方面均有所区别。普通居住证和人才类居住证的分设状况，是由于历史原因形成的，随着社会发展，将二者功能进行有机融合的必要性不断增强，有利于解决混淆不清、政出多门、缺乏衔接的问题。对此，一些地区已做探索。如2013年7月1日起施行的《上海市居住证管理办法》，将旧版居住证的三大类别（引进人才类、普通从业类和投靠就读类）整合到同一证件内，而2013年广州南沙国家新区"特殊居住证"政策也实现了人才类居住证和普通居住证的统一，这代表了未来居住证制度的改革方向。广东宜在实现两类居住证融合统一的基础上，尽快启动居住证入户工作，为人口迁移建立另一条全新渠道。

第六，用好用足集体户口政策。

放宽集体户口设置条件，改革人才类集体户口管理模式，健全集体户口属地管理功能，取消高校毕业生落户限制，放宽各类人才、投资置业和有突出贡献人员入户集体户口的条件，在前述人员中优先推行以实际居住地为主的户口登记管理制度改革。

按照《广东省公安机关贯彻落实〈关于加强我省人口服务和管理的实施意见〉工作方案》（粤公通字〔2012〕111号）要求，放宽集体户口设置条件，允许规模以上企业、社区居委会设立集体户口，健全集体户口属地管理功能，解决挂靠类集体户口的管理问题。

落实2012年《广东省人民政府办公厅关于加快落实户籍管理制度改革有关政策的通知》（粤办函〔2012〕662号）规定，取消高校毕业生落户限制，允许高校毕业生凭录（聘）用相关材料或创业证明等在就业地、创业地办理落户手续。用好用足集体户口政策，将集体户口作为各类人才、投资置业和有突出贡献人员迁移入户的重要途径，利用设立实际居住地"社区公共户"等方式，放宽各类人才、投资置业和有突出贡献人员的集体户口入户条件，在前述人员中优先推行以实际居住地为主的户口登记管理制度。

第八章

新时代南粤流动人口安全管理探索
——居住证管理

居住证管理制度是我国流动人口管理的基本制度，居住证的早期发放对象主要针对人才类流动人口，后扩展到普通类流动人口，广东省为我国流动人口居住证管理制度的建立起到了先行先试的探索作用。2006年，深圳市盐田区率先在全国启动了居住证制度试点，试点期间发出了全国第一张居住证。2007年9月，《深圳市居住证试行办法》实施，开始在全市推行居住证制度。2010年1月1日起，根据《广东省流动人口服务管理条例》，广东正式在全省实施流动人口居住证管理制度。2016年1月1日，国务院《居住证暂行条例》实施，正式在全国范围内推广居住证制度。2018年9月1日，《港澳台居民居住证申领发放办法》实施，居住证适用范围进一步扩大，申领发放对象扩展到了符合条件的港澳台居民。至此，我国流动人口居住证登记管理制度基本建立。

第一节 国内居住证政策的历史发展

从总体情况来看，居住证在我国实施的前期形式主要是以引进人才为目的的"人才工作证"，强调申请者具有高学历并具备所在城市急需的专业能力及技术。为吸引人才，人才居住证或工作居住证福利待遇较高，一般来说和本市居民的福利待遇相当，但想要转为常住户口仍比较困难。之后，居住证发放对象逐步从人才转向普通流动人口，成为暂住证的替代品，这也是当前我国居住证政策的主体部分。近年来，居住证发放对象又扩充到港澳台居民等特定境外人群，适用对象更加多元开放。

一、人才居住证

人才居住证的对象主要是城市发展所需要的高层次人才。人才居住证制度起始于20世纪80年代末期。改革开放后，随着各地对人才的竞争日趋激烈，严格的户籍制度以及严重的"市民待遇"缺失状况越来越成为人才引进的障碍。在大城市户籍改革举步维艰的前提下，人才居住证制度应运而生。据资料显示，最早实施居住证制度的城市是福建省厦门市，紧随其后的是广东省珠海市，其适用的对象主要是外商，其主要功能是证明持证人的身份，同时也为持证人出入境提供一定便利。

进入20世纪90年代之后，北京、上海等少数城市为了吸引、留住人才，开始实施"工作寄住证"办法，以避开刚性的户籍障碍，规定持证人才可享有诸多方面的"市民待遇"，这是21世纪初各大城市普遍实施的人才居住证制度的原型。

人才居住证制度打破了原有的以户口作为主要依据的公共资源配置方式，在劳动就业、子女教育、社会保障等方面赋予居住证持有人较多的市民权利，在不少方面拉近了流动人口与户籍居民的距离，因此实施效果良好。从20世纪90年代末期开始，北京、上海、深圳、珠海、南昌、青岛、厦门、杭州、成都、温州等十余个大、中城市以及广东、浙江等省份相继推行了"人才居住证"管理制度。

2003年11月1日，广东省发布实施《广东省引进人才实行〈广东省居住证〉暂行办法》，凡是符合本省引进人才专业需求，通过柔性流动来本省工作或者创业，不愿意改变其户籍、香港和澳门特别行政区籍、台湾地区籍、国籍的人员和不愿意放弃外国永久（长期）居留权的留学人员，可以依据本办法申领广东省居住证。该办法规定，由省政府人事行政部门主管本省引进人才工作，由省公安部门负责居住证的制作核发及相关管理。持有居住证的人员，可以享受该办法第二十条至第三十五条规定的各项待遇。

二、普通居住证

普通居住证的对象主要是国内流动人口。近年来，作为新一轮户籍改革过渡性的手段，暂住证逐渐退出了历史舞台，开始步入了居住证的时代。2003年7月，沈阳率先宣布取消暂住证。2004年始，上海、成都、昆明、沈阳等城市先后进行了"居住证制度"的尝试。2006年，深圳市盐田区率先在全国启动了居住证制度试点，试点期间发出了全国第一张居住证（图8-1）。深圳市自2008年8月1日起施行《深圳市居住证暂行办法》，此后大连、太原、武汉、成都先后宣布取消暂住证的制度，全面推行居住证。2010年1月1日起，根据《广东省流动人口服务管理条例》，广东正式在全省实施流动人口居住证管理制度。

图8-1 2007年9月深圳市盐田区全国第一张居住证发放

居住证制度增加了社会服务与社会保障两大功能，使流动人口在就业、医保、子女教育等方面享有必要的待遇。持有居住证，一定程度上意味着在工作、生活等方面可享受当地居民同等待遇。随着居住证制度在各地的推行，这一发端于地方的管理智慧悄然上升为国家政策。

2010年，国务院转发国家发改委《关于2010年深化经济体制改革重点工作的意见》，首次以国务院文件的形式来提出在全国范围内实行居住证制度。2013年5月，国务院批准发展改革委《关于2013年深化经济体制改革重点工作意见的通知》，通知指出，建立居住证制度，是有序推进农业转移人口市民化的关键措施。通知要求，根据城市综合承载能力和转移人口情况，分类推进户籍制度改革，统筹推进相关公共服务、社会保障制度改革，有序推进农业转移人口市民化，将基本公共服务逐步覆盖到符合条件的常住人口。2013年5月6日，国务院常务会议明确要出台居住证管理办法，要分类推进户籍制度改革，提出采用分类的方式，中小城市力度大一点、快一点，特大城市可能要慎重一点，整个方式的回旋空间要更大一点，从而实现相对协调的改革局面。2016年1月1日，国务院《居住证暂行条例》实施，正式在全国范围内推广居住证制度。

三、特殊居住证

2018年9月1日，《港澳台居民居住证申领发放办法》实施，居住证适用范围进一步扩大，申领发放对象扩展到了符合条件的港澳台居民。该办法规定，为便利港澳台居民在内地（大陆）工作、学习、生活，保障港澳台居民合法权益，港澳台居民前往内地（大陆）居住半年以上，符合有合法稳定就业、合法稳定住所、连续就读条件之一的，根据本人意愿，可以依照本办法的规定申请领取居住证。未满十六周岁的港澳台居民，可以由监护人代为申请领取居住证。港澳台居民居住证持有人在居住地依法享受劳动就业，参加社会保险，拥有缴存、提取和使用住房公积金的权利。县级以上人民政府及其有关部门应当为港澳台居民居住证持有人提供义务教育等六项基本公共服务。港澳台居民居住证持有人在内地（大陆）享受乘坐国内航班、火车等交通运输工具等九项便利。

至此，我国已经建立了以普通流动人口为主体，兼顾人才类别和港澳台特殊流动人口类别的多层次、成体系的流动人口居住证登记管理制度。下文主要以普通流动人口为重点，兼容人才类别和港澳台特殊流动人口类别对象，阐述新时代流动人口居住证制度改革创新的设想。

第二节　国内居住证政策的地方比较

对国内人才居住证、普通居住证以及港澳台居民居住证立法情况进行比较后发现，不同时期、区域、对象的居住证法规政策，既有相似性和连续性，也具有各自不同的特点与内容。

一、普遍做法

通过对典型立法的比较分析，国内现有居住证法规的普遍做法如下：

第一，从法规结构看，结构单位包括章、条、款、项；内容结构包括总则、申办与发放、管理、待遇、法律责任、附则等部分。

第二，从法规具体内容看，普遍规定了立法的目的依据，适用范围（对象），管理部门（部门职责），载明的内容，居住证的有效期限，居住证的延期（续办）、换证，居住证的功能，办理程序及申报材料，是否收费，申请的审核认定，居住证相关信息的变更，居住证的挂失和补办，相关待遇，信息系统，保密义务，法律责任，过渡性条款，实施日期等内容。

第三，普遍给予持证人一定的待遇。（1）居住证持有人普遍享有的待遇包括：资格评定、考试、登记，子女就读，社会保险，居留签注、签证，证照办理，卫生防疫，计生服务，转办常住户口。（2）人才类居住证普遍特别享有的待遇包括：创办企业、科技申报、实施专利的奖励、住房公积金、行政机关聘任、因私出国、外币兑换。（3）港澳台居民居住证持有人的待遇包括：依法享受劳动就业，参加社会保险，缴存、提取和使用住房公积金，依法享有相关基本公共服务和各种便利。

第四，强调建立信息系统，加强信息的采集与管理、保护。

二、特殊做法

从法规结构和内容看，国内不少地方出台的居住证法规政策，具有自身地域、类别、对象方面的特殊性。示例如下。

《北京市引进人才和办理〈北京市工作居住证〉的暂行办法》（1999年），该办法出台较早，仅十条，未分章节。特别之处有：一是规定了引进人才的原则；二是规定持工作居住证者，在购房、子女入托、入中小学等方面享受本市市民待遇；三是规定持工作居住证工作满3年者，可由用人单位推荐，经主管人事部门审核后报市人事局批准，办理调京手续。

上海市《引进人才实行〈上海市居住证〉制度暂行规定》（2002年）的特别之处包括以下几点。一是从十三个方面对待遇做出了规定：创办企业，科技活动，行政机关聘用，资格评定、考试、登记，子女就读，基本养老保险，基本医疗保险，住房公积金，实施专利的奖励，因私出国，外汇兑换，居留签注、签证，其他规定等；二是对随同家属的待遇做出了解释。

《广东省引进人才实行〈广东省居住证〉暂行办法》（2003年）的

特别之处有以下几点。一是规定国有事企业单位聘用人才应按管理权限审批。二是对申请人的条件及受理做了具体规定。三是在待遇方面，在给予与上海相同待遇基础上，又有以下新规定：境外人员的就业许可；机关养老保险；社会、企业养老保险；银行开户；同等待遇申请机动车驾驶证和行驶证，购小车入户，乘民用交通工具，住宿登记；户籍的取得等。四是对法律责任分别从一般规定、个人骗领居住证的法律责任、单位骗领居住证的法律责任、国家工作人员违法失职的法律责任等四个方面做了规定。

《上海市居住证暂行规定》（2004年）的特别之处是对信息的登记和采集、信息变更做了规定。上海市政府公布《持有〈上海市居住证〉人员申办本市常住户口试行办法实施细则》，规定持有上海市居住证累计满7年可申请上海市户口。

《深圳市居住证暂行办法》（2008年）的特别之处有：一是总则部分规定了管理原则、实施保障；二是对居住登记做了非常细致的规定；三是对居住证进行了分类，同时规定了临时证转居住证的条件；四是专章规定了信息采集与保护；五是法律责任方面详实明确；六是规定了不适用对象。

《广东省流动人口服务管理条例》（2010年）的特别之处包括：一是对管理主体、管理体制、公安机关职责、聘用流动人口协管人员等分条做了详细规定；二是规定了居住证的查验与使用，房屋出租人和用人单位的配合义务，房屋出租人、用人单位的具体职责，保密等；三是对居住证持证人所享有的基本公共服务和权益做了较为详尽的列举式规定，力求实现基本公共服务的均等化目标；四是规定了房屋出租人未按规定报告的法律责任、用人单位未按规定报备的法律责任。

《上海市居住证管理办法》（2013）的特别之处有：一是规定了居住证的积分管理，从积分制度、积分指标体系、积分指标体系的制定和公布、积分指标体系的适时调整等四个方面做了规定；二是对居住证的申办、发放分别从申请主体和受理机构,申请材料,收件与补齐,申请信息提交和材料移送做了非常具体的规定;三是对居住证进行了分类;四是在法律责任方面规定了服务责任、信息保密责任。

第三节 居住证制度改革的思路定位

一、未来居住证的改革思路

当前,我国居住证法规政策在户籍、区籍、国籍方面进行了融合性探索,但目前仍然存在相互割裂的情形,人才类、普通类、港澳台居民特殊类居住证的政策各不相同,尚未统一。持证人所享有的基本公共服务、权益、特殊待遇方面地区性差异较大,详略反差显著。建立消除持证人户籍、区籍、国籍差异,规范持证人享有的服务、权益、待遇,统一人才类、普通类、特殊类居住证三大类别的居住证制度,是下一步居住证制度改革的主要方向。

2019年8月,《中共中央国务院关于支持深圳建设中国特色社会主义先行示范区的意见》发布,提出要在深圳建设中国特色社会主义先行示范区。其中,支持深圳实行更加开放便利的境外人才引进和出入境管理制度,允许取得永久居留资格的国际人才在深圳创办科技型企业、担任科研机构法人代表。推进在深圳工作和生活的港澳居民民生方面享有"市民待遇"。这就为居住证制度改革提供了新的要求和方向。下文以国家最新精神为指导,以笔者主持撰写的广州南沙国家新区特殊居住证政策制定和立法起草为例,论述未来居住证制度改革创新的基本思路和具体做法。

二、未来居住证的定位构想

在梳理国内各地人才居住证、普通居住证法规制度的基础上,根据国家有关深化居住证制度改革的精神,借鉴美国、德国、新加坡、中国香港、中国澳门等其他类似地区的成功经验,笔者认为,未来居住证制度改革的目标是将现行国内居住证深化升级为真正意义上的中国地方绿卡,提前过渡至2030年中国居民身份证4.0版本。将居住证打造成集身份证、资格证、信用证三合一,服务型、科技型、过渡型三合一,个体证、团体证二合一,居住证与工作证二合一的公共服务"一卡通"载体、非户籍居民待遇凭证。

(一)性质定位:身份证、资格证、信用证三合一

1985年我国建立身份证制度之后,以身份证为代表的"以证管人"个体主义管理思路逐步替代以往"以户管人"的集体主义管理思路,我国人口管理思路发生重大转变。身份证、暂住证、居住证等证件是"以证管人"思路的重要载体。1999年公民身份号码国家标准(GB11643-1999)实施后,公民身份号码成为公民唯一的、终身不变的身份代码,也是各类个人证件的核心要素。2013年国务院颁布的《国务院机构改革和职能转变方案》,提出建立以公民身份号码和组织机构代码为基础的统一社会信用代码制度,更加强化了公民身份号码在各类个人证件中的地位,也代表着中国人口管理思路迈向了"以号管人"的新时代。

从身份证代际发展角度分析,我国居民身份证经历了1.0版本、2.0版本、2.1版本三个阶段。基于1985年《居民身份证条例》颁发的居民身份证为1.0版本,即第一代居民身份证。基于2004年《居民身份证法》颁发的居民身份证为2.0版本,即第二代居民身份证,核心变化是增加了居民身份证的芯片存储和机读功能。基于2012年修订版

《居民身份证法》颁发的居民身份证为2.1版本，其核心变化是增加了持证人个人重要生物信息之一——指纹信息的采集和管理。

居民身份证1.0、2.0、2.1版本的共同局限性在于，身份证仅被定位为"证明居住在中华人民共和国境内的公民的身份"的证件（《居民身份证法》第一条），即仅是"身份证"，功能单一、缺乏综合性。而近年来各地推行的居住证，则为公民身份证件增添了另一个重要功能，即作为公共服务待遇享受的资格凭证，这是一个重大功能创新。

2010年《广东省流动人口服务管理条例》规定，完善和扩大居住证的使用功能，居住证是持证人享受居住证福利待遇的重要凭证。持证人享有三大方面的福利待遇：第二十五条规定的七个方面的权益和公共服务，第二十六条规定的四个方面的权益和公共服务，第二十七条规定的"五年入学，七年入户"的权益。这就为居住证增加了身份证未明确规定的"资格证"功能。在居住证"一证通"政策的思路下，各地在此基础上又赋予了居住证持证人更多的权益待遇。同时，"五年入学，七年入户"规定的提出，使居住证成为具有过渡功能的户籍准入途径，在一定程度上打通了非户籍人口和户籍人口的截然界限，使1958年《户口登记条例》提出的常住立户规则（第六条，"公民应当在经常居住的地方登记为常住人口"）重新成为可能。

因此，居住证制度相对身份证制度而言，是一个巨大的进步。然而，居住证也有其不足：居住证的地方属性突出，始终无法代替可全国通用的居民身份证；当前居住证不具备身份证2.0以上版本所具有的芯片存储和生物信息识别功能；不具备代表未来个人证件发展方向的"信用证"功能。因此，居住证也存在发展的需要。

按照我国居民身份证代际发展速度加快的趋势来看（换代周期分别为19年、8年），在可预计的将来，如2030年，我国居民身份证可能会演化至4.0版本。居民身份证的3.0版本是加入居住证"资格证"功能的个人证件，而居民身份证的4.0版本是加入"信用证"功能的个人证件。在此之前，居民身份证2.1版本也会在代内不断向2.2等高级版本演进，加入个人最重要的其他生物特征，如DNA，以及其他可供选择的稳定生物特征。如德国电子护照除采集个人脸型、指纹等生物特征外，还采集个人视网膜等生物特征。

若未来居住证可以率先实现身份证、资格证、信用证功能的三合一，则会领先潮流10~20年，成为国内最先进的个人身份证件，真正意义上的地方绿卡，也为国家居民身份证的代际发展积累宝贵经验。而做到这一点，其实并不难，只需在现有居住证的基础上加入有较大存储空间的芯片即可，居民身份证、银行卡等各类卡类证件早已采用这一技术，成本很低。

在硬件加入芯片的基础上，只需落实相关配套制度，即可实现特殊居住证向居民身份证4.0版本的飞跃。

第一，落实"资格证"的配套规定，明确规定各类各级持证人所享有的权益及公共服务范围，将其写入芯片。有关部门通过特殊居住证机读功能即可清晰了解持证人享有哪些权益及公共服务以及暂时无法享有哪些权益及公共服务，据此办理相关业务。有关部门可定期更新、充实持证人所享有的权益及公共服务范围，通过"一证通"建设，让特殊居住证成为含金量不断提升的资格证件，彻底摆脱外界对居住证是暂住证改头换面版的诟病。

第二，实现"身份证"的代内升级。加入居民身份证2.1版本的指纹信息、2.2以上版本的DNA等生物特征信息。特殊居住证规定中应明确规定，对所有申领人都采集上述生物特征信息。若存在法律障碍或执行阻力，可先对部分申领人采集相关信息，如对有不良违法犯罪记录的流动人口强制采集上述信息，对广州南沙新区高端人卡持证人和享有较高待遇的一级持证人规定采集上述信息，否则不予申办该类证件，只能降级办理二级居住证。对普通持证人（二级持证人）采用非强制、但鼓励自愿接受采集的政策，为自愿接受采集的持证人提供级别更高、范围更广的权益及公共服务。

第三，为"信用证"留存接口和空间。未来居民身份证4.0版本的核心特点是加入"信用证"功能，即将公民个人的各类社会信用记录录入居民身份证进行管理。居住证若能预留"信用证"接口和空间，届时可依据相关法律规定，对持证人的社会信用记录进行采集和管理，率先走在大众社会信用系统建设的前列。2013年国务院颁布的《国务院机构改革和职能转变方案》中提到的建立以公民身份号码和组织机构代码为基础的统一社会信用代码制度，即为这一功能的实现奠定了基础。

（二）特征定位：服务型、科技型、过渡型三合一

从当前各地居住证的推行实践来看，要充分发挥居住证的预期功能，彻底摆脱外界对居住证是暂住证改头换面版的诟病，实现居住证自身的代内进化，还需实现特殊居住证特征定位的统一，即突出服务型、科技型、过渡型三合一的特点。

第一，以公共服务均等化为理念，打造"服务型"特殊居住证。进一步落实居住证制度的立法导向，改变过去"重管理、轻服务"的倾向，实现管理重心向优化服务、服务与管理并重转变。不断完善流动人口服务管理"一证通"制度，服务大多数，管住极少数，使特殊居住证成为持证人享有各类权益的资格证，增加特殊居住证的"含金量"和持证人的"粘性"，增强流动人口的认同感和归属感。

第二，以生物与电子技术为依托，制作"科技型"特殊居住证。借鉴居民身份证2.0以上版本，2012年5月15日起我国签发的普通电子护照以及境外先进国家地区（德国、美国等）的"电子护照"经验，制作含芯片、内存大、防伪强、可机读的"科技型"居住证，将个人信息划分为视读项目与机读项目两大类，全部记载在特殊居住证内。

其中，视读项目在当前广东居住证9个项目（以广州居住证为例，

正面含制证机关，背面含姓名、性别、民族、身份证号码、户籍所在地、现居住地，有效期限、彩色照片）的基础上，增加特殊居住证的视读项目：如证件种类与级别项目，分为 A、B、C 三类，每类持证人按享有权益由多到少依次划分为 1、2 两级，对应证件种类与级别分别为：A1、A2、B1、B2、C1、C2。A 类、B 类、C 类特殊居住证发放对象分别为中国内地公民、港澳台居民和外国人（含无国籍人）。其中 B 类、C 类证件还需注明持证人的港澳台居民类别或国籍。B 类、C 类证件的身份证号码项目，更换为持证人的港澳台居民合法证件号码或护照号码。

对团队证形式的一级特殊居住证，还需在证件正面加注两个项目：所属高端人才卡持有人的姓名和有效证件（居民身份证、港澳台居民合法证件、护照）号码。

其中，在条件允许的情况下，机读项目应包含视读项目全部信息、持证人生物信息和信用信息三大类。在部分项目暂时不具备采集管理的条件下，也应留存适当空余空间备用。个人生物信息中，应包含居民身份证 2.1 版本中规定的指纹信息，全部持证人或特定范围持证人（有不良违法犯罪记录的流动人口、高端人才卡持证人、享有较高待遇的一级持证人、自愿接受采集的二级持证人）的 DNA 信息，以及其他必要的生物信息。前述"其他必要的生物信息"既包括德国电子护照已经开始采集的视网膜生物信息，也包括个人其他生物信息，如血型、掌纹、骨龄、声纹、唇纹、耳纹、足迹、牙痕等。

第三，以城市户籍准入改革为导向，推行"过渡型"特殊居住证。在广东省居住证"五年入学，七年入户"规定的基础上，进一步放宽户籍准入条件，将特殊居住证构建成为消除户籍二元结构、实现非户籍人口向户籍人口过渡的重要制度化途径。按照 1958 年《户口登记条例》提出的常住立户规则（第六条，"公民应当在经常居住的地方登记为常住人口"），将累计居住期限作为户籍准入的主要核心条件，重新落实常住立户规则，消除因制度原因导致的人户分离现象。

特殊居住证的持证人，符合户籍准入条件的，可以申请入户。对不符合户籍准入条件、或不愿入户的特殊居住证持证人，可凭特殊居住证享有较广东省"五年入学，七年入户"更有吸引力的权益和公共服务。

在入学和入户的问题上，高端人才卡的持证人，对其本人及中国境内直系亲属实行"即时入学、即时入户"的政策。A1、B1、C1 三类一级持证人，不符合当前南沙户籍准入条件的，对其本人及中国境内直系亲属实行"即时入学、两年入户"的政策。A2、B2、C2 三类二级持证人，不符合当前南沙户籍准入条件的，对其本人及中国境内直系亲属实行"两年入学、四年入户"的政策。

以上年限均为持证人累计持证时间，非指连续持证时间。对依据 2010 年《广东省流动人口服务管理条例》规定申领持有广东省居住证的持证人，办理特殊居住证后，在持证时间方面参照 2010 年《广东省流动人口服务管理条例》第 36 条规定的对上一代证件（暂住证）的溯及精神（"已经办理暂住证的流动人口办理居住证的，其居住期限连续计算"），居住期限实行连续计算。即 A1、B1、C1 三类一级持证人，不符合当前南沙户籍准入条件的，除享有"即时入学"权益外，持有广东省居住证或广州南沙新区特殊居住证累计满两年，还可享有"两年入户"的权益。A2、B2（BH2、BM2、BT2）、C2 三类二级持证人，不符合当前南沙户籍准入条件的，按照持有广东省居住证或广州南沙新区特殊居住证的累计期限，享有"两年入学、四年入户"的权益。因不少持证人的累计持证期限已达到相关要求，因此，有关部门应在特殊居住证规定颁布实行之后，同步开展入户办理工作。

（三）种类定位：个体证与团体证二合一

当今各地吸引企业和人才的重要经验是吸引人才团队集体进入。人才团队包括团队领头人、骨干成员，以及前述人员的直系亲属。人才团队的集体引入，可为团队领头人解决后顾之忧及团队支持问题，有利于人才长期居留，保持核心团队稳定，安心开展创业创新工作。

目前全国各地的居住证绝大多数仅为针对持证人个体的个体证件。特殊居住证可增加一类团体证，面向高端人才卡持证人的人才团队。高端人才卡持证人，可享有为最多 10 个直系亲属、骨干成员申办一级特殊居住证的权益，具体人员由高端人才卡持证人确定。其中，按照该一级持证人的身份，对中国内地公民、港澳台居民、外国人分别发放 A1、B1（BH1、BM1、BT1）、C1 特殊居住证。此时，作为高端人才卡持证人团队成员的成员，不受一级持证人申领条件的限制，由高端人才卡持证人签署同意后即可办证。据此申领的一级特殊居住证，与根据一级持证人申领条件申领到的一级特殊居住证，在享有权益和公共服务方面并无差别。

在样式方式上，对团队证形式的一级特殊居住证，应在居住证的正面注明两个项目：所属高端人才卡持有人的姓名和有效证件（居民身份证、港澳台居民合法证件、护照）号码。团队证形式的一级特殊居住证，其有效期限截止日期与高端人才卡持证人有效期限截止日期相同。有效期满后，若高端人才不再继续在南沙工作居住，或高端人才卡过期作废的，其附属的团队证形式的一级特殊居住证亦同时过期作废。

（四）目标定位：居住证与工作证二合一

国内普通居住证的核心申领条件，是持证人需居住在申领地。《广东省流动人口服务管理条例》第三条规定，"流动人口的服务管理工作，应当遵循依法管理、优化服务、保障权益和居住地属地管理的原则"，明确规定了居住证属地管理原则。

由于南沙当前基础设施和配套条件，与广州市区乃至与周边其他地区相比，存在不小差距。因此，不少在南沙工作的人选择住在南沙之外更加宜居的地区，每日通勤进出南沙，包括不少国家机关公务员亦是如此。因此，若以居住在南沙作为特殊居住证的核心申领条件，则不少在南沙工作但不在南沙居住的人员将无法申领特殊居住证，与"应最大程度覆盖有利于南沙经济社会发展的人群"的特殊居住证设想要求不符。

因此，南沙特殊居住证在目标对象方面，应超越国内普通居住证的"居住地属地管理"的原则，将在南沙工作作为特殊居住证申领的重要条件之一。凡在广州南沙新区居住、生活的非户籍居民，不论国籍、地区籍、户籍，均可申领广州南沙新区特殊居住证。非居住、生活目的的非户籍居民，符合一定条件，也可以申领特殊居住证。如此便将特殊居住证的申领和发放对象，最大程度覆盖到有利于南沙经济社会发展的人群。

居住在广州南沙新区内的境内外非户籍居民，按照国内普通居住证的一般做法，依照"居住地属地管理"原则，符合申领条件的，在南沙居住地申领特殊居住证。

居住在广州南沙新区之外、但在广州南沙新区工作的境内外非户籍居民，尚未在居住地申领居住证，且符合特殊居住证申领条件的，经工作单位出具证明，可在南沙申领对应类别的特殊居住证。此时，特殊居住证"现居住地"登记项目改为"现工作地"登记项目，内容为其工作单位在广州南沙新区的法定地址。

居住在广州南沙新区之外、但在广州南沙新区工作的中国内地公民，若已领取广东省内其他地区发放的居住证，依照1958年《户口登记条例》所确立的"一个公民只在一个地方登记一个常住地址"的"三个唯一"登记精神，不宜在省内同时拥有两个以上地方发放的居住证。此时，不宜另外发放特殊居住证，应灵活处理。

这种情况下，若申领人符合特殊居住证申领条件的，可申请在原居住证上标注广州南沙新区特殊居住证对应类别标志，经标注后的居住证，与对应类别的特殊居住证具有相同功能。标注方式为：在原居住证的可擦写区域，由特殊居住证发放机关标注广州南沙新区及特殊居住证对应类别标志（NS‐A1、NS‐A2）。

（五）功能定位：公共服务"一卡通"载体、非户籍居民待遇凭证

增加居住证涵盖的权益和公共服务范围、拓展居住证的适用场合，是增加居住证持证人"粘性"，提升居住证含金量的两大举措。其共同目的是将居住证作为非户籍居民享有均等化基本公共服务待遇的资格凭证，通过不断增加公共服务和权益的范围及种类，拓宽居住证的适用场合及平台，使居住证成为非户籍居民基本生活必需品，从而实现以服务促管理的目的，从根本上提升居住证的办证率，有利于政府掌握本地实有人口基本情况。

公共服务"一卡通"载体、非户籍居民待遇凭证广州南沙新区特殊居住证的功能定位。其中，高端人才卡的持证人或其直系亲属，可依据《南沙高端人才卡实施及管理办法》等有关规定，享有"七优先、六免费和一个优惠"的待遇。其中，"七优先"服务是指，优先办理涉及个人的政务服务、优先享受医疗服务、优先安排人才公寓、优先办理入户、优先快捷通关、优先安排学位、优先为家属推荐工作岗位。"六免费"服务是指，持卡人及其直系亲属看病免挂号费，持卡人本人每年免费体检、免费乘坐公交、免费通行凫洲大桥、免区属国有企业经营的旅游景点门票，免费开放区属文化服务设施；"一个优惠"是指，由经信局协调区内经营性服务机构，为持卡人提供优惠服务项目。2013年1月8日，南沙已向首批130名高端人才发放了高端人才卡[1]。

对一级、二级特殊居住证的持证人，在广东省、广州市所规定的居住证持有人享有的权益和公共服务方面，实行无差别待遇。在广州南沙新区特殊居住证独有持证人独享的权益和公共服务方面，一级持证人较

---

[1] 莫道庆. 南沙高端人才卡持卡人可享九大方面贴心服务［EB/OL］. 广州市人力资源和社会保障局网站，2013‐01‐16.

二级持证人享有更多、更广的权益和公共服务。

2010年《广东省流动人口服务管理条例》规定，广东省居住证持证人享有三大方面的福利待遇：第二十五条规定的七个方面的权益和公共服务，第二十六条规定的四个方面的权益和公共服务，第二十七条规定的"五年入学，七年入户"的权益。除此之外，各地不断拓展居住证的功能应用，至2012年底，除入户、子女入学外，全省各地推出凭居住证可享受的便民服务项目涉及金融服务、公交、小额消费、充值、票务、积分、门禁应用、企业一证通等20多项。包括：免费享受公共就业服务机构提供的就业服务，参加政府部门提供的各类免费培训，子女享受计划内基础疫苗免费接种，免费享受国家规定的计划生育基本项目技术服务，办理乘车优待证，使用居住证作为小区、出租屋楼宇门禁卡，办理出入港、澳地区的商务出境手续，办理赴港一次多签，申请办理车辆入户和机动车驾驶执照，享受免费婚前检查、孕前检查，65岁以上老人持居住证可享受每年免费体检待遇，旅游景点门票优惠等①。

特殊居住证应按照人才级别，对二级持证人、一级持证人、高端人才卡持证人分别赋予由低到高的权益和公共服务待遇，分别构建生存型、发展型、自我实现型三大类权益与公共服务"待遇包"，后一类"待遇包"原则上涵盖前一类"待遇包"中的所有权益和公共服务待遇。

从权益和公共服务待遇覆盖面范围而言，生存型"待遇包"属于普惠型待遇，三个层次持证人均可享有；发展型"待遇包"属于专惠型待遇，主要面向一级持证人及高端人才卡持证人；自我实现型"待遇包"属于特惠型待遇，只针对高端人才卡持证人。

其中，生存型"待遇包"旨在消除影响持证人在南沙工作生活的

---

① 洪奕宜. 广东居住证将变"一证通"20多项优惠服务外来人口[EB/OL]. 网易财经，2012-12-28.

各种"拦路虎",涵盖广东省、广州市居住证持证人享有的所有权益和公共服务待遇,也包含部分广州南沙新区提供的权益和公共服务待遇,也可称为"清障式待遇包"。

发展型"待遇包"是在生存型"待遇包"的基础上,涵盖更多广州南沙新区提供的权益和公共服务待遇,旨在为持证人在南沙的发展提供良师益友式的指导帮助,也可称为"师友式待遇包"。

自我实现型"待遇包"是在发展型"待遇包"的基础上,涵盖广州南沙新区提供的若干高端权益和公共服务待遇,旨在为制证人提供更加周全的贴身保姆式的服务,实现共同发展,也可称为"保姆式待遇包"。保姆式服务已成为当前不少地方政府吸引重要企业和高端人才的重要措施。

三种类型的具体权益和公共服务待遇,由党委政府及有关部门调研后决定,作为特殊居住证管理规定的附表,向社会公开,每年或定期补充更新。课题组在调研走访其他国家新区、南沙有关部门、南沙企事业单位、南沙非户籍居民的基础上,分析了当前企业和非户籍居民所关心的权益和公共服务问题,依此分类做出相关具体建议,详细内容见后文。

(六)品牌定位与历史定位

广州南沙新区特殊居住证实践属于地方政府加强流动人口服务管理、吸引企业和人才举措的重大创新,必将在国内、业内产生重大影响,引领社会管理和人才政策潮流,因此,有必要进行品牌定位与历史定位分析。若该政策顺利实施,笔者认为,"中国内地首家真正意义上的地方绿卡"可成为广州南沙新区特殊居住证的品牌定位,"2030年的中国身份证4.0版本的原型"可成为广州南沙新区特殊居住证的历史定位。

1. 品牌定位：中国内地首家真正意义上的地方绿卡

绿卡是一种给外国公民的永久居住许可证，最早起源于美国，我国自 2004 年起给在国内的符合申请资格的外国人士签发永久居留权证明，也被视为建立了"中国绿卡"制度。一般而言，绿卡持卡人的权益主要体现在居留权和出入境签证方面，持有绿卡意味着持卡人拥有在签发国的永久居留权，同时可在一定时间内免去入境签证。因此，绿卡本质上属于中央事权，地方政府无权颁发绿卡。

然而，在现实中，港澳台地区的居留证或非永久性身份证，也常被称为该地的绿卡，如台湾居留证、香港非永久性居民身份证、澳门非永久性身份证。中国内地部分城市的居住证有时也被称为地方绿卡、城市绿卡，如北京市工作居住证被称为"北京绿卡"，上海人才类居住证被称为"上海绿卡"，2011 年起施行的贵阳居住证被称之为"城市绿卡"等。

2006 年，中央财经领导小组办公室副主任刘鹤建议，在户籍制度不会彻底取消的背景下，在人口比较集中的大城市可尝试推行绿卡制度。进城务工人员如果在一个城市的工作时间超过一年或超过一年半，并且有正式职业，就可以逐步获得在这个城市的居住资格①。实际上，此类"城市绿卡"是指面向内地流动人口的居住证，并不涉及港澳台居民和外国人（包括无国籍的人）。

因此，目前国内所谓"地方绿卡""城市绿卡"主要有两类：第一类实质为普通居住证，主要发放对象为在城市生活工作的中国内地流动人口。第二类为部分省市发放的人才类居住证（上海、广东）或工作居住证（北京），主要发放对象为在该城市创新、创业、投资的港澳台居民、外国人或中国内地高端人才。

---

① 何雨欣，雷敏. 中财办副主任建议大城市推行绿卡制度 [EB/OL]. 新浪网，2006 – 03 – 20.

<<< 第八章 新时代南粤流动人口安全管理探索——居住证管理

广州南沙新区特殊居住证囊括了国内上述两类"地方绿卡""城市绿卡"的范围，不分申领人国籍、户籍、身份状况，面向境内外人员颁发"三级三类"的特殊居住证。其中，"三级"是指依据持证人申领条件和享有待遇由高到低、公共服务范围由宽到窄进行划分，将特殊居住证分为高端人才卡、一级、二级三个级别。"三类"是指为内地流动人口、港澳台居民和外国人三类人分别发放 A 类、B 类、C 类特殊居住证。

因此，假若"地方绿卡"是一个实质概念，用来描述下述三种情形，则南沙特殊居住证可称为"地方绿卡"：第一，非永久居留居民向永久居留居民转化期间，地区政府为非永久居留居民颁发的具有过渡意义的身份证明与特定福利享有凭证（类似港澳台地区的居留证、非永久性居民身份证）；第二，非户籍居民向户籍居民转化期间，地方政府为非户籍居民颁发的具有过渡意义的身份证明与特定福利享有凭证（类似内地的普通居住证）；第三，地方政府为一些不愿归化、入籍的非本地但在本地长期工作生活的国外、境外、省外人员颁发的身份证明与特定福利享有凭证（类似国内部分地区人才类居住证）。

与国内多数地市普通居住证以及部分省市人才类居住证意义上的"地方绿卡""城市绿卡"相比，广州南沙新区特殊居住证具备居留期限、过渡轮候、出入便利、身份证明、福利凭证等种种绿卡基本特征，包含了国家与地方两个层面的人才吸引对象，面向外国人、港澳台居民和中国内地流动人口三类人群，涵盖高端人才、中端人才和普通公民三个层次，实现了"国家绿卡"制度向地方政府的无缝延伸，是目前中国内地最完善的居住证，引领了我国居住证的未来发展潮流，也是中国内地首家真正意义上的地方绿卡，必将成为广州南沙新区吸引企业和人才的重要名片。

2. 历史定位：2030 年的中国身份证 4.0 版本的原型

自 1985 年我国建立居民身份证制度以来，我国居民身份证经历了

1.0版本、2.0版本、2.1版本三个代际发展阶段。基于1985年《居民身份证条例》颁发的居民身份证为1.0版本，即第一代居民身份证。基于2004年《居民身份证法》颁发的居民身份证为2.0版本，即第二代居民身份证，核心变化是增加了居民身份证的芯片存储和机读功能。基于2012年修订版《居民身份证法》颁发的居民身份证为2.1版本，其核心变化是增加了持证人个人重要生物信息之一——指纹信息的采集和管理。

未来居民身份证发展的三大趋势是：第一，实现"身份证"功能在2.X代内的持续升级。通过增加以DNA为代表的多种生物特征信息，实现居民身份证由当前2.1版本向2.2、2.3乃至更高版本的持续演进；第二，为居民身份证加入"资格证"功能，明确规定持证人所享有的权益及公共服务范围，使居民身份证演进至3.0版本；第三，为居民身份证加入"信用证"功能，将持证人社会信用记录纳入居民身份证采集存储范围，使居民身份证演进至4.0版本。按照我国居民身份证代际发展速度加快的趋势来看（换代周期分别为19年、8年），在可预计的将来，到2030年，我国居民身份证可能会演化至4.0版本。

特殊居住证可在硬件加入芯片的基础上，通过实现"身份证"的代内升级、落实"资格证"的配套规定、为"信用证"留存接口和空间等措施，率先实现身份证、资格证、信用证功能的三合一，提前10～20年迈入居民身份证的4.0时代，成为当下国内最先进的个人身份证件，为2030年的中国身份证4.0版本的发展总结经验。届时，特殊居住证或被作为"2030年的中国身份证4.0版本的原型"，奠定其在中国身份证件发展历史中的地位。

第四节　居住证制度改革的制度设计

一、特殊居住证的结构框架

广州南沙新区特殊居住证实行"三级三类"的结构框架。其中，"三级"分别指高端人才卡特殊居住证（证件类别中用"高端"两字汉语拼音大写声母标识：GD）、一级特殊居住证（证件类别中用阿拉伯数字 1 标识）、二级特殊居住证（证件类别中用阿拉伯数字 2 标识）。

其中，高端人才卡类特殊居住证主要针对国内外高端人才，只要持有南沙高端人才卡，即可申领高端人才卡类特殊居住证。根据《南沙高端人才卡实施及管理办法》，南沙高端人才卡的发放对象，主要包括高端专业技术人才、高端管理人才和其他高端人才三大类。一级特殊居住证主要针对境内外中高级人才，以《广州南沙新区特殊居住证（一级）申领条件》的界定条件为准。二级居住证主要针对境内外普通人员，只要符合国家和广东省的最低申领条件即可申领。

"三类"是指为中国内地公民、港澳台居民和外国人三类人分别发放 A 类、B 类、C 类特殊居住证。其中对 B 类又做了细化，香港居民标识为 BH，澳门居民标识为 BM，台湾居民标识为 BT。

根据证件级别及持证人国籍、地区级、户籍状况，证件类别标识细分为 15 个。分别是：

（1）GDA、GDBH、GDBM、GDBT、GDC，发放对象分别为持南沙高端人才卡的中国内地公民、香港居民、澳门居民、台湾居民和外国人。

（2）A1、BH1、BM1、BT1、C1，发放对象分别为符合一级特殊居住证申领条件的中国内地公民、香港居民、澳门居民、台湾居民和外国人。

（3）A2、BH2、BM2、BT2、C2，发放对象分别为符合二级特殊居住证申领条件的中国内地公民、香港居民、澳门居民、台湾居民和外国人。

按照人才级别由低到高，特殊居住证分别赋予二级持证人、一级持证人、高端人才卡持证人生存型、发展型、自我实现型三大类权益与公共服务待遇，依次描述为"清障式待遇包""师友式待遇包"和"保姆式待遇包"。后一类"待遇包"原则上涵盖前一类"待遇包"中的所有权益和公共服务待遇。

为吸引人才团队，高端人才卡持证人，可享有为最多10个直系亲属、骨干成员申办一级特殊居住证的权益，具体人员由高端人才卡持证人确定。其中，按照该一级持证人的身份，对中国内地公民、港澳台居民、外国人分别发放A1、BH1、BM1、BT1、C1特殊居住证。此时，作为高端人才卡持证人团队成员的成员，不受一级持证人申领条件的限制，由高端人才卡持证人签署同意后即可办证。据此申领的一级特殊居住证，与根据一级持证人申领条件申领到的一级特殊居住证，在享有权益和公共服务方面并无差别。团队证形式的一级特殊居住证，其有效期限截止日期与高端人才卡持证人有效期限截止日期相同。有效期满后，若高端人才不再继续在南沙工作居住，或高端人才卡过期作废的，其附属的团队证形式的一级特殊居住证亦同时过期作废。

二、特殊居住证的类别层次

特殊居住证的类别层次见如图 8-2 所示。

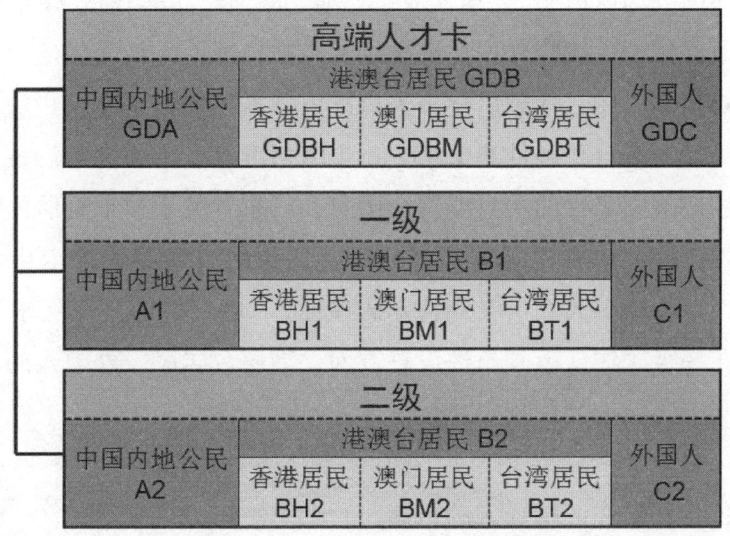

图 8-2　广州南沙新区特殊居住证类别示意图

三、特殊居住证的申领规则

特殊居住证的申领对象范围很广，适用于所有在广州南沙新区居住、生活的非户籍居民，包括中国内地公民、港澳台居民和外国人。非居住、生活目的的非户籍居民，符合一定条件，也可以申领特殊居住证。

在申领条件方面，贯彻"上不封顶、下不设槛、内外兼收、层次有别、境外境内同等要求"的原则。"上不封顶"原则是指，特殊居住证的高端人才卡类别可以覆盖国内外所有高端人才。"下不设槛"原则是指，特殊居住证不在国家和广东省有关规定之外，额外设立申领门槛，只要符合国家和广东省的最低申领条件，均可申领南沙二级特殊居住证。符合一定条件的，还可以申领一级或高端人才卡类别特殊居住证。"内外兼收"原则是指，特殊居住证不考虑申请人的国籍、地区籍或户籍情况，只要在广州南沙新区居住、工作，中国内地公民、港澳台居民、外国人均可申领。"层次有别"原则是指，以当前广州市人口准入基本条件作为一级特殊居住证申领的基准标准，一级居住证申领对象主要针对两类群体：达到广州市人口准入基本条件但不愿入户广州，或愿意入户广州但自身条件略低于广州市人口准入基本条件的。凡不符合一级居住证申领条件的，只要符合国家和广东省关于非户籍居民的最低申领条件，均可申领二级特殊居住证。达到南沙高端人才卡申领条件的，可以申领高端人才卡类别特殊居住证。"境外境内同等要求"原则是指，在一级居住证申领条件设置方面，港澳台居民、外国人的申领条件，参照中国内地公民规定执行。

四、特殊居住证持证人的待遇

依照差别待遇原则，根据特殊居住证的等级，对不同等级的持证人赋予不同的权益和公共服务待遇。

按照人才级别由低到高，特殊居住证分别赋予二级持证人、一级持证人、高端人才卡持证人生存型、发展型、自我实现型三大类权益与公共服务待遇，依次描述为"清障式待遇包""师友式待遇包"和"保姆式待遇包"。后一类"待遇包"原则上涵盖前一类"待遇包"中的所有权益和公共服务待遇。

从权益与公共服务的覆盖面和水平角度划分，"清障式待遇包"属于普惠型，实行准户籍居民待遇，各级持证人均可享有。"师友式待遇包"属于专惠型，接近户籍居民待遇，仅一级特殊居住证及高端人才卡特殊居住证持证人可以享有。"保姆式待遇包"属于特惠型，高于户籍居民待遇，仅高端人才卡特殊居住证持证人可以享有。

具体示意见表8-1。

表 8-1 特殊居住证类别、申领对象与享有权益对照表

级别	类别			申领对象	待遇包	权益覆盖面	权益性质	权益水平
	中国内地公民	港澳台居民	外国人					
高端人才卡	GDA	GDBH GDBM GDBT	GDC	持"南沙高端人才卡"的人员	保姆式	特惠型	自我实现型	超户籍居民待遇
特殊居住证（一级）	A1	BH1 BM1 BT1	C1	达到或略低于广州市人口准入条件要求的人员	师友式	专惠型	发展型	户籍居民待遇
特殊居住证（二级）	A2	BH2 BM2 BT2	C2	未达到特殊居住证（一级）申领条件的人员	清障式	普惠型	生存型	准户籍居民待遇

五、特殊居住证持证人具体权益种类

根据国内外吸引人才的政策举措以及对广州南沙新区企事业用人单位和非户籍居民的调研结果，广州南沙新区特殊居住证持证人享有的权益及公共服务具体内容主要包括以下方面：

（一）安家补贴

根据不同等级标准由政府一次性发给安家补贴。

（二）住房安置

如免费安排人才公寓、优先安排入住公租房等。

（三）创业资助

如设置"大学生创业资金""留学归国人员创业基金"等。

（四）贷款支持

对高科技企业以及其他符合南沙社会经济发展方向的企业设置"孵化贷款"、限额政府贴息贷款等扶持措施。

（五）税收优惠

对大学生创业企业、高科技创新企业、留学生归国创业企业的负责人，及其他符合南沙社会经济发展方向的企业负责人，实行一定期限或者一定额度的税收减免。

（六）政府奖励

对持证人在南沙工作期间获得的国家级、省（部）级、市（地）级等科技进步奖实行再奖励政策。

（七）入户政策

持证人本人及其直系亲属符合入户条件的，予以优先快捷办理。对在海外生育多胎子女的高层次留学人才，经有关部门审核推荐后，允许多胎子女入户。

（八）子女入学

持证人子女入学（含入幼儿园）优先安排区属公办义务教育阶段学校、幼儿园优质学位，并享受地段生待遇。为持证人子女就读非区属公办学校、幼儿园提供协调帮助。GD级持证人子女愿意在南沙参加中考、高考的，不受入户时间限制，享受本地考生待遇。

持证的境外人员的子女，在语言文字适应期内，参加本区升学考试的，可以适当降低录取分数线。

（九）配偶就业

为GD级、一级持证人配偶优先推荐就业岗位。

（十）人才选拔与培养

建立面向所有持证人的专项人才选拔与培养计划，定期遴选、定向培养、重点资助。

(十一) 职称评聘

对入选本区人才培养计划的 GDA 类别持证人，实行灵活的职称评聘政策，可以破格晋升、先聘后评、低职高聘。境外人员参加职称评聘，依照有关规定执行。

(十二) 居留及出入境便利

对持证的外国人办理 2~5 年有效期的外国人居留许可或者多次往返签证。

对持证的港澳台居民及其配偶和子女提供一定时限的便利免签证，办理两地车牌。

在南沙客运港设立快捷通道，对持证的港澳台居民及其配偶和子女提供通关快捷服务。

(十三) 购房购车免限购

持证人可以在南沙购买一套房、一台车。

(十四) 养老保险

持证人在户籍所在地建立的养老保险关系和个人账户存额可以不转移。达到退休年龄，符合国家规定退休条件的人员，可以按有关规定在本区办理退休手续。未达到退休年龄离开本区时，本区的社会保险经办机构应按规定将其养老保险关系和个人账户储存额转移到其重新就业地社会保险经办机构；当地未建立社会保险机构的，将其个人账户储存额中个人缴费部分及其利息一次性以现金形式支付给本人。

(十五) 医疗保险

持证人参加本区基本养老保险的人员，可以参加本区城镇职工基本医疗保险，按时足额缴纳医疗保险费。离开本区时，本区的医疗保险经办机构应当将其基本医疗保险关系和个人账户储存额转移到其户籍所在地的社会保险经办机构；当地未建立社会保险机构的，将其个人账户资金余额及利息一次性以现金形式支付给本人。

（十六）住房公积金

凡按时足额缴存住房公积金一年以上的人员，可以享受住房公积金贷款，并可以按规定提取住房公积金。离开本区时，可按规定办理职工住房公积金账户转移或注销手续。

（十七）快捷政务

按照"专窗服务、全程跟踪、优先办理、限时办结"的方式，为A类持证人办理涉及个人政务的事务提供绿色通道。

（十八）医疗保健

GD级持证人及其直系亲属可以在正常工作时间内享受导诊服务，以及优先挂号、优先诊疗、优先缴费等"三优先"服务。GD级持证人可以享受每年一次的免费健康体检。免费体检的费用标准不超过1500元/人/年，超出部分由持证人自负。GD级持证人及其直系亲属在定点医疗单位就诊时，免挂号费、诊金。

（十九）文化服务

图书馆、文化馆等区内文化服务设施对GD、一级持证人免费开放。区属国有企业经营的旅游景点对GD级持证人免门票。

（二十）公共交通服务

为GD级持证人提供免费乘坐公交车和路桥费免费的优惠。

第九章

新时代南粤流动人口安全管理探索
——出租屋管理

出租屋是流动人口在粤居住的主要场所。受收入条件等限制,流动人口的基本生活条件较差,城市流动人口的主要居住方式为集体宿舍、自租房等形式,生活和卫生条件差。居住环境较差、卫生习惯不良给社会管理带来很多困难,也滋生了不少安全管理风险。出租屋的案件、事件、事故频发,为所在地社会管理带来较大压力。

第一节 流动人口在粤居住的基本情况

流动人口居住类型包括城郊接合部的聚居型、居住于城市居民家中的散居型以及随工作场所变换而转移的迁居型。广东省流动人口主要分布在城乡接合部地区,在出租屋居住的比例较高。广东省公安厅治安部门2016年统计数据显示,流动人口在粤居住主要集中在各自的租赁房屋中,占比约62.86%,且居住分散流(动人口在粤居住的住所分布及人数如图9-1和表9-1所示)。

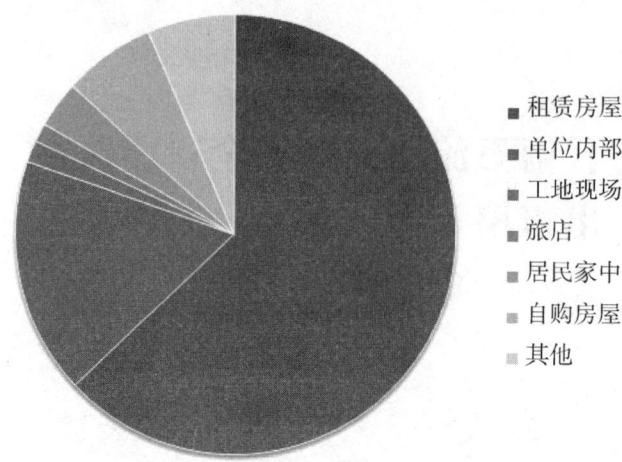

图9-1 2016年流动人口在粤居住处所分布图

数据来源：广东省公安厅治安部门统计数据

表9-1 2016年流动人口在粤居住处所人数

居住处所	人数（人）	百分比
租赁房屋	24535986	62.86%
单位内部	6795156	17.41%
工地现场	625100	1.60%
旅店	533790	1.37%
居民家中	1340212	3.43%
自购房屋	2676448	6.86%
其他	2524415	6.47%

数据来源：广东省公安厅治安部门统计数据

在现实中，一部分流动人口寄居旅店，一部分在城郊接合部或弱控地域，形成了"移民村"。还有相当规模的流动人口居住在施工工地的工棚、居民出租房屋和集贸市场内。他们多以同乡、同族的关系聚在一起，出现了流动人口以地缘、业缘关系集中居住形成的居住群落，形成了以地域纽带为特征的"同乡村"现象。这种聚集，有时候会形成同乡团伙甚至帮派，时常出现因小事酿成大的冲突，给社会治安带来危害。少数不法分子也常以城乡接合部出租屋为藏身之地。

第二节 出租屋安全管理的目标与评价指标体系

一、出租屋安全管理的目标

重大活动前后出租屋管理措施和力度，可以代表出租屋安全管理的高级层次。下文以作者撰写完成的2010年亚运会前后广州市出租屋安全管理的相关课题成果为基础，结合2008年北京奥运会等其他大型活动前后出租屋管理经验，对出租屋安全管理进行论述。

北京奥运期间，为落实中央提出的"严之又严、细之又细、实之又实""两个奥运、同样安全"的平安奥运工作要求，北京市开展了包括流动人口与出租房屋管理工作在内的"平安奥运"十大行动，提出了"大事不出、小事减少、管理严格、秩序良好"的平安奥运目标，并提出"平安奥运重于泰山、奥运平安人人有责"的口号，号召"全民参与，打一场平安奥运人民战争"。北京市流动人口和出租房屋管理系统开展了以"为首都添光彩、为奥运做贡献"为主题的系列活动，在全市范围内开展了针对流动人口重点人员、出租房屋安全隐患、群体性矛盾纠纷的专项排查工作，确保流管工作"四个"不发生，即在奥运期间坚决实现全市不发生涉及流动人口和出租房屋的暴力恐怖事件、危害国家安全和社会稳定的重大政治事件、大规模群体性事件和有重大影响的个人极端事件。

广州亚运会的办会理念为：激情盛会，和谐亚洲。广州亚运会的办会目标之一为把本届亚运会办成具有中国特色、广东风格、广州风采，祥和、精彩的体育文化盛会。"和谐""祥和"两个关键词，是确定出租屋安全管理工作目标的依据。

2008年10月24日，广州市副市长陈国在广州市出租屋管理领导小组工作会议指出，出租屋管理工作应坚持以出租屋"底数清、情况明、控得住、管到位、服务好"为目标①。2009年2月20日，广州"人屋车场"管理动员大会上披露，广州将正式实行对流动人口与出租屋的分类管理模式。按是否具有固定职业与固定住址，将流动人口分为三类，分别实行一般管理、跟踪管理与高危人群管理方式，管理目标是全面掌握流动人口动态。按出租屋的硬件条件、业主的守法纳管意识、租住人员的行为表现等情况，将出租屋分为"放心类""关注类""严管类"和"禁租类"，建立四类出租屋信息定期公示或上墙制度，重点加强对"严管类"和"禁租类"出租屋的巡查管控，引导"关注类"出租屋建成"放心类"出租屋，管理目标是出租屋内违法犯罪率不超过千分之五②。

根据上述内容分析，亚运期间广州出租屋及流动人口管理的关键词应为"平安""和谐""祥和"，总的目标是围绕"平安亚运""两个亚运、一样平安"来开展工作。出租屋及流动人口管理工作，可采取全民参与、情况摸查、分类管理、矛盾排查等多种手段，实现管控到位、服务良好、不出大事、小事减少等具体目标。可将"平安亚运、平安出租屋"作为出租屋及流动人口管理的基本目标，亚运期间最大的工作任务应该是"保平安"。

二、出租屋安全管理的评价指标体系

结合广州出租屋及流动人口管理的实际情况，以及北京奥运的成功

---

① 《关于印发张桂芳副书记和陈国副市长在市出租屋管理领导小组工作会议上讲话的通知》，穗出租屋〔2008〕14号，2008年11月5日。
② 徐艳. 广州决定对流动人口分类管理 没固定工作与住址视为高危人群［EB/OL］. 凤凰网，2009 - 02 - 21.

经验，可建立一套以六大指标为主要观测点和支撑点的"平安亚运、平安出租屋"出租屋安全管理评价指标体系。

这六大指标分别为：事件、事故、案件、窝点、舆论及亮点。围绕这六大指标，在广州亚运的不同阶段，出租屋及流动人口管理工作的具体目标，可分为理想目标（最优目标）、满意目标（次优目标）与保底目标（最低目标）三个层次。三个层次具体目标的要求不同，由难到易。其中，满意目标（次优目标）是亚运前日常工作的主要目标，理想目标（最优目标）是亚运会召开期间力求实现的目标，保底目标（最低目标）是亚运召开期间100%应完成的目标。

事件，主要是指涉及出租屋及流动人口的暴力恐怖事件、危害国家安全和社会稳定的政治事件、群体性事件和个人极端事件等。事故主要是指与出租屋及流动人口有关的火灾、坍塌、中毒、爆炸、放射性等治安灾害事故。案件主要是指与出租屋及流动人口有关的刑事、治安案件。窝点主要是指与出租屋有关的黄赌毒窝点、窝赃销赃窝点、传销窝点、制假贩假窝点、非法经营窝点（如黑网吧、黑诊所等）、非法制造窝点（如制黄贩黄、伪造证件、承印非法出版物等）、违法人员藏匿窝点等。舆论主要是指与出租屋及流动人口有关的媒体报道、社情民意、社会舆论、民众评价等。亮点，主要是指广州在出租屋及流动人口管理服务方面的重大创新、制度突破和领先举措等。

理想目标（最优目标）按六大指标要求如下。无事件、无事故、少案件、无窝点、舆论佳、有亮点等。

满意目标（次优目标）按六大指标要求如下：（1）事件：无暴力恐怖事件、危害国家安全和社会稳定的重大政治事件、大规模群体性事件和有重大影响的个人极端事件。（2）事故：无重大事故隐患，无重大责任灾害事故。（3）案件：刑事案件发案率下降，无命案、绑架案、涉枪案、督办案、团伙案等重特大恶性案件。（4）窝点：无重大黄赌毒窝点、窝赃销赃窝点、传销窝点、制假贩假窝点、非法经营窝点、非法制造窝点,违法人员窝藏率下降。(5)舆论:舆论评价好,无重大不良负面报道。(6)亮点:服务创新、管理模式有较大突破。

保底目标(最低目标)的要求应该是:亚运召开期间工作表现不能比平时差;确保无重大暴力恐怖事件、政治事件、群体性事件及个人极端事件,无恶性责任灾害事故,无重特大恶性案件,无重大不良负面报道等。

这套指标体系,既可作为开展工作的参考依据,也可作为评价自身及下级工作的参考依据。将"平安亚运、平安出租屋"的大目标,分解为若干可操作、可评价的实际指标,再逐一狠抓落实,是目标管理的常用方法。

上述三个层次的目标中,满意目标(次优目标)是亚运前日常工作的主要目标,整个亚运前的常态管理工作,应主要围绕满意目标(次优目标)进行。亚运会召开期间的战时管理目标要求更高,要确保100%实现保底目标(最低目标),力争实现理想目标(最优目标)。

上述六大指标、三个层次的目标,可使用雷达图进行表示与管理。雷达图广泛应用于目标管理过程中,它不仅可清晰说明现实与既定目标的差距,还可以在不同部门之间展开比较。在出租屋管理过程中,只要预先将六大指标做一定的量化或分级,就可以使用雷达图。

下例雷达图,表示某一月份 A 区与 B 区(区或街道)在六个指标方面的实际表现。事件、事故、窝点用数量或比例来衡量,单位是件(个)或百分比。案件、舆论、亮点用级别来衡量,可分为 1、2、3、4、5 等级别。某一指标,适宜用定量分析还是定性分级衡量,可根据实际情况决定。雷达图可清晰表示各区完成各层次目标要求的程度、各区工作的成绩与不足、各区之间的成绩差异等信息。

图 9-2 表明,A、B 两区都达到了最低目标要求,但都离理想目标要求尚远,其表现停留在满意目标附近。A 区在窝点数量指标方面,尚未达到满意目标要求。B 区在事件数量、案件级别指标方面,尚未达到

满意目标要求。A区有三项指标,超过满意目标要求。B区有两项指标,超过满意目标要求。

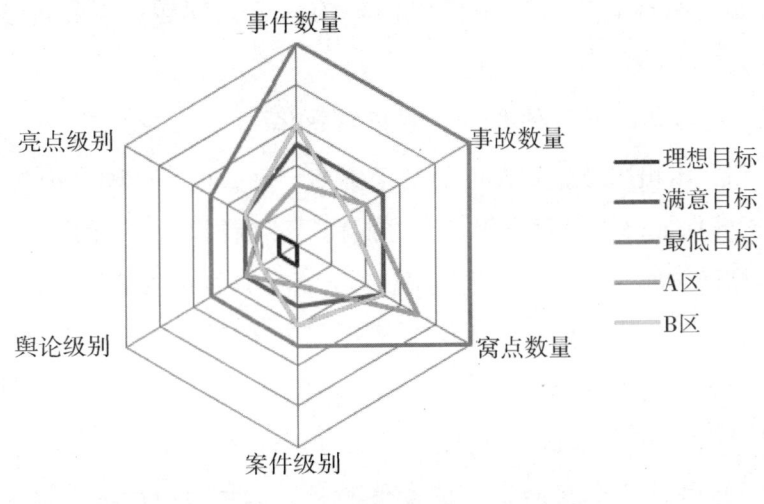

图9-2 出租屋目标管理雷达图

第三节 出租屋安全管理的问题分析

尽管广州出租屋的管理水平在近年来有较大提升,许多创新举措也获得相关部门及地区的肯定与认可,出租屋管理水平已居国内同类城市前列。但由于出租屋及流动人口数量庞大,成分复杂,流动人口的违法犯罪比例仍然居高不下,犯罪人员落脚、藏匿或在出租屋内被抓获的比例仍然偏高,涉及出租屋的事故等问题时有发生,广州治安状况仍未获得实质性的改善,出租屋管理工作离其"以屋管人"的初衷目标仍有较大差距。以广州亚运前后时段为例,出租屋管理工作面临的问题大致可分为三类:常态问题、非常态问题和深层次问题。

一、出租屋安全管理的常态问题

常态问题指日常管理工作中面临的一般性问题。主要包括以下几点。

(一) 出租屋管理的基础工作仍需强化

广州在出租屋及流动人口信息采集率、房屋租赁合同登记备案率、《治安责任保证书》签订率等三个方面仍需不断提高。出租屋及流动人口的信息采集周期过长,更新频率过慢,部分地区纳管信息过期、不完整的现象突出。税费征收存在较大漏洞,"两费一税"的漏收现象在一些地区突出,在出租屋税费征管率、偷逃税费等违法行为立案查处率方面仍需不断提高。

(二) 涉及出租屋的事故、案件、窝点三方面问题较突出

广州出租屋内未发生群死群伤火灾责任事故,整治安全隐患、拆除防盗网、开逃生口、配置灭火器、处罚违法出租屋主和承租人的工作也取得了明显成绩,但部分地区出租屋的消防整治力度仍不够大,出现消防隐患反弹,出租屋内消防安全责任事故时有发生。

出租屋内治安、刑事案件发案数量较多,涉及出租屋的违法犯罪率仍然偏高,与低于千分之五的既定目标尚有差距。随着警方对街面犯罪打击力度的不断加大,违法犯罪呈现由街面向社区转移的特点,出租屋内发案率面临着严峻的上升压力,部分地区出租屋内违法犯罪率较高。

违法犯罪人员利用出租屋从事黄赌毒、窝赃销赃、传销、制假贩假、非法经营、非法制造等违法活动的现象较为突出,部分地区被抓获的违法犯罪人员以出租屋为落脚点的比例还比较高,出租屋是违法犯罪人员从事违法犯罪活动与逃避打击的最常见场所之一。

(三) 服务创新不足

"重管理、轻服务"、以收费代替管理服务、服务内容少、服务创新"雷声大雨点小"、服务举措难落实等现象依然存在。主要表现有：

窗口部门办公时间机关化，不便民，办公方式被动，不主动上门。出租屋及流动人口登记时要求出示的证明多、手续繁杂、程序拖沓。出租屋管理采集信息的表格内容太复杂、太耗时。个别地区违规"捆绑"收费或乱收费，违法向流动人员收取流动人员调配费。针对流动人员的服务内容少、信息少、实质福利更少，流动人员在登记后无法获得实质性的收益，申报登记办证积极性低。部分工作人员态度差，"门难进、脸难看、话难听、事难办"，沾染不良官僚气息，服务意识不强。有关部门未制定服务创新的长远规划与具体要求，经常走一步看一步，等、靠、观望思想严重，积极性不高。

（四）队伍建设需加强

近年来，广州逐步建立健全了市、区（县级市）、街（镇）和社区（村）4级出租屋管理机构，在市、区（县级市）出租屋管理机构层面配备了专门的行政编制人员，在街（镇）出租屋管理服务中心层面配备了事业编制人员，并向社会招聘了数千名社区（村）出租屋管理员，基本建立了较完备的出租屋管理队伍。这支队伍的建立，对出租屋管理服务工作的顺利开展，起到了重要的作用。此外，全市各级公安机关也选派了数百名民警到各级出租屋管理服务机构任职开展工作，加强了出租屋管理机构与公安机关的联动机制。但在实际工作中，这支队伍尚存在不少问题，主要有以下几个方面。

与北京相比，配置标准偏低。北京市"三办一站"的正式工作人员都是行政编制，此外另有部分事业编制。而广州仅在市、区县两级配备行政编制，在街镇一级配备事业编制。部分区县仍未按要求配齐行政编制人员，或虽然配齐了人员，但人员配备不强，特别是领导配备不强。

基层出租屋管理员队伍也存在不少问题。主要体现在下述几个方面：第一，部分区县没有严格按 100~120 套出租屋配备 1 名出租屋管理员的规定配齐人员。第二，收入待遇差距大，各区县差别不小，甚至在同一区县的不同街（镇），收入差距也比较大，导致出租屋管理员队伍与心态不稳。第三，工作负荷差距大。同一工种，有的地区工作较轻松，有的地区工作负荷较重。第四，队伍不纯正，兼职人员多。部分居委会干部兼职做出租屋管理员，一人担两职。部分出租屋管理员年龄大、体质差，难以胜任工作要求。部分外来出租屋管理员将这份工作作为跳板，经常跳槽。部分本地出租屋管理员碍于街坊邻里熟人关系，不敢管，甚至隐瞒情况。第五，出租屋管理员被"挪用"的现象经常发生。不少街（镇）让出租屋管理员兼任治安巡逻、计生检查、卫生防疫等工作，本职工作反而耽误了。甚至个别街（镇）为了图方便，将出租屋管理员分散放到社区、村去管，成为一些社区、村的"地方势力"，成为乱收费、捆绑收费等欺诈流动人员的"牟利工具"。第六，出租屋管理员的工作绩效考核工作还不完善，责任倒查机制还未能严格落实。未能通过制度做到奖勤罚懒，将工作绩效与工资待遇相挂钩，不利于调动管理员的积极性，不利于强化出租屋管理员的责任意识。

（五）部门协作渠道不畅，协同不力

广州建立了由党委政府牵头、18 个部门共同负责的出租屋综合管理体制，目的是改变过去由公安机关独家管理出租屋的局面。但在实际运行中，各部门协同运作的机制却不是很顺畅，未能达到预期目标。主要表现在：

对出租屋管理部门反馈的一些信息，有关部门未能及时查处、书面反馈。部分部门积极主动，但部分部门工作较为被动，对出租屋管理工作不够重视。取证部门与管辖部门未能有效互通信息，出现取证部门无权管辖、管辖部门无据处罚"两头够不着"的局面，放纵了违法犯罪行为。部分部门不愿将涉及出租屋及流动人员管理服务的一些信息及时通报出租屋管理机构，导致出租屋管理机构无法构建"一站式"服务管理体系，群众办事要奔波于多个部门，耗时耗力，意见较大。

二、出租屋安全管理的非常态问题

非常态问题指重大活动安保时期面临的特殊性问题。亚运会重大安保活动给广州市出租屋安全管理带来的新问题主要表现在，对出租屋及流动人口管理工作的要求大幅提高，要确保出租屋及流动人口管理工作在亚运期间"不出事、保平安"，实现"平安亚运、平安出租屋"的基本目标，全力维稳、不添乱、不拖后腿。

前文已述，亚运前后出租屋管理工作应围绕事件、事故、案件、窝点、舆论、亮点等六个指标来展开。在亚运召开之前或结束之后，这六个方面的工作须同步推进，不可偏废。在亚运召开期间，管理部门对六个方面的工作应有所侧重，重点是做好事件、事故和舆论工作。所谓的"不出事"，可理解为不出事件（包括舆论事件）、事故，退一步而言，要不出大事。在亚运期间，出租屋及流动人口管理工作在事件、事故和舆论方面存在的问题可能有三点。

第一，发生影响较大的事件。在"平安奥运"十大行动中，北京市流管部门提出了"四个不发生"的工作目标，针对的就是事件，即确保奥运期间坚决实现全市不发生涉及流动人口和出租房屋的暴力恐怖事件、危害国家安全和社会稳定的重大政治事件、大规模群体性事件和有重大影响的个人极端事件。广州亚运期间，同样不能在出租屋及流动人口管理领域发生上述重大事件，这给出租屋及流动人口管理工作提出了很高要求。

第二，发生影响较大的事故。一般而言，亚运期间发生火灾、坍塌、中毒、爆炸、放射性等灾害事故的概率不高，但一旦发生导致群死群伤的重特大责任灾害事故，则影响巨大。考虑到亚运召开时的11月份正是广州风高物燥的季节，发生火灾等治安灾害事故的概率也不容低估。因此，要确保亚运期间不发生涉及出租屋及流动人口管理领域的群死群伤重特大责任灾害事故，工作量很大。

第三，发生影响较大的舆论事件。近年来，广州市出租屋及流动人口管理部门，与本地大部分主要媒体保持着良好的公共关系，涉及出租屋及流动人口管理工作的报道，一般较为正面，未出现引发重大反响的不良负面报道。亚运期间，省内各级宣传部门都会强化宣传纪律，在省内媒体上出现重大不良负面报道的可能性不大。但拥有异地监督权力的省外媒体及蜂拥而来的境外媒体，则很难通过宣传纪律来约束。一旦工作中出现大的失误，很容易被一些用心不良的媒体借题发挥，四处散播，引发不良影响，损害广州的国际形象。因此，出租屋及流动人口管理部门一方面要确保工作中不出现大的失误，授人以柄；另一方面，必须要考虑，一旦发生工作失误或突发事件，该如何应对国内外相关媒体，怎样才能通过危机公关最大限度地消除不良影响，进而化被动为主动，变坏事为好事，变负面信息为正面报道。在这方面，需要提前做好预案，并反复模拟演练，不容忽视。

三、出租屋安全管理的深层次问题

深层次问题指影响出租屋安全管理长远发展的各种制约性因素。这些问题主要体现在：缺乏统一的品牌战略及明晰的长远规划；缺乏有代表性的亮点；出租屋管理工作的成绩将长期受到广州治安形势的制约等。

（一）缺乏统一的品牌战略及明晰的长远规划

不仅广州存在这一问题，全国几乎所有城市都存在这一问题。现今出租屋管理的独立体制，是从公安机关代管格局中逐步分离而形成的。广州、深圳的现有体制均是从2003年才开始探索建立，北京更晚一点，是从2007年上半年才开始形成现有体制的。国内其他城市的步伐可能更慢,甚至还未探索实行这一独立体制。从生物发育周期角度而言,广州、深圳目前的出租屋管理体制刚脱离襁褓期和婴幼儿期,正在进入学龄期,尚未进入青春期。因此,缺乏统一的品牌战略及明晰的长远规划,也可以理解。

前文提到,各级领导及出租屋管理部门,也在不断探索提升出租屋管理层次的一些非物质因素,如方针、意识、指导思想、原则、工作目标等,但这些探索成果尚未经系统提炼,尚未上升到理念、战略高度,缺乏体系。

2003 年,广州市出台了《关于加强我市出租屋管理工作的意见》,建立了"党委领导、政府牵头、各家参与、统一管理"的管理体制[①]。2008 年 10 月 24 日,广州市出租屋管理领导小组工作会议指出,出租屋管理工作应"跳出出租屋管理来谋划出租屋管理工作",强化"首善"意识、亚运意识与久战意识。广州市陈国副市长在此次会议上指出,出租屋管理工作应坚持以出租屋"底数清、情况明、控得住、管到位、服务好"为目标[②]。2009 年 2 月 20 日,广州市"人屋车场"管理动员大会提出,广州将正式实行对流动人口与出租屋的分类管理模式。

北京奥运期间,流动人口与出租屋管理部门提出了"大事不出、小事减少、管理严格、秩序良好"的平安奥运目标,并提出"平安奥运重于泰山、奥运平安人人有责"的口号,号召"全民参与,打一场平安奥运人民战争",同时开展了以"为首都添光彩、为奥运做贡献"为主题的系列活动。奥运结束后,北京流管部门为下一步的工作提出了"有人管、有人服务""管得住、服务得好""管长远、服务大局"等工

---

① 《关于印发关于加强出租屋管理工作的调研报告的通知》,穗出租屋办〔2007〕10 号,2007 年 8 月 15 日。
② 《关于印发张桂芳副书记和陈国副市长在市出租屋管理领导小组工作会议上讲话的通知》,穗出租屋〔2008〕14 号,2008 年 11 月 5 日。

作思路①。

深圳流动人口和出租屋管理的总目标都是：适度调控，优化结构，强化管理，提升服务。具体来讲，对流动人口和出租屋要做到"情况明、底数清、控得住、管得严、服务好"。在信息采集和跟踪管理工作方面，秉持"村不漏栋、栋不漏户（套）、户（套）不漏人"的要求，做到资料"及时、准确、鲜活"。

此外，各地相关部门在实践工作中也总结出许多出租屋及流动人口管理的原则，如"谁留宿、谁负责，谁出租、谁负责，谁用工、谁负责，谁受益、谁负责，谁管理、谁负责，谁出事、谁负责"，"以屋管人、以业管人"，"居住地为主、从业地配合"，"流入地为主、流出地为辅"，"来有登记、走有注销、租有登记、停有核销"，"以主管客、以房管人"，"集中住宿、统一管理"，"以外管外、源头管理"，"分类组织、属地管理"，"属地管理、属地首责"，"职工待遇、保护服务"，"群众协管、突出重点"，"常抓不懈、经常清理"，"寓管理于服务之中"，"一站式"服务等。

通过上述列举可以看出，当前出租屋及流动人口管理在理念、原则等非物质层面，存在下述问题。第一，较为散乱，不成体系。第二，讲管理的多，谈服务的少。第三，角度单一，缺少互动。绝大部分理念、原则都是站在政府、管理层的角度提出的，出租屋主、承租人及其他被管理对象的声音很弱，反映双向沟通的内容也很少，基本上属于管理部门自说自话、单向沟通，很难激发被管理对象的共鸣，难以形成双方携手共创美好出租屋生活的双赢局面。第四，缺乏长远规划，前瞻性不强。广州作为出租屋管理服务创新的领头羊之一，尚需在品牌战略及长远规划方面，不断探索，争当排头兵，形成自己的特色。

---

① 北京市流动人口和出租房屋管理委员会办公室，全市流管系统平安奥运工作总结，2008年9月，内部资料。

（二）缺乏有代表性的亮点

近年来，广州在出租屋及流动人口管理的很多具体制度方面，做了很多有意义的创新探索，如在管理服务模式方面总结出了具有广州特色的七个出租屋管理服务示范点，影响较大，走在了国内前列。这七个示范模式分别为：越秀区大东街"金雁工程"流动人员管理服务、海珠区沙园街围院式出租屋（中心城区）管理服务、天河区棠下街托管式出租屋管理服务、白云区景泰街出租屋安全整治、黄埔区红山街围院式出租屋（城中村）管理服务、番禺区石碁镇出租屋管理服务站建设、萝岗区东区街公寓式出租屋管理服务。此外，在出租屋管理服务规章制度建设、管理机构与管理队伍建设、信息化建设、经费保障体制建设等方面，也形成了自己的特色，为其他地区提供了较好的借鉴作用。

但不容忽视的问题是，广州出租屋管理的很多经验只在系统内反响良好，在社会上的知名度并不高。在同类城市中，北京由于是首都，政策方面力求稳健，一般"慢半步"，在出租屋及流动人口管理体制创新方面贡献不大。对一些关注时事的民众而言，当被问及深圳时，可能了解深圳首创了一个居住证制度，现在还要在全省推广；当谈及广州时，可能知道有 IC 卡暂住证、暂住证免费办理等独特特色；甚至一些民众还了解东莞 2008 年 11 月新成立的新莞人服务管理局。当然，以上推断尚缺调查数据支撑。但从中也能获得一点启示，即不论是居住证、还是 IC 卡暂住证、暂住证免费办理、新莞人服务管理局，其创新都是在流动人口管理领域取得的，民众对出租屋管理领域进行的创新了解较少。不仅广州如此，深圳亦如此。

近年来广州、深圳等地在出租屋管理领域创新成果不断，但为何无法取得像居住证制度等流动人口管理领域创新成果同样的知名度呢？其中原因可能很多，但有一些原因不容忽视：第一，各种创新成果较为散乱，中心不突出，很难找到用类似"居住证"这样的关键词将各种创新成果言简意赅提炼升华的方法；第二，各种创新成果大多出于政府管理需要，非民众真正所需，无法在民众之中引发广泛共鸣，成为民众注意力聚焦的对象。广州作为出租屋管理服务创新的领头羊之一，在这方面还需不断努力，在政策制定时要多站在民众角度换位思考，"想民众之所想、急民众之所急、谋民众之所需"，这样才能真正聚焦民众注意力，在社会层面引发广泛反响，提高出租屋管理工作的知名度和美誉度。

（三）出租屋管理工作的成绩将长期受到广州治安形势的制约

广州出租屋管理工作的主要出发点与落脚点，在于改善广州的治安状况。因此，评价广州出租屋管理工作成绩的好坏，广州治安状况是无法忽视的重要指标，甚至是最重要的指标之一。但广州治安状况的好坏有其自身的规律，在影响广州治安的因素中，既有短期可控的因素，也有长期、不可控的因素，而后者是无法通过短期工作加以改进的，需要长时间、社会结构的深刻变革才能改变。未来若干年，广州治安形势最可能的走势是有所好转，但无法根本性好转。

导致广州治安形势实现好转的原因主要有三方面。第一，发案率与预防率、破案率呈负相关关系。只要广州有关部门积极预防、努力打击，短期内，局部地区的治安形势会有所好转。第二，城镇化初期所带来的城市财富积累会成为引发违法犯罪的诱因，但从长期来看，随着城镇化水平的深入、城市财富的持续积累，这种诱因会逐步转化为犯罪防治的有利因素。广州城镇化进程较早，所以治安问题出现得比较早。但城镇化进程带来的巨大物质财富，将为广州改善社会治安状况奠定坚实的物质基础。第三，从性质角度划分，安全可分为公共安全、准公共安全与私人安全三大类，社会个体同时需要这三类安全形式多方面、多层次、全方位的保障。当前社会治安困局的重要原因在于，社会治安防治体系只注重强调公共安全，对准公共安全与私人安全方面不够重视，形成三条腿"一长两短"的结构性缺陷。广州过去的治安防控方法，不够全面，所以效果不明显，只要坚持公共安全、准公共安全与私人安全这"三条长腿同时走路"，就有望从根本上解决上述结构性缺陷问题，治安防控的效果会越来越明显。

　　影响广州治安的长期不利因素同样众多，不容忽视，主要表现在四个方面。第一，在威权社会向自由社会转型的过渡期间，政府对社会控制力度的下降会导致违法犯罪率上升。全国目前都处于这样一个转型过程中，违法犯罪率上升是转型期无法避免的副产品。第二，当前，在政府与社会的博弈中，政府丧失了之前在"动静博弈"中取得的战略优势，因在"数量博弈"上的战略劣势而落于下风，无法实现对社会的有效控制。当前，政府对社会的控制力下降导致很多领域处于"失序"或"半失序"状态，不仅社会治安领域出现失控，很多领域都出现了失控现象。第三，一个城市，随着人口数量的增加，人与人之间的关系呈几何级数增长，治安及刑事案件数量也随之明显增长。广州是人口超千万的超大城市，人口密度大，违法犯罪的数量也多。第四，我国当前大部分犯罪类型为侵财犯罪。在这方面，与贫困地区相比，富裕地区会吸引更多犯罪人员聚集。近年来，从公安部及各地披露的统计数据来看，侵财犯罪发案数约占刑事案件总量的七八成左右。雄厚的经济实力再加上媒体宣传的广告效应，导致广州将长期成为侵财犯罪人员青睐的"冒险家的乐园"，也就不足为奇。

　　通过以上分析可以看出，广州治安形势的宏观走向，自有其内在规律，出租屋管理工作只是其中的一环。出租屋管理工作的处境很尴尬：不重视出租屋管理工作或出租屋管理工作搞得差，治安状况随之也会很差；反之，出租屋管理工作搞得好，治安形势却未必能实现同比例好转。这表明，把出租屋管理工作重心放在管好极少数违法犯罪人员上面，诚然重要，但出成绩、出亮点的空间不大，事倍功半。如能在管好极少数违法犯罪人员的同时，将更多的精力用于关注大多数守法的管理对象，努力提高服务水平，让守法的管理对象满意，则出成绩、出亮点的空间巨大。因此，这也是为何反复强调，要不断加大服务创新、改变"重管理、轻服务"状况的深层次原因，唯此才能劳有所得，劳有所获，付出与所得成比例，事半功倍。

第四节　出租屋安全管理的工作重点

广州出租屋及流动人口管理的工作，应在统筹兼顾的基础上，坚持主次分明，集中力量抓大事，强化工作重点。判断工作重点的标准可参考两条：一是容易出事的工作领域，二是出事后负面影响较大的工作领域。根据这两条参考标准，可将亚运前后出租屋管理的工作重点列为五个方面：重点时段、重点区域、重点领域、重点指标以及重点人口（高危人口、特殊人口）。

一、出租屋安全管理的重点时段

按照日程安排，亚运会之后广州还将举办第十届残疾人亚运会。参照北京奥运期间"两个奥运、同样安全"的工作要求，广州亚运会的工作要求应该也是"两个亚运、同样安全"。即亚运会及残亚会这"两亚"召开期间，为出租屋及流动人口管理的重点时段，"两亚"召开前与"两亚"召开后的时段，为非重点时段。当然，根据实际需要，重点时段的首尾日期可适当延长。

在不同的时段，出租屋及流动人口管理的工作应坚持不同的战略方针，并实现重点时段与非重点时段之间的平滑过渡。在"两亚"召开期间的重点时段，出租屋及流动人口管理应实行战时管理策略，采用一些非常态的管理手段。在"两亚"召开前后的非重点时段，出租屋及流动人口管理应坚持以常态管理为主。

此外，要确保常态管理与战时管理之间的平滑过渡，即在"两亚"召开前，要逐步实现从常态管理向战时管理的转化；在"两亚"结束后，也要逐步实现从战时管理到常态管理的回归。在前一个转化过程中，北京奥运总结了较好的经验，将出租屋及流动人口管理分为"严查、严整、严管、严控"等几个阶段。"两亚"召开前，出租屋及流动人口管理工作应围绕"严查、严整、严管"等不同阶段依次开展；在"两亚"召开期间，应将工作重点放在"严控"上面。

二、出租屋安全管理的重点区域

北京奥运召开前，有关部门组织开展了出租房屋安全大检查的"净土"专项行动，整治出租屋及流动人口的重点区域。结合北京奥运经验与广州的实际情况，亚运前后广州出租屋及流动人口管理的重点区域可分为四类：亚运场馆周边地区，亚运火炬传递路线周边地区，刑事治安问题突出的流动人口聚集区，以及位置偏僻的独门院落、厂房、空地等。

（一）亚运场馆周边地区

广州亚运会将使用70个场馆，分为50个比赛场馆和20个训练场馆。其中66个场馆分布在广州市的10个区和2个县级市，这66个场馆分为两大类：场馆群和分散场馆。其中场馆群有五个，包含了"两城两中心和老城区"——即亚运城、大学城、广东省奥林匹克中心、天河体育中心和总部酒店（花园酒店）周边场馆等5大亚运场馆群，广州亚运会的大部分比赛都将集中于这几个场馆群。有少部分比赛在分散场馆举行，分散场馆分布于广州的10个区和2个县级市。

在亚运期间，亚运场馆周边地区的出租屋与流动人口管理，是一项非常重要的工作。出租屋管理部门可在市一级机构统一协调指导的基础上，根据场馆的不同类别，由区（县）、街（镇）分别负责做好相关工作。

第一，亚运场馆群周边地区的出租屋及流动人口管理工作，由区（县）一级出租屋管理部门落实负责。可按照"向外扩一层"的原则，由区（县）一级机构统一做好亚运场馆群所在街（镇）及其周边街（镇）的出租屋及流动人口管理工作。必要的时候可将管理范围扩大至"向外扩两层"或更大。番禺区出租屋管理部门应负责做好亚运村、大学城场馆群周边的出租屋及流动人口管理工作，天河区出租屋管理部门应负责做好广东省奥林匹克中心、天河体育中心场馆群周边的出租屋及流动人口管理工作，越秀区出租屋管理部门应负责做好总部酒店（花园酒店）场馆群周边的出租屋及流动人口管理工作。

第二，分散场馆周边地区的出租屋及流动人口管理工作，在区（县）一级出租屋管理部门的统一指导下，由场馆所在的街（镇）落实负责。可按照"向外扩一层"的原则，由亚运场馆所在街（镇）的出租屋及流动人口管理部门牵头，周边街（镇）的出租屋及流动人口管理部门协同配合，共同做好亚运场馆周边的出租屋及流动人口管理工作。

（二）亚运火炬传递路线周边地区

做好亚运火炬传递路线周边地区的出租屋及流动人口管理工作，也十分重要。亚运火炬在广州的传递路线公布后，广州出租屋管理部门应做好传递路线沿线周边的出租屋及流动人口管理工作，防止发生火炬传递被阻挠、被破坏的事件。

（三）刑事治安问题突出的流动人口聚居区

流动人口聚居区，是各大城市治安管理中的重点和难点。依照流动人口聚集区形成原因的不同，可划分为缘聚型聚居区与混居型聚居区两种。缘聚型聚居区主要是通过亲缘或地缘关系形成的，居住在里面的成员往往具有某种共同性。混居型聚居区则不具有这种特点，其居住成员的背景较为复杂。

目前广州流动人口聚居区,主要分布在一些城中村、城乡接合部以及其他地区。出租屋管理部门应根据实际情况,将一些刑事治安问题突出、情况复杂的流动人口聚居区摸查列出,划分层次,分工落实,配合有关部门开展综合整治,确保此类问题高发区域的社会面貌能在亚运召开前焕然一新。

(四)位置偏僻的独门院落、厂房、空地

一些位置偏僻的独门院落、厂房、空地,因其不易受到关注,经常作为违法犯罪人员从事违法犯罪行为及藏匿的地点。北京奥运前,有关部门也将上述地区作为重点地区,进行了专门的摸查与治理。广州街(镇)出租屋管理部门应在亚运前,对辖区内的上述地区做一次深入摸查,完整登记,并在日常工作中勤加查访,防止上述地区成为管理中的盲区、死角。

三、出租屋安全管理的重点领域

重点领域是指日常工作中较薄弱的领域,这些领域可分为:隐患突出领域、管理困难领域以及漏管忽视领域等。

隐患突出领域,主要是指一些容易发生治安灾害事故的领域,如危房、病房、隐患房、拆迁房、违建房、房中房等领域。

管理困难领域,主要是指一些难于管理或管理效果不明显的领域,如二房东、日租房、时租房、短租房、城中村、机关团体单位、房屋中介、物业管理公司等领域。

漏管忽视领域,主要是指一些平时工作较少关注的领域,如网上租赁信息等。

对上述三大类重点领域,出租屋管理部门可分别对待,制定落实一些有针对性的措施,加强监管。

四、出租屋安全管理的重点指标

前文已述,亚运前后广州出租屋及流动人口管理工作,可通过事件、事故、案件、窝点、舆论、亮点等六个指标来评价。

在亚运召开之前或结束之后,这六个方面的工作须同步推进,不可偏废。但在亚运召开期间,管理部门对六个方面的工作应有所侧重,重点是做好事件、事故和舆论工作。事件、事故、舆论这三个指标是亚运召开期间的重点指标,案件、窝点、亮点是一般指标。

五、出租屋安全管理的重点人口

"以屋管人"是出租屋管理工作的出发点之一,能否管好出租屋内的居住人员,是衡量出租屋管理工作成效的基本标志。出租屋管理部门应对居住在出租屋内的人员实行分级、分类管理,对守法人员应主要做好服务工作,对极少数有违法行为或有违法嫌疑的人员,则应协同公安机关加强跟踪,落实防控与打击措施。亚运前后,出租屋管理部门应配合公安机关,做好对居住在出租屋内的重点人口(包括高危人口、特殊人口)的管理工作。

重点人口,是指有危害国家安全或社会治安的嫌疑,由公安机关重点管理的人员。一般包括五类:有危害国家安全活动嫌疑的人员;有严重刑事犯罪活动嫌疑的人员;因矛盾纠纷激化,有闹事行凶报复苗头,可能铤而走险的人员;因故意违法犯罪被刑满释放,解除劳动教养不满5年的人员;吸食毒品的人员。

高危人口,主要是指社会人口中有较高可能性进行违法犯罪或者已经进行过违法犯罪而未被发现的人员。高危人口一般包括:高危流动人口,负案在逃的犯罪嫌疑人和被打击处理过的人员,重点人口,"两抢一盗"等刑事犯罪分子,经常在公共复杂场所游荡的人员,涉黄、赌、毒人员,有违法犯罪倾向的青少年,境外人员中的高危人口,非法传销组织及其人员，不满意情绪激化危害社会的人等。

特殊人口，主要是指居住在出租屋内的外国人（包括无国籍人）、港澳台人士、少数民族人员等特殊人员。

出租屋管理部门的基层工作人员，应在日常工作中密切留意重点人口与高危人口，一旦发现，则在了解基本情况的基础上，报告公安机关或社区民警，由社区民警对上述人口进行管控，切实消除出租屋内居住人员的危险性。

在外国人（包括无国籍人）、港澳台人士、少数民族人员等特殊人口集中居中的区域，出租屋管理机构应协同有关部门，建立管理服务常设机构，加强对上述人士的服务与管理。招聘一批懂外语、懂少数民族语言、懂各地风俗习惯、懂涉外法律法规的专兼职人员，开展管理服务工作。对于分散居住的特殊人口，出租屋管理部门应主动与公安机关等政府相关部门加强沟通，掌握特殊人口租住的情况，并逐一联系、上门登记，实现"底数清、情况明、不漏管、不失控、变动及时登记"等基本管理目标。

第五节 出租屋安全管理的思路对策

前述表明，在亚运前后的不同阶段，出租屋及流动人口管理宜采取不同的管理方法。在"两亚"召开期间的重点时段，宜实行战时管理方法，在"两亚"召开前后的非重点时段，宜采用常态管理方法，并实现在两种管理方法之间的平滑过渡。此处主要论述出租屋及流动人口管理的常态管理方法，探讨常态管理的基本思路及对策。

按照出租屋常态管理性质与对象的不同，本部分主要从对外管理、对外服务、对外协作和内部管理等四个方面来探讨出租屋常态管理的基本思路。这些思路可归纳为十三个"适度"，即在对外管理方面坚持适度偏紧的出租屋资质审查、适度偏勤的出租屋治安巡查、适度从密的出租屋纳管排查、适度从严的出租屋税费征管稽查、适度敏感的政治大局意识、适度从新的技防设施应用等基本思路，在对外服务方面坚持适度领先的出租屋服务举措这一基本思路，在对外协作方面坚持适度偏硬的部门协作姿态、适度从宽的出租屋信息平台共享、适度偏多的媒体公关费用等基本思路，在内部管理方面坚持适度长远的出租屋战略谋划、适度从优的出租屋工作人员待遇、适度超前的出租屋财政忧患意识等基本原则。

一、对外管理

出租屋管理部门在开展对外管理工作时，可参考如下基本思路进行：适度偏紧的出租屋资质审查、适度偏勤的出租屋治安巡查、适度从密的出租屋纳管排查、适度从严的出租屋税费征管稽查、适度敏感的政治大局意识、适度从新的技防设施应用等。

上述思路的主要目的在于解决出租屋基础工作中存在的下述问题：出租屋及流动人口管理纳管率不高，信息更新速度慢，税费征收漏洞较大，事故、案件、窝点问题较突出等。

（一）适度偏紧的出租屋资质审查

严格落实出租屋"放心类""关注类""严管类"和"禁租类"分类管理的具体举措。结合广州目前实行的消防、结构、产权、建设等四方面的评判标准，借鉴北京奥运期间"停租"的做法，结合深圳有关"禁租"的具体规定，进一步明确出租屋资质审查的标准，出台亚运期间"停租""禁租"的临时标准，或对拒不"停租"的出租屋采取停水、停电、停气等临时措施，切实解决一些危房、病房、隐患房、拆迁房、违建房、房中房等不符合出租条件的房屋"带病出租、非法出租"的问题。

(二) 适度偏勤的出租屋治安巡查

出租屋管理部门应紧密联系公安等相关部门,加大对出租屋治安及消防等问题的巡查,消除隐患,避免事故,降低发案。降低出租屋内窝藏违法犯罪人员的比例,提高违法犯罪人员利用出租屋从事黄赌毒、窝赃销赃、传销、制假贩假、非法经营、非法制造等违法活动的成本。

优化出租屋分类管理,提高管理效率。对"严管类"和"禁租类"的出租屋,要规定严格的巡查频率,加大对问题出租屋的巡查力度。

同时,应着力解决流动人口信息更新速度慢、周期长、不及时、过期等现象。对一些流动人口变动频繁的出租屋区域,应提出明确的信息更新最低要求,制定合理的流动人口资料准确率、流动人口信息变更率等指标评价体系。

(三) 适度从密的出租屋纳管排查

2008年,广州制定了出租屋纳管工作目标,要求出租屋租赁登记备案率达到100%,并与出租屋主逐门逐户签订《治安责任保证书》,年底前签订率达到100%[①]。但在实际工作中,存在着不少纳管工作的薄弱领域,影响了上述目标的顺利完成,这些薄弱领域主要是指一些管理困难领域以及漏管忽视领域等。

管理困难领域,主要是指一些难于管理或管理效果不明显的领域,如二房东、日租房、时租房、短租房、城中村、机关团体单位、房屋中介、物业管理公司等领域。

漏管忽视领域,主要是指日常工作较少关注的一些领域,如网上租赁信息等。

出租屋管理部门应将上述领域作为重点领域,制定针对上述薄弱领

---

① 《关于印发张桂芳副书记和陈国副市长在市出租屋管理领导小组工作会议上讲话的通知》,穗出租屋〔2008〕14号,2008年11月5日。

域的出租屋及流动人口信息采集率、房屋租赁合同登记备案率、《治安责任保证书》签订率目标要求,加大排查纳管力度,落实一些有针对性的措施,不断提高纳管率,真正做到"村不漏栋、栋不漏户(套)、户(套)不漏人"。

(四)适度从严的出租屋税费征管稽查

与北京出租屋管理"全财政供养"体系不同,广州目前出租屋管理体系的运作经费,很大部分来自"两税一费"(流动人员劳动力调配费、治安联防费、出租屋综合税)专款的保障。除市、区(县级市)层面的行政编制人员,以及街(镇)层面的事业编制人员,主要由财政供养外,社区(村)层面的社区(村)出租屋管理员工资收入,以及相关的办公经费,还需依赖"两费一税"专款的下拨与返还。目前的收支状况较为平衡,出租屋管理的经费保障较为有力。但在实际工作中,"两费一税"漏收漏征、应收却未收的情况,在不同地区不同程度地存在。

税费漏征的主要原因在于部分地区的出租屋纳管工作存在薄弱环节,存在漏管现象。解决税费漏收问题的主要措施是,不断提高出租屋的纳管率。对一些税费漏征现象严重的地区,出租屋管理部门应制定相应的出租屋税费征管率考核标准,督促相关地区不断加强税费征管工作。

税费漏征的次要原因在于对相关违法行为的处罚较少,程序复杂。近年来,广州出租屋管理部门对出租屋主偷逃税费的违法行为处罚较少,主要在于取证较难、行政成本大、处罚程序复杂、职能部门协调难等原因。从宏观角度来讲,少处罚、慎重处罚的做法相当难得、值得肯定。反观不少行政部门存在"以罚代管"的懒政行为,最终严重损害了部门声誉。但从微观角度而言,在一些偷逃税费现象较为突出的地区、领域,可适当采取处罚措施,以儆效尤,效果还是相当可观的。出租屋管理部门不应将纠正违法违规行为的处罚措施闲置，应积极探索简易处罚程序，协调相关职能部门，在一些重点地区、领域，适度应用处罚措施，提高偷逃税费等违法行为立案查处率，达到处罚为辅、教育为主的效果，把该收的税费收上来。

（五）适度敏感的政治大局意识

北京奥运的举办经历表明，在国内举办的大型体育盛会，不仅是体育实力比拼的舞台，也是政治角逐的舞台。北京奥运前后，境内外敌对势力利用火炬传递、拉萨事件、恐怖袭击、拒绝出席、环境污染等多个议题对我国、对北京进行了丑化、污蔑和攻击。

广州亚运的情况，与北京奥运有所类似。亚运举办期间，中央地方各级领导、国内外媒体都密切关注广州的一举一动。一些境内外敌对分子可能趁机搞破坏，出租屋领域也可能被当作攻击、破坏和利用的目标。因此，在亚运前后，应通过内部政治教育，使各级出租屋管理机构，尤其是基层的出租屋管理队伍牢固树立敏感的政治大局意识，防止被敌对势力作为攻击、破坏和利用的对象。

具体而言，应做好三个方面的工作：第一，规范执法，热情服务，不能由于出租屋管理部门自身的工作失误而成为舆论非议的焦点、敌对势力攻击的靶子；第二，重视对出租屋管理领域不稳定因素的排查调处工作，重点做好群体性事件及突发事件的预防工作，确保亚运期间不发生涉及出租屋和流动人口的暴力恐怖事件、危害国家安全和社会稳定的重大政治事件、大规模群体性事件和有重大影响的个人极端事件；第三，建立亚运期间出租屋管理领域舆情监测制度与机构，制定危机公关预案，并提前反复演练。

（六）适度从新的技防设施应用

出租屋管理部门应鼓励推广使用各种经济实用的技术防范设施，通过技术手段提高出租屋外部及内部管理绩效。市一级出租屋管理部门应划拨专门经费，用于指导、资助出租屋各级管理机构、基层工作人员、出租屋业主与承租人加强技防设施应用。

一些常见的可资利用的技防设施有：出租屋管理信息系统平台、出租屋服务网络平台、社区（村、小区）安防系统、视频监控系统、自动报警装置、POS刷卡机、信息采集车、移动办证设备等。

二、对外服务

服务与管理，是出租屋工作的两大核心内容。管理工作的提升空间有限，但服务工作的创新空间巨大。能否创新服务工作，是评价一个城市出租屋管理部门是否领先于其他地区同类部门的主要依据。出租屋管理部门在开展对外服务工作时，可采取适度领先的出租屋服务举措。主要目的在于解决出租屋工作中存在的下述问题："重管理、轻服务"，窗口部门服务机制不便民，部分便民条款未落实，针对流动人口权益的其他服务措施难落实。

具体可参考如下基本思路进行。

（一）改进出租屋窗口部门服务

主要举措有：

第一，弹性上班、错时上班。改革现有机关化工作时间（机关化工作时间指周一至周五的上午、下午），将服务时间延长至中午、晚上、周末。

第二，实行区域联勤、"13×7"受理制度。并非所有窗口部门都需同时弹性上班、错时上班。可以以区（县）为单位，一区一点或一区多点，设立区域联勤点，该点工作时间为早上8点至晚上21点，一天工作13个小时，一周7天，全年无休。该执勤点在非机关化工作时间不办理业务，只受理业务，受理后转至管辖部门在机关化工作时间内办理，即"13×7"受理制度。该执勤点可选定某一固定地点，长期办公,由各街(镇)人员抽调或轮值。也可采取非固定地点形式,设在街(镇)出租屋管理服务中心,定期轮换(如三个月轮换一次),即区域联勤制度。

第三,预约服务。群众可通过出租屋管理部门公布的全市统一的电话、网站,或各区(县)联勤点电话,在"13×7"时间段进行预约登记、办证、缴费等服务。相关部门接到预约申请后,及时转给管辖部门,接受预约。

第四,上门服务。相关部门接到预约申请后,可安排出租屋管理员上门填表、上门验证、上门拍照(携带数码相机)、上门送证。

第五,两次办结。出租屋管理部门在网上公布办事程序及需提交的资料目录。资料齐全的申请人,只需来出租屋管理服务中心两次,即可全部办结。第一次送有关资料核验、缴费,第二次领证。

第六,邮递送证。对愿意承担邮递费用的申请人,只需去出租屋管理服务中心一次,提交资料核验、缴费即可。之后由出租屋管理部门用邮递方式寄送证件到申请人地址。

第七,网上缴费。出租屋管理部门开通全市统一的网上银行账号,接受网上银行的缴费方式。

第八,简化信息采集表格。将信息采集表格简化至"一张表、一张照",只采集核心项目,缩减不必要的项目。

第九,信息交换册、便民服务箱。借鉴广州天河石牌街道经验,为每套出租屋建立信息交换册。信息交换册分A、B两册,一册由业主或管理人保存,一册由街(镇)出租屋管理服务中心保存,租住人员一有变化,业主或管理人在登记后将信息交换册投入就近的便民服务箱。可借鉴浙江宁波经验,在出租屋聚集的社区、村居,就近设立若干便民服务箱,负责接收信息交换册,接受群众举报与投诉。坚持"每日开箱取册,次日送回屋主手中"的方法,及时掌握出租屋内流动人口变动状况,据此安排出租屋管理员上门核查。

第十，乱收费"举证责任倒置"。接到流动人员关于办理暂住证时"搭车"收费、"捆绑"收费或乱收费的投诉时，要求出租屋管理服务中心举出无责证据。

(二) 创新出租屋管理部门增值服务

主要举措有：

第一，公布全市统一的电话、网站、网上银行账号、短信代码、邮政地址。向社会公布上述信息，政务公开，用于流动人口办理预约、登记、申报、缴费等业务，同时接受社会各界举报、投诉与监督。

第二，建设市一级出租屋管理服务综合网站。在上述网站开通免费租赁信息网上平台。在上述网站开通政务公开、网上咨询、网上受理、文书下载、网上缴费、网上举报投诉等业务。

第三，开通流动人口服务信息短信通知业务。利用上述网站建立出租屋管理服务短信平台，开通针对流动人口的短信通知业务。合法登记的流动人口，都可通过手机接收到出租屋管理部门发送的免费租赁信息、就业信息、社保信息、义诊信息、生活指南、通知通告、计生物品领取、旧物捐赠等各种实用优惠信息。

第四，深化"一站式"服务，将各区（县）区域联勤点建设成为各区（县）"流动人口行政服务中心"。争取各区（县）党委政府支持，将与流动人口相关的一些政府窗口部门，设在各区（县）出租屋区域联勤点，建成流动人口"一站式办事大厅"。

第五，建立针对流动人口的"社会捐赠爱心超市"。在某些区（县）试点建立针对流动人口的"社会捐赠爱心超市"，接受社会各界旧物、余物、免费票卷、优惠券、慈善捐赠等物品。经济生活困难的流动人口家庭，可通过困难登记、接受调查、社区劳动、无偿获取等多种方式，获取社会各界捐赠的旧物、余物、免费票卷、优惠券、慈善捐赠等物品。社会各界也可就接受捐赠的对象提出具体要求，出租屋管理部门负责将捐赠物品送到指定人群手中。

第六，深化暂住证（居住证）"一证通""全市通"探索。逐步开通暂住证（居住证）与羊城通等常用卡的互通，让暂住证（居住证）拥有更多的实用价值。

第七，将市出租屋及流动人口管理部门建成全市"流动人口信息中心"及"流动人口政策中转点"。市出租屋及流动人口管理部门应负责采集全市流动人口的各种信息，为党委政府决策提供依据。

三、对外协作

出租屋管理部门在开展对外协作工作时，可参考如下基本思路进行：适度偏硬的部门协作姿态、适度从宽的出租屋信息平台共享、适度偏多的舆情宣传费用等。

上述思路的主要目的在于解决出租屋工作中存在的下述问题：部门协作渠道不畅，协同不力；缺乏统一的出租屋管理服务综合网络平台，各部门在信息互联互通方面渠道不畅；目前尚未建立针对亚运期间舆情的监测机构，缺乏应对突发事件和不良负面报道的危机公关预案等。

（一）适度偏硬的部门协作姿态

目前，广州建立了由党委政府牵头、18个部门共同负责的出租屋综合管理体制，目的是改变过去由公安机关独家管理出租屋的局面。但在实际运行中，各部门协同运作的机制却不是很顺畅，一些部门对出租屋管理部门的支持、协作、反馈力度不够，导致协作机制未能达到预期目标。

在这方面，可借鉴深圳的经验，在涉及出租屋违法犯罪行为方面，对出租屋管理部门通报的情况，相关部门要及时予以查处，并予以书面反馈，对书面反馈不积极的单位，要追究责任，严重的要实行社会治安综合治理"一票否决"制度。

（二）适度从宽的出租屋信息平台共享

当前，与出租屋及流动人口管理工作有关的公安、房管、出租屋管理、税务等有关部门，都初步建立了相关信息系统。但这些系统面临着各自为政、互难连通的问题。不少部门不愿将涉及出租屋及流动人员管理服务的一些信息及时通报出租屋管理机构，导致出租屋管理机构无法全面掌握流动人口的真实情况，也无法构建"一站式"服务管理体系，无法有效满足政府领导和群众的相关需求。

此外，出租屋管理部门也缺乏对外公开的管理服务综合网站，接受有关部门及群众关于信息沟通、政务公开、网上咨询、网上受理、文书下载、网上缴费、网上举报投诉等方面的业务需求。

当前，出租屋管理部门应在建设市一级出租屋管理服务综合网站平台的基础上，加大与公安机关等相关部门的信息互通、数据共享、应用联网，将市出租屋及流动人口管理部门建设成全市"流动人口信息中心"及"流动人口政策中转点"。

市出租屋及流动人口管理部门应全面负责采集全市流动人口的各种信息，为党委政府决策提供依据。全市各级党政部门关于出租屋及流动人口的政策规定，都应抄送市出租屋及流动人口管理部门，逐步让政府与群众可在市一级出租屋管理服务机构及其网站上获得出租屋及流动人口的大部分详细信息，让出租屋管理部门网上平台成为政府主管部门、相关部门、出租屋主、承租人、群众都能共享共用的平台。

（三）适度偏多的舆情宣传费用

与国内外主流媒体构建和保持良好公共关系，避免重大不良负面报道出现，是出租屋及流动人口管理部门的重要工作内容之一。

在这方面，一是要通过宣传部门，加强对重大舆情的监测管控力度，必要时启动舆情应对的紧急措施。出租屋及流动人口管理部门也要按照相关要求，制定危机公关预案，快速应对突发事件及负面不良舆论，并加以反复演练。

二是维持良好的媒体公关形象，充分利用广州传统媒体重要阵地的优势，加大与主流媒体合作的公关费用，对正面事迹、正面形象多做宣传，维持与媒体的良性互动。

三是要高度重视与新型媒体形式的沟通互动。加大对互联网新兴媒体的熟悉、拥抱力度，加强宣传方面的软硬件投入，积极主动采取各种传播形式，实现与受众的扁平化、大众化、实时化、点对点沟通，将宣传阵地延伸至互联网虚拟世界。

四、内部管理

出租屋管理部门在开展对外协作、内部管理工作时，可参考如下基本思路进行：适度长远的出租屋战略谋划、适度从优的出租屋工作人员待遇、适度超前的出租屋财政忧患意识等。

上述思路的主要目的在于解决出租屋工作中存在的下述问题：目前的出租屋管理工作缺乏统一的品牌战略及明晰的长远规划；出租屋管理人员配置标准偏低，部分地区尚未配齐，不同地区的出租屋管理员待遇差距过大、工作负荷不均，部分出租屋管理员兼职过多、杂务过重、积极性不高；"两税一费"收入体系受各种因素的影响，存在减少的可能。

（一）适度长远的出租屋战略谋划

现今出租屋管理的独立体制，是从公安机关代管格局中逐步分离出来的。国内有关城市对这一体制的探索，均起步较晚，时间不长，普遍存在缺乏统一品牌战略及明晰长远规划的现象，也可理解。

广州作为出租屋管理服务创新的领头羊之一，应在品牌战略及长远规划方面，不断探索，争当排头兵，形成自己的特色，为其他地区出租屋管理部门提供借鉴。

当前，出租屋工作的参与主体主要有：政府管理部门、出租屋主、承租人以及其他相关人群，不同人群对出租屋工作的期望与诉求有很大差别。谋求各个群体都认可的共识确实不易，众口难调。但还是有一些基本的共识能被各方接受，即人人有地方租住，并尽可能不断改善租住环境。政府管理部门、出租屋主、承租人及其他相关群体，都希望有一个美好的租住生活。可用一些词语来描述这种生活，如"优租""安租""乐租"等，这是各方都愿意看到与接受的一些基本共识。为便于说明，以下以"优租"来指代这种共识。

目前，国内各城市尚无明确的出租屋管理工作战略，广州可利用"优租"战略率先填补这一空白，做到"人无我有"，这是一种开拓未知领域、引领风尚的"蓝海战略"。在品牌战略及长远规划方面领先，是确保广州在全国出租屋管理工作领域领先地位的重要保障。"优租在广州"理念可以较好协调各群体诉求，取得各群体的认可，成为广州出租屋工作品牌战略的良好载体。

出租屋管理部门可通过专门的 CIS 形象识别系统，将"优租"战略、"优租在广州"打造成沟通出租屋管理部门与群众的桥梁、对外宣传与推广的品牌、日常工作的总战略，达到群众见"优租"两字即可联想到广州出租屋的品牌效果。

与此配套的宣传口号与方式，发挥表现的空间也很大。如表现出租屋管理部门立场的"广州欢迎你，优租在广州""优租在广州，和谐你我他"等；表现出租屋主立场的"优租在广州，租赁好帮手""优租在广州，租赁好方便""优租在广州，省心又省力"等；表现承租人立场的"优租在广州，安居又舒心""优租在广州，生活好帮手""优租在广州，创业好帮手""和谐出租屋，优租你我他"等；表现亚运背景的"优租在广州，亚运促发展""优租在广州，亚运保平安"等。

在日常管理中，管理部门可开展"优租房"评选、"优租房"推荐等活动，推动出租屋质量上新台阶。可通过评选"优租卫士""优租业主""优租居民""优租积极分子"等称号,奖励带动出租屋管理员、出租屋主、承租人以及其他相关人群为创建优质租住生活不断努力。

在"优租"战略的基础上,出租屋管理部门应加大与出租屋主、承租人以及其他相关群体的共同协商,共谋出租屋工作未来大计与长远规划。围绕着完善多方沟通平台、进一步深化服务举措等核心议题,制定短期、中期、长期规划。通过多方共同努力,不断完成规划目标,提升广州出租屋工作的整体水平,力求实现"管得放心、租得舒心、住得开心、心心相印"的和谐境界。

(二)适度从优的出租屋工作人员待遇

前文提到,近年来广州已建立健全了市、区(县级市)、街(镇)和社区(村)4级出租屋管理机构,在市、区(县级市)出租屋管理机构层面配备了专门的行政编制人员,在街(镇)出租屋管理服务中心层面配备了事业编制人员,并向社会招聘了数千名社区(村)出租屋管理员,基本建立了较完备的出租屋管理队伍。这支队伍的建立,对出租屋管理服务工作的顺利开展,起到了重要的作用。但这支队伍还存在着一些问题,影响了队伍战斗力的有效发挥。

在这方面,应重点解决不同地区出租屋工作人员待遇差距过大的问题,改善基层人员福利待遇。必要时,可以全市统筹,确定各区出租屋管理员收入待遇的下限,缩小收入差距。同时,要解决出租屋管理员兼职过多、杂务过重、工作负荷不均、积极性不高等问题。从考核评价角度重点解决出租屋管理员被挪用的问题,确保专人专用、聚焦主业。从管理干部层面而言,要尽快按照规定配齐配好行政编制人员,特别是配强领导。出租屋管理压力较大的地方,可以探索由街(镇)领导担任出租屋管理服务中心主任,增强对该项工作的重视程度。

(三)适度超前的出租屋财政忧患意识

与北京出租屋管理"全财政供养"体系不同,广州目前出租屋管理体系的运作经费，很大部分来自"两税一费"（流动人员劳动力调配费、治安联防费、出租屋综合税）专款的保障。

目前的收支状况较为平衡，出租屋管理的经费保障较为有力。但这一收支体系面临着两大隐患：一是金融危机及经济下行的潜在局面，以及产业及劳动力"双转移"的政策，导致返乡、离穗流动人口数量增多，出租屋租住人口减少、闲置率上升，出租屋综合税收减少；二是流动人口劳动力调配费和治安联防费面临着被取消的可能。

在"两费一税"收入结构中，出租屋综合税是大头，约占2/3，劳动力调配费所占比例居次，治安联防费所占比例最小，两费合占约1/3。金融危机、经济下行以及"双转移"政策会导致出租屋租住人口减少、闲置率上升，出租屋综合税收减少，这是影响"两费一税"收入的最大隐患。一旦出现出租屋"撤租潮"，则"两费一税"收入会大幅减少。因此，出租屋管理部门应密切监测出租屋"撤租"情况，及早做好应对准备，适当缩减固定支出，避免收支失衡导致的不利局面。

参考文献

一、中文著作

张鹂. 海外中国研究·城市里的陌生人：中国流动人口的空间、权力与社会网络的重构［M］. 江苏：江苏人民出版社，2018.

杨菊华，等. 中国流动人口的城市逐梦［M］. 北京：经济科学出版社，2018.

颜品. 就业、工资和技术进步——外来人口对城市劳动力市场的影响［M］. 汕头：汕头大学出版社，2018.

颜咏华. 中国人口流动对城镇化进程的影响［M］. 北京：经济科学出版社，2017.

沈晶. 移民限制、人口城乡迁移与城镇化模式［M］. 北京：经济科学出版社，2017.

杨帆. 基于生态文明视角的人口城镇化过程研究［M］. 成都：西南财经大学出版社，2016.

王婷. 中国城市适度人口决定与测度研究——基于城镇化发展收益成本效应视角［M］. 北京：经济科学出版社，2016.

周晓津，张强. 特大城市人口规模调控与比较研究［M］. 北京：经济科学出版社，2016.

肖周燕. 首都人口调控研究［M］. 北京：中国劳动社会保障出版社，2016.

郭叶波. 中国城市人口吸纳能力研究 [M]. 北京：中国市场出版社, 2016.

陈菊红. "国家—社会"视域下的流动人口自我管理研究 [M]. 杭州：浙江大学出版社, 2016.

李军刚. 城市社区居委会建设与流动人口管理 [M]. 哈尔滨：东北林业大学出版社, 2016.

尹德挺. 流动浪潮下的人口有序管理 [M]. 北京：中国社会科学出版社, 2016.

亓昕. 首都流动人口融合研究 [M]. 北京：中国劳动社会保障出版社, 2016.

田明. 农业转移人口的流动和融入——新型城镇化的核心问题 [M]. 北京：科学出版社, 2016.

李实, 邢春冰, 等. 农民工与城镇流动劳动人口经济状况分析 [M]. 北京：中国工人出版社, 2016.

李吉和, 等. 流动、调适与融入：城市少数民族流动人口调查 [M]. 武汉：华中科技大学出版社, 2016.

王峰. 户籍制度的发展与改革 [M]. 北京：中国政法大学出版社, 2013.

王箐. 流动人口就业代际差异及其影响因素研究 [M]. 北京：首都经济贸易大学出版, 2015.

陈丰. 城镇化进程中流动人口服务管理创新研究 [M]. 上海：华东理工大学出版社, 2015.

沈茹. 农民工随迁子女家庭教育问题研究 [M]. 苏州：苏州大学出版社, 2015.

戚阳阳. 我国流动人口管理中的公安执法问题与对策研究——基于户籍改革制度的思考 [M]. 北京：中国人民公安大学出版社, 2015.

吴晓, 等. 我国大城市流动人口就业空间解析：面向农民工的实证研究 [M]. 南京：东南大学出版社, 2015.

田成诗, 等. 中国人口流动规律、动因及对经济增长的影响 [M].

北京：科学出版社，2015.

国家人口和计划生育委员会流动人口服务管理司．中国流动人口发展报告2014［M］．北京：中国人口出版社，2014.

贾勇宏．人口流动中的教育难题：中国农村留守儿童教育问题研究［M］．北京：中国社会科学出版社，2013.

李春霞，等．融入筑城：中国西部流动人口社会融合研究［M］．北京：九州出版社，2013.

陶斯文．西南民族地区城镇化进程中人口流动与民族关系发展互动研究［M］．北京：民族出版社，2012.

段成荣，等．中国流动人口研究［M］．北京：中国人口出版社，2012.

陈祥松．当代中国流动人口管理伦理问题研究［M］．北京：九州出版社，2012.

马胜春．中国城市少数民族流动人口的生活适应性研究［M］．北京：中国财政经济出版社，2012.

唐豪，等．大都市流动人口居住问题研究［M］．上海：上海大学出版社，2012.

国家人口和计划生育委员会流动人口服务管理司．中国流动人口发展报告2012［M］．北京：中国人口出版社，2012.

姚华松．流动人口的空间透视［M］．北京：中央编译出版社，2012.

任远．城市流动人口的居留模式与社会融合［M］．上海：上海三联书店，2012.

郭开元，等．新生代农民工权益保障研究报告［M］．北京：中国人民公安大学出版社，2012.

刘旦．流动中国：中国流动人口生存现状考察［M］．广东：广东人民出版社，2011.

沈千帆．北京市流动人口的社会融入研究［M］．北京：北京大学出版社，2011.

谢建社．新生代农民工融入城镇问题研究［M］．北京：人民出版社，2011．

麻国安．中国的流动人口与犯罪［M］．北京：中国方正出版社，2011．

国家人口和计划生育委员会流动人口服务管理司．中国流动人口发展报告2011［M］．北京：中国人口出版社，2011．

国家人口和计划生育委员会流动人口服务管理司．流动人口理论与政策综述报告［M］．北京：中国人口出版社，2010．

国家人口和计划生育委员会流动人口服务管理司．中国流动人口发展报告2010［M］．北京：中国人口出版社，2010．

郭星华．漂泊与寻根：流动人口的社会认同研究［M］．北京：中国人民大学出版社，2011．

张慧洁．二战以来各国迁徙人口教育保护政策［M］．吉林：吉林大学出版社，2011．

张谦元，柴晓宇．城乡二元户籍制度改革研究［M］．北京：中国社会科学出版社，2012．

朱其良，马建文，杨俊峰．亚运会前后广州出租屋及流动人口管理研究［M］．广西：广西人民出版社，2010．

苏扬，等．中国流动人口管理报告［M］．北京：企业管理出版社，2010．

侯亚非，等．流动人口的城市融入：个人、家庭、社区透视和制度变迁研究［M］．北京：中国经济出版社，2010．

吴晓．我国大城市流动人口居住空间解析：面向农民工的实证研究［M］．江苏：东南大学出版社，2010．

郑锐达．移民、户籍与宗族：清代至民国期间江西袁州府地区研究［M］．北京：生活·读书·新知三联书店，2009．

郝敬堂．都市寻梦人：宁波市流动人口调查报告［M］．北京：中国人口出版社，2009．

张展新．城市社区中的流动人口：北京等6城市调查［M］．北京：社会科学文献出版社，2009．

孟庆洁．上海市外来流动人口的生活方式研究［M］．上海：上海社会科学院出版社，2009．

胡虎林．流动人口法制：现状及其完善［M］．浙江：浙江大学出版社，2009．

熊光清．中国流动人口中的政治排斥问题研究［M］．北京：中国人民大学出版社，2009．

侯佳伟．北京市流动人口聚集地：趋势、模式与影响因素［M］．北京：光明日报出版社，2010．

张真理．社区流动人口服务管理［M］．北京：中国社会出版社，2010．

曹荣庆．流动与和谐——流动人口户口管理的战略转型［M］．上海：上海交通大学出版社，2008．

金小桃．战略管理视角的人口发展治理［M］．北京：中国人口出版社，2007．

蔡昉．中国流动人口问题［M］．北京：社会科学文献出版社，2007．

王学艺．人口现代化研究［M］．北京：中国人口出版社，2006．

张肖敏．流动人口的城市融入［M］．北京：中国人口出版社，2006．

王威海．中国户籍制度——历史与政治的分析［M］．上海：上海文化出版社，2006．

武冬立．国外及我国港澳台地区人口登记户籍管理法律法规汇编［M］．北京：中国人民公安大学出版社，2005．

李竞能．现代西方人口理论［M］．上海：复旦大学出版社，2004．

陆益龙．超越户口：解读中国户籍制度［M］．北京：中国社会科学出版社，2004．

陆益龙．户籍制度：控制与社会差别［M］．北京：商务印书馆,2003.

田炳信.中国第一证件——中国户籍制度调查手稿[M].广东:广东人民出版社,2003.

王新华.日本户籍法[M].北京:中国人民公安大学出版社,2003.

王智民.当代中国流动人口犯罪研究[M].北京:中国人民公安大学出版社,2002.

江立华.英国人口迁移与城市发展(1500—1750)[M].北京:中国人口出版社,2002.

梁茂信.都市化时代:20世纪美国人口流动与城市社会问题[M].吉林:东北师范大学出版社,2002.

公安部治安管理局.户口管理法律法规规章制度汇编[M].北京:中国人民公安大学出版社,2001.

公安部户政管理局.国外民事登记和户籍管理法规[M].北京:群众出版社,1996.

公安部户政管理局.清朝末期至中华民国户籍管理法规[M].北京:群众出版社,1996.

李新建.中国人口控制中的政府行为[M].北京:中国人口出版社,2000.

宋昌斌.中国古代户籍制度史稿[M].陕西:三秦出版社,1991.

二、中文论文

赵蕊.北京常住人口空间分布变动与对策研究[J].北京社会科学,2018(1):14-15.

王郁,魏程瑞,戴思诗.城市公共服务承载力评价指标体系及其实证研究——以上海十城区为例[J].上海交通大学学报(哲学社会科学版,2018(12):5-15.

童玉芬.中国特大城市的人口调控:理论分析与思考[J].人口

研究, 2018 (4): 3-13.

于越, 刘畅, 李国正. 首都流动人口定居意愿及影响因素研究——兼论首都人口调控模式 [J]. 管理现代化, 2017 (1): 49-52.

徐芳, 齐明珠. 经济新常态下大都市人口管理研究——以北京市为例 [J]. 管理世界, 2017 (5): 7-15.

冯虹, 刘婷婷. 京津冀流动人口调控联动机制分析 [J]. 管理世界, 2017 (12): 172-173.

薛艳. 基于分层线性模型的流动人口社会融合影响因素研究 [J]. 人口与经济, 2016 (3).

任远, 陈丹, 徐杨. 重构"土客"关系: 流动人口的社会融合与发展性社会政策 [J]. 复旦学报（社会科学版）, 2016 (2).

谢建社, 张华初, 罗光容. 广州市流动人口四种迁移意愿的统计分析 [J]. 统计与决策, 2016 (6).

吴帆. 中国流动人口家庭的迁移序列及其政策涵义 [J]. 南开学报（哲学社会科学版）, 2016 (4).

陆万军, 张彬斌. 户籍门槛、发展型政府与人口城镇化政策——基于大中城市面板数据的经验研究 [J]. 南方经济, 2016 (2).

马冬梅, 徐慧蓉. 多中心治理视阈下城市流动人口服务管理路径探析——基于上海、广州、武汉的调查 [J]. 广西民族大学学报（哲学社会科学版）, 2016 (2).

曾迪洋. 国家还是市场: 城镇化进程中流动人口的市场转型偏好 [J]. 社会, 2016 (5).

徐红新, 薛灵芝. 居住证的制度价值与立法定位 [J]. 人民论坛, 2016 (8).

吴业苗. 户籍制度改革与"人的城镇化"问题检视 [J]. 学术界, 2016 (4).

石智雷, 施念. 新型城镇化进程中农民工的长期保障与市民化研究 [J]. 学习与实践, 2016 (4).

杨菊华. 中国流动人口的社会融入研究 [J]. 中国社会科学,

2015（2）．

马小红，等．四类流动人口的比较研究［J］．中国人口科学，2014（5）．

夏怡然，苏锦红，黄伟．流动人口向哪里集聚？——流入地城市特征及其变动趋势［J］．人口与经济，2015（3）．

顾东辉．"治理型增能"：治理理念在流动人口增能中的应用［J］．西北师大学报（社会科学版），2015（3）．

陈丰．协同治理：创新流动人口服务管理的策略选择［J］．人口与发展，2015（3）．

郭庆，余运江，黄祖宏．流动人口社会融入感的空间差异及影响因素研究——基于ESDA的视角［J］．人口与发展，2015（4）．

张智．我国城市流动人口管理立法的价值转向与新定位［J］．求索，2015（10）．

陆杰华，李月．居住证制度改革新政：演进、挑战与改革路径［J］．国家行政学院学报，2015（5）．

陈云松，张翼．城镇化的不平等效应与社会融合［J］．中国社会科学，2015（6）．

陶然，王瑞民，潘瑞．新型城镇化的关键改革与突破口选择［J］．城市规划，2015（1）．

梁书民．中国城镇化区域差异的原因分析与发展对策［J］．人口与发展，2015（2）．

张瑞．中国流动人口管理与服务问题研究综述［J］．当代经济管理，2013（2）．

唐晓阳，陈雅丽．城市社区流动人口管理体制创新研究——以广东省为例［J］．领导科学，2012（3）：19-22.

郭宏斌．城市流动人口服务管理研究综述与发展趋势［J］．牡丹江大学学报，2012（5）：98-101.

乔晓春．户籍制度改革：进程中的困境［J］．人口与发展，2012（2）：18-20.

尹德挺. 人口有序管理的国际经验与中国实践——基于流动人口服务管理的视角 [J]. 人口与经济, 2012 (2): 18-24.

郑杭生, 陆益龙. 开放、改革与包容性发展——大转型大流动时期的城市流动人口管理 [J]. 学海, 2011 (6): 76-80.

赵树凯. 当代中国农民身份问题的思考 [J]. 华中师范大学学报, 2011 (6).

于萨日娜, 丁继, 于娜布其. 城市少数民族流动人口的研究综述 [J]. 2011 (2).

欧阳静. 女性流动人口社会融合实证分析——基于对深圳女性流动人口调查数据分析 [J]. 人民论坛, 2011 (14).

刘莲花. 河北省流动人口服务管理模式创新研究 [J]. 前沿, 2011 (17): 132-136.

伍先江. 论流动人口服务管理创新 [J]. 中国人民公安大学学报 (社会科学版), 2011 (2).

赵德余, 彭希哲. 居住证对外来流动人口的制度后果及激励效应——制度导入与阶层内的再分化 [J]. 人口研究, 2010 (6).

李景治. 流动人口问题研究的新视角——熊光清所著《中国流动人口中的政治排斥问题研究》评析 [J]. 社会科学研究, 2010 (1).

宋健. 中国流动人口的就业特征及其影响因素——与留守人口的比较研究 [J]. 人口研究, 2010 (6).

王清. 集体无意识行动与制度变迁——以流动人口管制制度变迁为例 [J]. 岭南学刊, 2009 (6).

肖周燕, 郭开军, 尹德挺. 我国流动人口管理体制改革决定机制及路径选择 [J]. 人口研究, 2009 (11): 94-101.

傅崇辉. 流动人口管理模式的回顾与发展——以深圳市为例 [J]. 中国人口科学, 2008 (5): 81-86.

接栋正. 发达国家人口管理办法对我国的启示与思考 [J]. 人口与经济, 2008 (4): 6-9.

郑秉文. 改革开放30年流动人口社会保障的发展与挑战 [J]. 中

国人口科学, 2008 (5).

盛听. 改革开放 30 年中国农民工政策的演进及发展 [J]. 学术交流, 2008 (4): 21 - 24.

杜丽虹. 中国城市流动人口管理问题研究 [D]. 成都: 西南财经大学, 2007 (11).

万川. 当代中国户籍制度改革的回顾与思考 [J]. 中国人口科学, 1999 (1): 32 - 37.

李若建. 中国人口的户籍现状与分区域推进户籍制度改革 [J]. 中国人口科学, 2003 (3).

三、外文资料

Xu J H, LAIDLER K J, LEE M. Doing criminological ethnography in China: Opportunities and challenges [J]. Theoretical Criminology, 2013, 17: 271 - 279.

ZHAN S H. What Determines Migrant Workers'Life Chances in Contemporary China? Hukou, Social Exclusion, and the Market [J]. Modern China, 2011, 37: 243 - 285.

BACH J. They Come in Peasants and Leave Citizens: Urban Villages and the Making of Shenzhen, China [J]. Cultural Anthropology, 2010, 25: 421 - 458.

BRINDLEY T. The social dimension of the urban village: A comparison of models for sustainable urban development [J]. Urban design international, 2003, 8: 53 - 65.

CHAN C K - C, PUN N. The Making of a New Working Class? A Study of Collective Actions of Migrant Workers in South China [J]. China Quarterly, 2009, 198: 287 - 303.

CHAN K W, BUCKINGHAM W. Is China Abolishing the Hukou System? [J]. China Quarterly, 2008, 195: 582 - 606.

CHAN K W, ZHANG L. The Hukou System and Rural - Urban Migration in China: Processes and Changes [J]. China Quarterly, 1999, 160: 818 – 855.

CHEN T J, SELDON M. The origins and social consequences of China's hukou system [J]. China Quarterly, 1994, 139: 644 – 88.

CHUNG H. Building an image of Villages – in – the – City: A Clarification of China's Distinct Urban Spaces [J]. International Journal of urban and regional research, 2010, 34: 421.

GU Y Z, LONG F J, ZHENG S Q, et al. Urban Villages in China: A 2008 Survey of Migrant Settlements in Beijing [J]. Eurasian Geography and Economics, 2009, 50: 425 – 446.

HU X J, SALAZAR M A. Ethnicity. Rurality and Status: Hukou and the Institutional and Cultural Determinants of Social Status in Tibet [J]. China Quarterly, 2008, 60.

LEUNG P N, PUN N. The Radicalisation of the New Chinese Working Class: a case study of collective action in the gemstone industry [J]. Third World Quarterly, 2009, 30: 551.

LIANG Z, MA Z D. China's floating population: New evidence from the 2000 census [J]. Population and Development Review, 2004, 30: 467 – 88.

PUN N. Subsumption or Consumption? The Phantom of Consumer Revolution in "Globalizing" China [J]. Cultural Anthropology, 2003, 18: 469.

PUN N, LU H L. A culture of violence: the labor subcontracting system and collective action by construction workers in post – socialist China [J]. China Quarterly, 2010, 64: 143 – 158.

SARGESON S, SONG Y. Land expropriation and the gender politics of citizenship in the urban frontier [J]. China Journal, 2010, 64: 19.

SIU H F. Grounding displacement: Uncivil urban spaces in postreform South China [J]. American Ethnologist, 2007, 34: 329 – 350.

SMITH C, PUN N. The dormitory labour regime in China as a site for control and resistance [J]. International Journal of Human Resource Management, 2006, 17: 1456.

SONG Y, ZENOU Y, DING C. Let's Not Throw the Baby Out with the Bath Water: The Role of Urban Villages in Housing Rural Migrants in China [J]. Urban Studies, 2008, 45: 313-330.

WANG F L. Reformed migration control and new targeted people: China's hukou system in the 2000s [J]. China Quarterly, 2004, 177: 115-32.

WANG Y, WU J. Urbanization and Informal Development in China: Urban Villages in Shenzhen [J]. International Journal of Urban and Regional Research, 2009, 33: 957.

WU X G, DONALD J T. Inequality and Equality under Chinese Socialism: The Hukou System and Intergenerational Occupational Mobility [J]. American Journal of Sociology, 2007, 113: 415.

XIANG B. Transcending boundaries : Zhejiangcun : the story of a migrant village in Beijing [M]. Leiden-Boston: Brill, 2005.

XU J H. The robbery of motorcycle taxi drivers in China: a lifestyle/routine activity perspective and beyond [J]. British Journal of Criminology, 2009, 49: 491-512.

ZHU J M. Local Developmental State and Order in China's Urban Development during Transition [J]. International Journal of Urban and Regional Research, 2004, 28: 424.

后 记

人口流动是我国改革开放以来经济奇迹的主要驱动力之一。中国是世界上唯一集现代化、工业化、城镇化、老龄化、复兴化等进程于一体的流动人口大国，在改革开放四十年中实现了经济增长、人口流动、社会稳定的"不可能平衡"奇迹。在社会从静止封闭向流动开放的转型过程中，我国在人口治理现代化上形成了前无古人的"中国之治"经验。流动人口治理体系和治理能力现代化，是我国改革开放伟大成绩的基础和新时代高质量发展的要求，也是坚定中国特色社会主义制度自信、把握中国特色社会主义制度显著优势的重要内容，值得认真研究总结。

广东是全国流动人口第一大省，位处改革开放前沿地区，面临的安全风险也更大更早，形成了独具特色的"中国之治"的广东样本。本书是笔者近十年来相关研究成果的系统总结，全书围绕新时代南粤流动人口安全管理，对前期相关研究成果进行系统总结提炼，重新修订，最终形成书稿。

在学术性方面，本书是国内较早专门研究流动人口安全管理的著作，具有一定的开创性。内容涵盖了流动人口安全管理的各个主要要素——调控管理、人口管理、户籍迁移管理、居住证管理、出租屋管理，并构建了流动人口安全管理的理论基础与政策模式，同时对国外流动人口安全管理的经验启示做了专门研究。

在近十年写作积累的过程中,笔者得到了诸多上级领导、实务部门、专家学者、同事同行的指导帮助,受益匪浅。笔者将来自各方面的经验启发进行了系统性的总结,个中成绩既属于个人,又属于集体与社会。同时也要感谢出版社编辑老师的辛勤劳动,让本书得以顺利付梓。

本书读者主要面向流动人口服务管理领域的专家和实务人士,以及大中专院校社会学、人口学、法学、公安学等专业学生。写作特点兼具学术性、实用性与阅读性,具有发行推广价值。希望本书能对相关业务领域的人士有所启迪和帮助,也能对学界深入认识"中国之治"尽到绵薄之力。

杨俊峰

2020 年 1 月 30 日